Peter und Stefanie Rieder • Albert Precht

Bavella (Korsika)

Ein Führer für Täler und Berge

Mit 60 Fotos, 5 Kartonskizzen sowie
97 Routenskizzen

Weishaupt Verlag · Graz

9301

Dieser Führer entspricht den Vorschriften der UIAA und wird den Alpinisten zum Gebrauch empfohlen.

Die Verantwortung für die Genauigkeit der Beschreibung liegt vollumfänglich beim Verfasser.

Titelbild: U Lunarda von Südosten.

Seite 2: Punta Pargolu, »Power to Power«, 1. Seillänge.

Rechts: Punta di l'Acellucciu und Punta di l'Acellu vom Col de Bavella.

Alle Fotos und Skizzen stammen von den Autoren.
Sämtliche Beschreibungen und Skizzen wurden nach bestem Wissen und Gewissen erstellt. Die Autoren und der Verlag können jedoch keine Gewähr für die Richtigkeit der Angaben übernehmen.

Wir ersuchen alle Benutzer dieses Führers, Angaben über Neutouren sowie Korrekturen und Verbesserungen an die Verfasser Peter und Stefanie Rieder, Hohe-Wand-Straße 16/5, A-2344 Maria Enzersdorf, zu senden.

Die Vorschriften der UIAA zur Erstellung von Kletterführern beziehen sich nur auf die Gliederung der Routenbeschreibungen und auf die Erstellung der sogenannten Beschreibungsköpfe, welche die wichtigsten Angaben zu den Kletterführen, der eigentlichen Routenbeschreibung vorangestellt, beinhalten.

ISBN 3-7059-0002-1
1. Auflage 1994

Postfach 29, A-8047 Graz, Telefon (0 31 51) 84 87,
[FAX 0 31 51-20 24].

Gesamtherstellung: M. Theiss, A-9400 Wolfsberg.
Printed in Austria.

Inhaltsverzeichnis

Allgemeine Informationen

Vorwort

Als wir im Juli 1974 von Solenzara kommend das erste Mal die schmale Straße in Richtung Bavella hinauffuhren, war es eine Fahrt in eine Zauberlandschaft, eine Fahrt vom Meer in eine Felsenwildnis.

Immer höher schlängelte sich die Straße durch dichte, duftende Macchiahänge hinauf zu hochstämmigen Lariciokieferwäldern. In einer der vielen Gumpen des San-Petru-Baches erfrischten wir uns, beim ersten Tafonifelsen war der nächste Stop, und am Col Larone standen wir wie Kinder vor dem Weihnachtsbaum. Diese Wände und Felsnadeln, diese wundervolle Wildnis.

Am Col de Bavella, unter den sturmzerzausten, mächtigen Lariciokiefern durfte man damals noch zelten. Ein Sturm hat unsere Zelte in dieser ersten Nacht fast abgetragen. Am Col Larone, wohin wir im Morgenrot flüchteten, haben wir etliche Stunden unsere Zelte geflickt, um wieder hinaufzufahren in dieses Zauberreich. Es hat uns nie mehr losgelassen. Abenteuerliche Türme, tafonizerfressene Wände, Kanten und Grate, einsame Kare, wilde Schluchten, Macchiadickicht, Lariciokieferwälder, glasklare Bäche, traumhafte Gumpen, köstliches Quellwasser. Blütenteppiche im Frühjahr, flirrende Hitze im Sommer und der Duft der sonnenverbrannten Macchia. Manchmal endlose Zustiege, Höherschwelgen in Tafonifelsen, Glück auf einsamen Gipfeln, wo am Horizont der Himmel mit dem Meer verschwimmt. Das Rauschen und Singen des Bavellawindes in den großen Lariciokiefern, das Ziehen der feinen Bavellanebel, die all die Türme und Wände noch geheimnisvoller erscheinen lassen. Wir sind der Bavella verfallen, und wir können den Stolz der Korsen auf ihr Land und ihren Wunsch, es in seiner Eigenständigkeit zu erhalten, verstehen und respektieren ihn.

Wir haben lange und ernsthaft überlegt, ob wir einen Gebietsführer über die Bavellagruppe machen sollen, ob es zu verantworten ist, dieses Gebiet mit all seinen unberührten Schönheiten einem größeren Kreis von Besuchern zugänglich zu machen und es so den Belastungen des modernen Tourismus verstärkt auszusetzen. Da wir aber hoffen, daß alle künftigen Besucher sich ihrer Verantwortung gegenüber der Natur bewußt sind und sich entsprechend zu verhalten wissen, haben wir unsere Bedenken schließlich überwunden.

Wir sind uns bewußt, daß wir in Zukunft bei unseren Bergfahrten in der Bavella möglicherweise nicht mehr so einsam sein werden wie bisher, über die Gesellschaft von Gleichgesinnten werden wir uns aber freuen.

Sämtliche Beschreibungen und Skizzen stammen von den Autoren oder ihren Freunden, sie wurden praktisch ausnahmslos aufgrund eigener Begehungen erstellt. Wir haben bewußt darauf verzichtet, Beschreibungen oder Skizzen aus der vorhandenen Literatur zu übernehmen oder zu übersetzen. Wo es sinnvoll erschien, wird auf die entsprechenden Originalbeschreibungen, vor allem auf jene des Führers »Le Massif de Bavella« = L. M. d. B., hingewiesen.
Naturgemäß kann unser Führer dadurch keinen Anspruch auf Vollständigkeit erheben, wir haben uns aber bemüht, möglichst alle bisher erstiegenen Gipfel und Türme zu erfassen und mit ihren wichtigsten Anstiegen zu beschreiben bzw. sie in Skizzen darzustellen.
An dieser Stelle wollen wir auch allen unseren Freunden und Helfern, welche uns bei unserer Arbeit unterstützt haben, danken. Stellvertretend für viele ungenannte seien hier vor allem unser Sohn Martin Rieder, Kurt Schall und Erwin Löffler erwähnt.
Wir wünschen allen Benützern dieses Führers, daß sie in der Bavella ebensoviel Freude und Glück erleben, wie dies uns geschenkt wurde.

Peter und Stefanie Rieder

Verzeichnis der Fotos

Verzeichnis der Skizzen

Kartenskizzen:

Anstiegsskizzen:

Das UIAA-Gütezeichen

Die UIAA (Union Internationale des Associations d'Alpinisme) hat Richtlinien für Schwierigkeitsbewertung und Routenbeschreibung herausgegeben. Ist ein Kletterführer nach diesen Richtlinien verfaßt, erhalten Autor und Verlag das Recht, dies durch Abdruck des UIAA-Gütezeichens kundzutun.
Was beinhalten die Richtlinien?

- Alle besonderen Routenmerkmale wie Schwierigkeitsgrad, Zeit, Länge und/oder Höhe des Anstiegs, Art der Kletterei, besondere Gefahren usw. sind im Beschreibungskopf, der Routenbeschreibung vorangestellt, anzuführen.
- Zugang und Anstieg sind voneinander zu trennen und separat zu beschreiben.
- Die Beschreibung des Routenverlaufs ist kurz und eindeutig (wenn möglich, in Seillängen gegliedert) abzufassen.
- Normalwege sind auch in Abstiegsrichtung zu beschreiben.
- Die Bildgestaltung muß unmißverständlich sein.
- Routenskizzen müssen die internationalen Symbole aufweisen.
- Werden Routenbeschreibungen durch Skizzen ergänzt, müssen beide miteinander übereinstimmen.
- Und weitere Forderungen.

Die Überprüfung von Text, Bildern und Skizzen gemäß UIAA-Richtlinien erfolgt durch den DAV (Sicherheitskreis), der die Belange der UIAA in der Bundesrepublik vertritt.
Die Richtlinien verlangen keine Überprüfung der Richtigkeit aller Angaben und Routenbeschreibungen. Dies wäre bei der Fülle der Führer und bei der Vielzahl der Routenbeschreibungen jedes einzelnen Führers auch gar nicht möglich. So können sich auch bei UIAA-geprüften Führern nach wie vor noch unrichtige Beschreibungsdetails einschleichen. Autor und Verlag sind angehalten, möglichst gewissenhaft zu arbeiten.

Pit Schubert
Sicherheitskreis im DAV

Allgemeine Informationen

A) Landschafts- und Naturschutz

Das ganze Gebiet der Bavella gehört zum »Parc Naturel Régional de la Corse«, ist also Naturschutzgebiet. Sorgsamster Umgang mit der Natur ist selbstverständliche Pflicht jedes Besuchers. Bei Beachtung einiger weniger Grundregeln, welche von jedem Einzelnen leicht und absolut mühelos erfüllbar sind, könnte viel erreicht werden:

1. Kein Feuer machen! Waldbrände sind eine der größten Gefahren für die Wälder Korsikas. Bedingt durch die klimatischen Bedingungen kann in dieser Beziehung schon die kleinste Unachtsamkeit zur Katastrophe führen. Ein achtlos weggeworfener Zigarettenstummel (auch aus dem Autofenster) ist fast ebenso gefährlich wie die Reste eines Biwakfeuers. Ein solches ist übrigens kaum je nötig; ein im Rucksack mitgeführter Pullover und Biwaksack wärmen wesentlich besser. Feuer machen ist im übrigen auf der ganzen Insel Korsika verboten und wird streng bestraft.
2. Keine wie immer gearteten Abfälle zurücklassen. Abfälle sind nicht nur Verpackungsmaterial, Dosen, Flaschen und ähnliches, auch Papiertaschentücher, Zigarettenreste und Toilettenpapier sind Abfälle, ebenso Exkremente. Diese kann man verständlicherweise nicht wieder mitnehmen, man kann sie jedoch so verwahren (vergraben oder mit Steinen bedecken), daß sie weder das Auge noch die Nase anderer Besucher strapazieren.
3. Blumen und Pflanzen bewundern und sich an ihnen erfreuen, sie aber weder beschädigen noch pflücken. Ein schönes Blumenfoto kann jahrelang Freude bereiten, eine gepflückte Blume ist meist verwelkt und tot, bevor man wieder im Tal ist.
4. Tiere in ihrer natürlichen Umgebung und bei ihrem normalen Leben beobachten. Dies ist nur dann möglich, wenn man sich ruhig und rücksichtsvoll verhält.
5. Auch der Fels ist ein Teil der Landschaft und sollte im möglichst ursprünglichen Zustand erhalten bleiben. Beschriftungen und Farbmarkierungen sind ebenso ein Fremdkörper wie eine Überzahl von Haken, insbesondere Bohrhaken. Um auch künftigen Generationen eine ursprüngliche, natürliche Felslandschaft zu erhalten, sollten also künstliche Sicherungsmittel möglichst sparsam und verantwortungsbewußt gesetzt werden.

B) Anreise und Zufahrt

B/1 Anreise nach Korsika

Für den Bergsteiger ist die Anreise mit dem Auto unter Benützung der Autofähre wohl die günstigste Reisemöglichkeit. Die besten Schiffsverbindungen nach Korsika führen von Livorno bzw. La Spezia an der italienischen Mittelmeerküste nach Bastia an der Ostküste Korsikas. Von beiden Häfen aus verkehren in der Hauptsaison mehrmals täglich Autofähren. Fahrpläne und Auskünfte erhält man in praktisch allen guten Reisebüros, die auch Buchungen entgegennehmen. Die Preise sind relativ hoch, jedoch gibt es, sofern die Überfahrt nicht zum Wochenende erfolgen soll, verhältnismäßig günstige Tarife, vor allem, wenn man direkt am Abfahrtshafen bucht.
Selbstverständlich gibt es auch von Frankreich aus (Marseille, Toulon und Nizza) verschiedene Überfahrtsmöglichkeiten sowohl nach Bastia als auch nach Calvi und Ajaccio. Diese sind jedoch aufgrund der wesentlich weiteren Anfahrtswege sowie der längeren und kostspieligeren Überfahrt für den Besucher aus dem deutschsprachigen Raum kaum interessant.

B/2 Zufahrt zum Col de Bavella bzw. nach Zonza

Von Bastia aus erreicht man das Col de Bavella bzw. Zonza, indem man auf der gut ausgebauten Nationalstraße N 198 in Richtung S fährt. Bei Solenzara (102 km) zweigt die D 268, die Bavellapaßstraße, von der N 198 ab. Die Bavellapaßstraße ist sehr schmal und außerordentlich kurvenreich, jedoch landschaftlich großartig. Ab dem Col de Bavella (30 km von Solenzara) ist die D 268 wesentlich breiter und sehr gut ausgebaut, so daß die 9 km bis Zonza problemlos zu befahren sind. Zonza ist auch von Porto Vecchio (142 km von Bastia) über die D 368, welche durch den Forst von Ospedale führt, gut erreichbar (40 km). Die D 368 ist gut ausgebaut und landschaftlich sehr schön.
Auch von Ajaccio ist Zonza relativ gut erreichbar. Man folgt der N 196 bis Petreto Bicchisano. Von hier gelangt man auf der D 420 über das Col de Saint-Eustache nach Aullène und über Quenza nach Zonza (82 km).

C) **Talorte und Unterkünfte**

C/1 **Col de Bavella, 1218 m**

An der Ostseite des Col de Bavella liegt ein barackenartiges Almdorf. Die meist mit Wellblech gedeckten Steinhütten sind zum größten Teil private Sommerhäuschen. Knapp östlich unter der Paßhöhe befinden sich zwei Restaurants. Das Auberge du Col (Grimaldi) ist als »Gite d'Etappe« eingerichtet und verfügt über gut ausgestattete Lager sowie Wasch- und Duschräume und bietet eine günstige Halbpension sowie korsische Spezialitäten.

Die Gite d'Etappe ist meist von Mai bis Ende September geöffnet; da sie jedoch vorwiegend als Stützpunkt für den vielbegangenen Weitwanderweg GR 20 dient, ist sie zumindest in der Hauptsaison meist überfüllt und daher für einen längeren Aufenthalt nur bedingt geeignet. Gegenüber dem Auberge du Col befindet sich ein kleines Lebensmittelgeschäft, das relativ gute Einkaufsmöglichkeiten bietet.

Camping und Zelten ist am Col de Bavella und im gesamten Gebiet des Parc Naturel de la Corse verboten. Kleine Biwakzelte werden jedoch bei der Kapelle oberhalb der Auberge du Col für eine Nacht meist toleriert. Da es am Col keinerlei Sanitäreinrichtungen gibt, ist es für einen längeren Aufenthalt im Zelt ohnedies kaum geeignet.

C/2 **Zonza, 784 m**

Zonza ist der beste Stützpunkt für einen längeren Bavella-Aufenthalt. Das reizende, schön gelegene Bergdorf verfügt über mehrere kleine, relativ preiswerte Hotels (Auberges), außerdem gibt es einige Privatzimmer. Ca. 2,5 km außerhalb des Ortes an der D 368 in Richtung Porto Vecchio gibt es einen verhältnismäßig gut ausgestatteten Campingplatz (Camping Municipal de Zonza). Der Zeltplatz ist meist von Juni bis September geöffnet.

In Zonza gibt es mehrere Restaurants und Cafés sowie gute Einkaufsmöglichkeiten. Ebenso ein Postamt, wo auch Euroschecks eingelöst werden können. Die Tankstelle führt kein bleifreies Benzin, nächste Tankstelle mit bleifreiem Benzin in San Gavino di Carbini, ca. 6 km südlich von Zonza in Richtung Levie.

In Levie gibt es auch die nächste Apotheke sowie zwei Ärzte und natürlich eine Tankstelle und mehr Geschäfte als in Zonza.

C/3 **Quenza, 800 m**

Der kleine Ort liegt an der D 420, etwa 6 km nordwestlich von Zonza. Er bietet ähnlich wie Zonza einfache Unterkünfte und einen kleinen Zeltplatz sowie Restaurants und Einkaufsmöglichkeiten.

C/4 **Porto Vecchio**

Bedeutender Fremdenverkehrsort an der Ostküste Korsikas. Sehr schöne Badestrände und mehrere sehr gut ausgestattete Campingplätze sowie sehr gute Einkaufsmöglichkeiten. Da das Col de Bavella von Porto Vecchio über die D 368 in schwach 1½ Stunden (50 km) erreichbar ist, können sehr viele Touren als Tagestouren von dort aus unternommen werden. Eine derartige Kombination von Berg- und Badeurlaub kann durchaus reizvoll sein.

D) **Geographischer Überblick**

D/1 **Lage und Begrenzung**

Die in diesem Führer behandelten Gebiete, also die eigentliche Bavella sowie der südlich anschließende »Forst von Ospedale« liegen im Süden Korsikas westlich von Solenzara bzw. Porto Vecchio. Die angenommene Abgrenzung (s. Aufbau und Gliederung) wurde nicht nach geographischen, sondern nach bergsteigerischen Gesichtspunkten vorgenommen.

Das behandelte Gebiet umfaßt eine Fläche von schwach 200 km^2 mit etwa 80 beschriebenen Gipfeln.

D/2 **Geologischer Abriß**

Die eigentliche Bavella und der Forst von Ospedale stellen zwei grundverschiedene Landschaftstypen dar, obwohl beide Gebiete aus Granitgesteinen aufgebaut sind und während der Eiszeit unvergletschert waren.

In der Bavella überwiegt rötlich gefärbter Granit. Durch die senkrechte Klüftung des Gesteins sind hier steil aufragende, meist turmartige kühne Gipfelformen, tief eingerissene, riesige Schluchtsysteme und hohe steile Wandfluchten entstanden.

Der Granit im Forst von Ospedela ist eher grau und weist kaum Klüftungen auf. Die Gipfel sind vielfach glockenförmig oder bilden massige Felsburgen. Besonders auffallend sind die ausgedehnten Blockmeere, welche die hochflächenartige, hügelige Landschaft bedecken.
Die wohl auffallendsten Gesteinsformationen bilden die häufig auftretenden Tafonibildungen, die oft ganze Wandpartien prägen.
Über die Entstehung dieser für ganz Korsika typischen Lochverwitterungen gibt es verschiedene Theorien. Heute wird allgemein angenommen, daß sie nicht durch chemische Einflüsse, sondern durch physikalische Verwitterung entstanden sind. Es dürfte sich aller Wahrscheinlichkeit nach um einen »Schuppungsprozeß« handeln, welcher durch die Temperaturunterschiede zwischen den Gesteinsoberflächen und den tiefer liegenden Gesteinszonen hervorgerufen wird. Dieser »Schuppungsprozeß« hat im übrigen auch zur Ausbildung der glockenförmigen Bergformen sowie der gerundeten Felsbuckel im Forst von Ospedale geführt. Es würde zu weit führen, diese doch recht komplexen Vorgänge hier näher zu erläutern. Sie sind in den im Literaturverzeichnis angeführten Fachbüchern nachzulesen.

»Alles ist auf Korsika besser, selbst der Geruch, den es ausströmt. An ihm hätte ich die Insel mit geschlossenen Augen erkannt.«
(Napoleon auf St. Helena)

E) **Pflanzen- und Tierwelt**

E/1 **Flora**

Die Flora der Bavella ist außerordentlich vielfältig und artenreich. Im wesentlichen kann man drei Vegetationsstufen unterscheiden:
Bis in eine Höhe von ca. 1000 m bedeckt dichte Macchia die Steilflanken der Schluchten und Berge.
Die Macchia ist ein mediterraner und für Korsika typischer Buschwald. Über weite Flächen bildet sie ein fast undurchdringliches, dorniges, oft bis zu 4 m hohes Dickicht, das vorwiegend aus Baumheide, Erdbeerbaum, Zistrosenarten, Myrte sowie Dornsträuchern (Ginster, Brombee-

ren u. a.) und Rankengewächsen (wie z. B. Stechwinde) besteht und sich im Frühjahr in ein balsamisch duftendes Blütenmeer verwandelt. Oberhalb von ca. 1000 m beginnt die Waldzone, welche hauptsächlich aus Lariciokiefern besteht, vereinzelt treten Tannen auf. Die Baumheide bildet auch hier große Bestände, auch Stechpalmen sind anzutreffen. Große Teile der Wälder sind mit Farnen bedeckt. Schöne, mehr als 100 Jahre alte Edelkastanien in Zonza.

In den höheren Lagen, etwa ab 1500 m, sind die Hänge meist nur spärlich bewachsen, hier überwiegen Grünerlen, vereinzelt finden sich auch kleine Birkenbestände. Die Grashänge dieser Region sind teilweise mit Stechginsterbüschen, Zwergwacholder und Thymian durchsetzt.

Der Reichtum an Blumen und Blütenpflanzen ist vor allem im Frühjahr und Frühsommer in allen Höhenlagen geradezu überwältigend.

Die Korsische Nieswurz blüht in weißen Büschen, Alpenveilchen und Anemonen bilden ganze Teppiche, die Lichtungen sind weiß von Affodilien, der Korsische Krokus ist besonders in den höheren, felsdurchsetzten Regionen anzutreffen. Besonders schön in dieser Jahreszeit die zart duftende weiß und rosa blühende Baumheide.

Neben Rosmarin, Thymian, Schopflavendel, Minze, Malve findet man auch den Strauchigen Gammanda, die verschiedensten Orchideen wie Knabenkraut, Ragwurz, Violetten Dingel und Echten Zungenstendel sowie den lilienartigen Bergmilchstern, Vergißmeinnicht und Immortellen.

Roter Fingerhut säumt oft die Wege, hellblaue oder blauviolette Akeleien kann man bis auf 2000 m (oft in Rissen und Kaminen) antreffen und im Sommer bedeckt das Korsische Edelweiß (Helichrysum frigidum) mit seinen winzigen, graugrünen Blättern und kleinen, weißen Blüten ganze Felszonen.

Diese Aufzählung ist natürlich nicht vollständig, die Mitnahme eines entsprechenden Sachbuches ist empfehlenswert.

Da, wie bereits erwähnt, die Bavella ein »Parc Naturel Régional« ist, sind sämtliche Pflanzen und Blumen streng geschützt.

E/2 **Fauna**

Die Tierwelt der Bavella ist, zumindest was größere Arten betrifft, verhältnismäßig arm. Als auffallendster Vertreter ist hier wohl das

Mufflon zu nennen. Es ist streng geschützt, und seine Bestände haben in den letzten 10 Jahren deutlich zugenommen. Das Mufflon kann in den Felsgebieten über 1200 m heute wieder relativ oft beobachtet werden; ebenso mehr oder weniger verwilderte Ziegenherden.
Fuchs und Wiesel sind nicht selten. Bei (oft auch in) Hütten, Bergerien und Felsen findet man allenthalben Haselmäuse.
In den Felsen tummeln sich verschiedene Eidechsenarten, in den Feuchtgebieten der Schluchten und Täler sind Frösche und Lurche heimisch.
Giftschlangen gibt es in ganz Korsika nicht.
Bussarde sieht man recht häufig, der Adler hingegen ist sehr selten, noch seltener der Bartgeier.
In den Waldgebieten sind neben den verschiedenen Singvogelarten auch Buntspecht und Häher häufig zu sehen und zu hören. In der Nacht ertönt fast überall das Flöten der Waldkäuze.
Besonders vielfältig sind Schmetterlinge vertreten, was als ein Indiz für ein verhältnismäßig intaktes Ökosystem zu werten ist. Möge jeder Besucher dazu beitragen, daß dieses erhalten bleibt.

F) **Klima**

Wie in ganz Korsika herrscht auch in der Bavella ausgesprochen mediterranes Klima. Das bedeutet heiße, trockene Sommermonate etwa von Juni bis September und kühle, sehr feuchte Winter- und Frühjahrsmonate. Die jährliche Niederschlagsmenge liegt bei 1300 mm, der Großteil davon fällt in den Monaten Oktober bis Dezember. Schnee fällt regelmäßig in größeren Höhen, relativ häufig jedoch auch weit hinunter bis zu 300 m. Die Schneedecke hält sich in der Bavella meist nur verhältnismäßig kurze Zeit, nur die hochgelegenen nordseitigen Hänge bleiben länger schneebedeckt. In den höheren Felsgebieten muß bis April mit Vereisung gerechnet werden.
Ab April nimmt die Niederschlagshäufigkeit rasch ab, die trockensten Monate sind der Juli und der August. In diesen Monaten treten auch die höchsten Temperaturen auf, die sich jedoch in Höhen über 1000 m in durchaus erträglichen Grenzen halten, da fast an allen Tagen der

heißen Jahreszeit wenigstens einige Stunden hindurch ein angenehm kühlender Wind weht.
Wie überall im Gebirge muß man auch in der Bavella praktisch immer mit Gewittern rechnen. Diese können sehr heftig sein und sind meist mit empfindlichen Temperaturstürzen verbunden, Hagel- und Graupelschauer sind bis Ende Juni durchaus nicht selten.
Zum Teil recht heftige Winde, vor allem aus westlicher und südwestlicher Richtung sind in der Bavella häufig, absolut windstille Tage sind ausgesprochen selten. Besonders der Sirocco (Südwind) kann sehr heftig sein und ist meist auch mit starken Gewittern verbunden.
An der Küste, etwa in Porto Vecchio, beginnt die Badesaison im Juni, jedoch sind die flachen Buchten meist schon ab Mitte Mai warm genug, um zu baden.

G) **Besuchszeit**

Die günstigsten Monate für einen Besuch der Bavella sind Juni, Juli und September. Die meisten Touren sind zwar auch schon im Mai durchführbar, jedoch ist im Mai das Wetter manchmal noch etwas unsicher, außerdem sind die touristischen Einrichtungen (Hotels, Restaurants, Campingplätze) in den Talorten meist noch geschlossen. Der August ist zwar witterungsmäßig fast gleich günstig wie der Juli, er ist jedoch der Haupturlaubsmonat; ganz Korsika ist im August von Besuchern geradezu überschwemmt.

H) **Ausrüstung**

Für Klettertouren verwendet man selbstverständlich Reibungskletterschuhe. Ob man für Zustiege und Wanderungen Bergschuhe, oder, wie heute üblich, Lauf- bzw. Turnschuhe verwendet, ist Geschmackssache. Die »Wege« sind jedoch vielfach sehr steinig und führen über ausgesprochen rauhes Gelände. Die Fußbekleidung sollte nicht zu leicht gewählt werden.

Seile sollten mindestens 40, besser 50 m lang sein. Doppel- bzw. Zweifachseile sind unbedingt vorzuziehen.

Da Zwischen- und Standplatzsicherungen meist selbst anzubringen sind, ist eine gut sortierte Auswahl an Klemmkeilen und Friends erforderlich. Für schwierige Touren sind selbstverständlich auch Haken aller Größen notwendig. Seil- und Bandschlingen kann man meist nicht genug mithaben.

Bei längeren Touren sollte wie überall in den Bergen entsprechende Biwakausrüstung mitgeführt werden. Diese kann in der Bavella aufgrund der klimatischen Bedingungen und der relativ geringen Gipfelhöhen zwar wesentlich leichter sein als in den Alpen, ein leichter Pullover, Anorak, Biwaksack bzw. ein Regenumhang sind jedoch unbedingt anzuraten. Ebenso eine gut ausgestattete Tourenapotheke und Wasser.

Eine gute Karte sowie Kompaß und Höhenmesser haben noch nie geschadet, oft aber schon viel geholfen.

l) Rettungswesen

Einen organisierten Bergrettungsdienst wie in den Alpen gibt es in Korsika derzeit nicht, jedoch gibt es speziell für Einsätze im Gebirge geschulte und ausgerüstete Einheiten der Gendarmerie, welche auch über Rettungshubschrauber verfügen. Im Falle eines Unfalles ist somit raschest die Gendarmerie zu verständigen.

- Sari – Solenzara – Levie: Telefon: 17
- Alpingendarmerie Corte: Telefon 95 46 04 81

Am Col de Bavella Telefon im Auberge du Col (Grimaldi) und, sofern die Hütten (Palirihütte, Asinaohütte) bewartet sind, Funktelefon.

Dadurch, daß viele Touren absolut einsam sind, kann schon das Melden eines Unfalles sehr problematisch werden. Bei großen Touren in entlegenen Gebietsteilen ist man also im Falle eines Falles auf Selbsthilfe angewiesen. Bei derartigen Touren sollten daher aus Sicherheitsgründen möglichst immer zwei gleichwertige Seilschaften unterwegs sein.

Das **»Alpine Notsignal«:**

Dieses Notsignal sollte jeder Bergsteiger im Kopf haben:

- Innerhalb einer Minute wird **sechsmal** in regelmäßigen Abständen, mit jeweils einer Minute Unterbrechung, ein hörbares (akustisches) Zeichen (Rufen, Pfeifen) oder ein sichtbares (optisches) Signal (Blinken mit Taschenlampe) abgegeben.
  Dies wird so lange wiederholt, bis eine Antwort erfolgt.
- Die Rettungsmannschaft antwortet mit **dreimaliger** Zeichengebung in der Minute.

Die abgebildeten Alarmsignale im Gebirge wurden international eingeführt.

Um einen schnellen Rettungseinsatz zu ermöglichen, müssen die Angaben kurz und genau sein.

Man präge sich das »5-W-Schema« ein:

- **Was** ist geschehen? (Art des Unfalles, Anzahl der Verletzten)
- **Wann** war das Unglück?
- **Wo** passierte der Unfall, wo ist der Verletzte? (Karte, Führer)
- **Wer** ist verletzt, wer macht die Meldung? (Personalien)
- **Wetter** im Unfallgebiet? (Sichtweite)

Hubschrauberbergung:

Der Einsatz von Rettungshubschraubern ist von den Sichtverhältnissen abhängig.

Für eine Landung ist zu beachten:

- Hindernisse im Radius von 100 m dürfen nicht vorhanden sein.
- Es ist eine horizontale Fläche von etwa 30×30 m erforderlich. Mulden sind für eine Landung ungeeignet.
- Gegenstände, die durch den Luftwirbel des anfliegenden Hubschraubers umherfliegen können, sind vom Landeplatz zu entfernen.
- Der anfliegende Hubschrauber wird mit dem Rücken zum Wind von einer Person in »Yes-Stellung« eingewiesen.
- Dem gelandeten Hubschrauber darf man sich nur von vorne und erst auf Zeichen des Piloten nähern.

INTERNATIONALE ALARMSIGNALE IM GEBIRGE
SEGNALI INTERNAZIONALI D'ALLARME IN MONTAGNA
SIGNAUX INTERNATIONAUX D'ALARME EN MONTAGNE
SENALES INTERNACIONALES DE ALARMA EN MANTANA

JA
OUI
SI

Rote Rakete oder Feuer
Razzo rosso o luce rossa
Fusée ou feu rouge
Cohete de luz roja

Rotes quadratisches Tuch
Quadrato di tessuto rosso
Carré de tissu rouge
Cuadro de tejido rojo

WIR BITTEN UM HILFE
OCCORRE SOCCORSO
NOUS DEMANDONS DE L'AIDE
PEDIMOS AYUDA

NEIN
NON
NO

WIR BRAUCHEN NICHTS
NON ABBIAMO BISOGNO DI NIENTE
NOUS N'AVONS BESOIN DE RIEN
NO NECESITAMOS NADA

J) Zum Gebrauch des Führers

Dieser Führer ist nach den UIAA-Richtlinien für Routenbeschreibungen und Schwierigkeitsbewertung verfaßt.

J/1 Randzahlensystem

Jeder Gipfel sowie jeder Anstieg sind mit einer Randzahl versehen. Aus Gründen der Übersichtlichkeit, vor allem um spätere Ergänzungen und Erweiterungen jederzeit ohne größere Umnumerierungen durchführen zu können, wurde ein numerisches System gewählt.
Dieses besteht aus drei, durch Schrägstriche getrennte Zahlen bzw. Ziffern.
Die erste Ziffer bezeichnet die jeweilige Untergruppe.
Die zweite Ziffer bzw. Zahl bezeichnet die Örtlichkeit, d. h. den Gipfel, die Scharte oder die Hütte innerhalb der jeweiligen Untergruppe.
Die dritte Ziffer bzw. Zahl bezeichnet sodann die verschiedenen Anstiege der einzelnen Gipfel, Scharten oder Hütten.

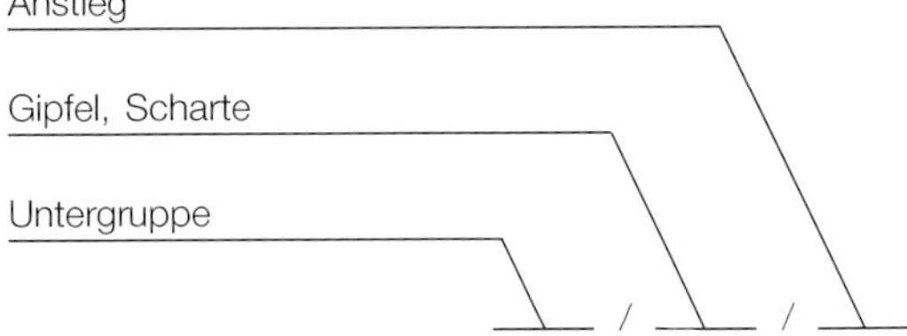

Querverweise im Text beziehen sich ausnahmslos auf die Randzahl, ebenso die Bezeichnungen der Skizzen und Fotos.

J/2 Beschreibungen

Sämtliche Beschreibungen haben einen Beschreibungskopf.
In diesem werden die wesentlichen Merkmale der beschriebenen Route zusammengefaßt. Der Beschreibungskopf beinhaltet folgende Angaben:

a) **Ersteigungsdaten:**
Namen der Erstersteiger sowie Daten der Erstersteigung (soweit bekannt).

b) **Zeitangaben:**
Bei Klettertouren wird die reine Kletterzeit angegeben, die Zugangszeiten werden gesondert angeführt, teilweise sind sie bei benachbarten Touren nachzulesen. Bei Zugangswegen und Wanderungen wird immer die Gesamtzeit vom Ausgangs- bis zum Zielpunkt angegeben. Die angegebenen Zeiten sind Durchschnittswerte, die sich je nach den Verhältnissen bzw. der Kondition wesentlich ändern können.

c) **Schwierigkeitsangaben:**
Als erstes werden die vorwiegend auftretenden Schwierigkeiten angegeben, aus diesem Rahmen fallende Schwierigkeiten von Einzelstellen werden nachgestellt (Kapitel Schwierigkeitsbewertung unbedingt beachten!).

d) **Charakterisierung der Route:**
Hier werden Angaben über Felsbeschaffenheit, besondere landschaftliche Schönheit, technische Anforderungen u.s.w. gemacht.

e) **Routenbeschreibung:**
Die eigentlichen Beschreibungen sind vor allem bei den Touren im unteren und mittleren Schwierigkeitsbereich möglichst detailliert und ausführlich erstellt. Bei den Touren in den oberen Schwierigkeitsgraden wurde vielfach auf eine detaillierte Beschreibung verzichtet, dafür wurden entsprechende Anstiegsskizzen erstellt.
Richtungsangaben beziehen sich immer auf die Hauptbewegungsrichtung, sie werden häufig durch Angabe der Himmelsrichtung ergänzt. Richtungsangaben mit dem Zusatz „orog." (orographisch) gelten in Richtung des fließenden Wassers.
Auch die beste Routenbeschreibung oder Skizze kann nicht alle Details eines Durchstieges unmißverständlich wiedergeben. Im Zweifelsfalle können oft nur Erfahrung und Intuition weiterhelfen.

J/3 **Schwierigkeitsbewertung**

Prinzipiell wird die nach oben offene Schwierigkeitsskala entsprechend den Richtlinien der UIAA angewendet. Entsprechend diesen Richtlinien werden freie und künstliche Kletterei getrennt und unabhängig voneinander bewertet. Die Schwierigkeit der Freikletterei wird durch römische Ziffern (I bis IX) angegeben, wobei durch ein vorgesetztes »+« oder ein

»–« eine weitere Feineinteilung gewährleistet wird. Die künstliche Kletterei wird mit A0 bis A4 angegeben.

Sofern Anstiege nicht von den Autoren selbst begangen wurden und auf Beschreibungen in korsischen bzw. französischen Führerwerken, insbesondere auf den L. M. d. B. hingewiesen wird, wurde die Originalbewertung bewußt beibehalten. Dies wird durch die Kurzbezeichnung »frz.« kenntlich gemacht. Die französische Bewertung weicht bekanntlich von der im deutschsprachigen Raum üblichen UIAA-Skala vor allem in den oberen Schwierigkeitsgraden ab.

Nachstehend eine ungefähre Vergleichstabelle:

<table>
<tr><td>UIAA-Skala</td><td>V</td><td colspan="2">+V</td><td>–VI</td><td colspan="2">VI</td><td>+VI</td><td colspan="2">–VII</td><td>VII</td><td>+VII</td><td colspan="2">–VIII</td><td colspan="2">VIII</td><td>+VIII</td><td colspan="2">–IX</td><td>IX</td></tr>
<tr><td>franz. Skala</td><td colspan="2">V</td><td colspan="3">+V</td><td colspan="3">VIa</td><td colspan="2">VIb</td><td colspan="2">VIc</td><td colspan="2">VIIa</td><td colspan="3">VIIb</td><td colspan="2">VIIc</td></tr>
</table>

Daß eine wirklich objektive Bewertung von klettertechnischen Schwierigkeiten problematisch ist, ist eine bekannte Tatsache. Trotz aller diesbezüglichen Bemühungen der Autoren ist eine gewisse Subjektivität nicht zu vermeiden. Die Bewertung wird vor allem dem Gebietsneuling in vielen Fällen sehr streng erscheinen. Dies ist vorwiegend auf die spezifischen Eigenheiten des Gesteins und die sich daraus ergebenden kletter- und sicherungstechnischen Besonderheiten zurückzuführen. Vorsicht ist allerdings bei den von Albert Precht begangenen und bewerteten Anstiegen geboten! Diese sind auch unter den obigen Gesichtspunkten als außerordentlich streng bewertet anzusprechen.

Die kletter- und sicherungstechnischen Eigenheiten des Gesteins sind so gravierend, daß ein Vergleich mit anderen Klettergebieten kaum möglich erscheint. Aus diesem Grund wurde auch auf entsprechende Vergleichstabellen, wie sie heute in Führerwerken üblich sind, verzichtet.

Die Schwierigkeitsbewertung nach UIAA

Die UIAA fordert eine eindeutig unterschiedliche Schwierigkeitsbewertung von freier und künstlicher Kletterei. Die Bewertung der Schwierigkeit reiner Freikletterei ist durch römische Ziffern I bis IX bezeichnet, mit Zwischenstufen »untere (–)« und »obere (+) Grenze«.
Im einzelnen sind die Schwierigkeitsgrade wie folgt definiert:

I = geringe Schwierigkeiten. Einfachste Form der Felskletterei (kein leichtes Geh-Gelände!) Die Hände sind zur Unterstützung des Gleichgewichts erforderlich. Anfänger müssen am Seil gesichert werden. Schwindelfreiheit ist bereits erforderlich.

II = Mäßige Schwierigkeiten. Hier beginnt die Kletterei, die Drei-Punkte-Haltung erforderlich macht.

III = Mittlere Schwierigkeiten. Zwischensicherungen an exponierten Stellen empfehlenswert. Senkrechte Stellen oder gutgriffige Überhänge verlangen bereits Kraftaufwand. Geübte und erfahrene Kletterer können Passagen dieser Schwierigkeit noch ohne Seilsicherung erklettern.

IV = Große Schwierigkeiten. Hier beginnt die Kletterei schärferer Richtung. Erhebliche Klettererfahrung notwendig. Längere Kletterstellen bedürfen meist mehrerer Zwischensicherungen. Auch geübte und erfahrene Kletterer bewältigen Passagen dieser Schwierigkeit gewöhnlich nicht mehr ohne Seilsicherung.

V = Sehr große Schwierigkeiten. Zunehmende Anzahl der Zwischensicherungen ist die Regel. Erhöhte Anforderung an körperliche Voraussetzungen, Klettertechnik und Erfahrung. Lange hochalpine Routen im Schwierigkeitsgrad V zählen bereits zu den ganz großen Unternehmungen in den Alpen und außeralpinen Regionen.

VI = Überaus große Schwierigkeiten. Die Kletterei erfordert weit überdurchschnittliches Können und hervorragenden Trainingsstand. Große Ausgesetztheit, oft verbunden mit kleinen Standplätzen. Passagen dieser Schwierigkeit können in der Regel nur bei guten Bedingungen bezwungen werden. (Häufig kombiniert mit künstlicher Kletterei: A0 bis A4).

VII–IX = Außergewöhnliche Schwierigkeiten. Ein durch gesteigertes Training und verbesserte Ausrüstung erreichter Schwierigkeitsgrad. Auch die besten Kletterer benötigen ein an die Gesteinsart angepaßtes Training, um Passagen dieser Schwierigkeiten nahe der Sturzgrenze zu meistern. Neben akrobatischem Klettervermögen ist das Beherrschen ausgefeilter Sicherungstechnik unerläßlich.

Natürlich läßt sich jede Freikletterstelle durch die Benutzung künstlich geschaffener Festpunkte (gleich, ob Haken, Schlingen, Klemmkeile, Sky-Hooks, Rißklemmen oder was sonst auch immer) in eine A-Stelle verwandeln. Dies geschieht schon bei der Verwendung der Sicherungsmittel als Griff oder Tritt oder über Seilzug (A0), mehr noch beim Einsatz von Trittleitern. **Es wird nochmals ausdrücklich betont, daß die angegebenen Freikletterbewertungen nur unter der Bedingung der absolut freien Erkletterung der betreffenden Stellen gelten, bzw. nur dann, wenn die eventuell vorhandenen Passagen künstlicher Kletterei nur mit der angegebenen Zahl von Fortbewegungshilfen begangen werden.** Davon abgesehen: Nur die Freikletterei fordert maximales Können – nur die Freikletterei bietet optimales Erlebnis.

Die Bewertung der Schwierigeit künstlicher Kletterei erfolgt nach der fünfstufigen Skala A0 bis A4 (A = artificiel).

A0

Die einfachste Form künstlicher Kletterei. Haken oder andere Zwischensicherungen (Holz- oder Klemmkeile, Sanduhr- oder Zackenschlingen) in vorwiegend freien Routen müssen als Griff oder Tritt benutzt werden, Trittleitern jedoch sind nicht erforderlich. Auch die Benutzung von Selbstzug, die Anwendung von Pendeltechnik und die des Seilzugquerganges zur Fortbewegung fällt unter künstliches Klettern A0.

A1

Haken und andere technische Hilfsmittel sind relativ leicht anzubringen, und die Passage verlangt relativ wenig Kraft, Ausdauer und Mut. Die

Verwendung einer Trittleiter pro Seilpartner, die mehrfach eingehängt wird, ist ausreichend, eine zweite ist nicht erforderlich.

A2–A4
Größere Schwierigkeiten beim Hakensetzen und Anbringen anderer technischer Hilfsmittel (kompakter Fels, geschlossene Risse, brüchiger und kleinsplittriger Fels) und/oder größere körperliche Leistungen beim Überwinden der Kletterstelle (Überhang, Dach, großer Hakenabstand) und/oder große Ausgesetztheit, die vom Kletterer immer größere Fähigkeiten verlangen. Zwei Trittleitern notwendig.
Da die UIAA nicht zwischen der Schwierigkeit des Anbringens künstlicher Fortbewegungshilfen (Haken, Holzkeile, Klemmkeile usw.) und dem reinen Klettern mit ihrer Hilfe unterscheidet, mußte die Einstufung – falls zutreffend – mit der Bemerkung wie »sollten Haken fehlen, kann das Neuschlagen A3 sein« ergänzt werden.
Der Schwierigkeitsgrad des überwiegenden Teiles einer Führe – freie oder künstliche Kletterei – wird an erster Stelle genannt, also V/A0 bzw. V und A0 oder A3/VI bzw. A3 und VI.

K) Bergsteigerische Angaben

Trotz der geringen Gipfelhöhen ist die Bavella eine der schönsten und eigenwilligsten Berggruppen Korsikas. In keiner anderen Berggruppe der Insel kommt der spezifische Charakter der korsischen Bergwelt so ausgeprägt zum Ausdruck. Trotzdem es hier nur verhältnismäßig wenige leicht erreichbare Gipfel gibt, ist die Bavella als Wandergebiet ausgesprochen beliebt und viel besucht, nicht nur von Begehern des Weitwanderweges GR 20.
In erster Linie aber ist die Bavella ein einmalig schönes Klettergebiet, in welchem es eine Unzahl von Klettermöglichkeiten aller Schwierigkeitsgrade gibt. Der klassische Bergsteiger kommt hier genauso auf seine Rechnung wie der moderne Felskletterer, der Sportkletterer findet ein ebenso reiches Betätigungsfeld wie der extreme Einsamkeitsfanatiker.
Die Zugänge zu den Bergen und Einstiegen sind sehr unterschiedlich. Vielfach sind sie relativ kurz (1–1½ Stunden) und bequem und benüt-

zen Forstwege oder teilweise sogar markierte Steige, teilweise sind sie aber auch außerordentlich lang, mühsam und schwer auffindbar, besonders dann, wenn sie durch eine der wilden Schluchten oder durch weglose Macchia führen. Die Kletterhöhen sind ebenfalls sehr unterschiedlich, sie reichen von knapp 100 bis über 600 Meter.

Der Fels ist fast überall fest und außerordentlich rauh, teilweise jedoch etwas mit Flechten überzogen. In diesem Falle ist er bei Nässe äußerst gefährlich. Risse und Kamine sind häufig rund und nach außen offen, sie erfordern vielfach eine ähnliche Klettertechnik wie z. B. der Elbsandsteinfels. Eine Besonderheit für die Kletterer sind die oft ausgedehnten Tafonizonen. Diese typisch korsischen Lochverwitterungen sind für jeden Gebietsneuling ein absolutes Wunder. Das Klettern an steilem Tafonifels erfordert Mut und Vorsicht. Die Griffe sind zwar meist groß und gut, aber die Rippen und Kanten zwischen den einzelnen Löchern sind oft hauchdünn und ungemein scharfkantig. Das Gestein ist zwar meist fest, stellenweise jedoch oberflächlich so verwittert, daß es bei Berührung buchstäblich zerbröselt. Der Bavellafels ist größtenteils ausgesprochen hakenfeindlich, jedoch ermöglichen »Friends«, Klemmkeile und Bandschlingen in fast allen Fällen eine verläßliche Absicherung. Diese Tatsache hat dazu geführt, daß auch in schwierigen Routen oft kaum Begehungsspuren zu finden sind.

In dem ungemein rauhen und scharfkantigen Fels wird die Gefahr eines Seilrisses durch die Verwendung von Doppelseilen wesentlich verringert. Selbstverständlich ergeben sich hiebei auch beim Abstieg, der vielfach durch Abseilen vor sich geht, wesentliche Vorteile.

Zu beachten ist auch, daß das Gebiet sehr wasserarm ist. Gute Quellen sind sehr selten, ab Ende Juni ist auch in den höher gelegenen Schluchten kaum Wasser zu finden. Die erforderliche Getränkemenge ist also bei längeren Touren unbedingt von Anfang an mitzutragen!

Die zumindest im Sommer sehr hohen Temperaturen verleiten dazu, in leichtester Kleidung zu wandern und zu klettern. Dies kann jedoch auch bei schönem Wetter zu Problemen führen. Die vielfach dornige und stachelige Macchia ist ausgesprochen „hautfeindlich“, ebenso die oft ungemein rauhen Risse und Kamine. Hiezu kommt, daß Gewitter mit Temperaturstürzen bis über 20° C durchaus keine Seltenheit sind! Zumindest bei längeren Touren sollte deshalb entsprechende Kleidung eine Selbstverständlichkeit sein.

L) **Namensgebung**

Die Namensgebung in der Bavella ist sehr uneinheitlich und teilweise verwirrend. Dies hängt sehr stark mit der Erschließungsgeschichte zusammen. Die bergsteigerische Erschließung erfolgte bis weit in die sechziger Jahre hinein praktisch ausschließlich durch Bergsteiger, die vom Kontinent kamen, und nicht durch korsische Bergsteiger.
Ursprünglich waren nur relativ wenige der unzähligen Gipfel und Türme benannt, und selbst diese wenigen Namen konnten die Erstersteiger, die der korsischen Sprache nicht mächtig waren, nicht in Erfahrung bringen. Also wurden viele Berge willkürlich mit fremdsprachigen Namen belegt. Da die Erschließung durch Angehörige verschiedener Länder parallel erfolgte, ist es schon in ihrer ersten Phase dazu gekommen, daß ein und derselbe Gipfel verschieden benannt wurde. Hiezu kommt, daß sowohl in der französischen Literatur als auch bei den kartographischen Aufnahmen korsische Bezeichnungen einfach ins Französische übersetzt wurden.
Seit etwa 15 bis 20 Jahren haben nun korsische Bergsteiger in immer größeren Ausmaß die Erschließung vorangetrieben und die diversen Gipfel und Türme mit ihren korsischen Namen benannt. So kommt es, daß heute in den verschiedenen Veröffentlichungen für ein und denselben Berg vielfach bis zu drei oder sogar vier verschiedene Namen zu finden sind. Als Beispiel sei hier der »Turm II« in der Nordgruppe genannt. Dieser Turm wurde 1927 von den Österreichern Kräftner und Obersteiner erstmals erstiegen. In der deutschsprachigen Literatur wird er als »Turm II« oder „Turm der Österreicher« bezeichnet. In der frz. Literatur finden sich die Namen »Tour des Autrichiens« und »Pointe du Mouflon«, während er von den Korsen »Punta di l'Ariettu« genannt wird. Im vorliegenden Führer werden – soweit sie eruierbar waren – prinzipiell die korsischen Namen in korsischer Schreibweise verwendet.
Die in der älteren Literatur gebräuchlichen deutschen oder französischen Bezeichnungen werden in Klammer nachgestellt. Es würde den Rahmen dieses Führers sprengen, die korsische Sprache, ihre Herkunft und ihre Eigenheiten näher zu beleuchten. Der Interessierte findet hierüber in dem Buch »Korsika für Kenner« von Lotte Komma nähere Auskünfte. Für den Besucher wichtig allein ist die Tatsache, daß die korsische Sprache für die Korsen selbst einen wesentlichen Teil ihrer

Identität bildet, der von jedem Besucher akzeptiert und respektiert werden sollte.
Die angegebenen Höhenkoten wurden den IGN-Karten (1:25.000) oder den neuesten Führerwerken entnommen bzw. beruhen sie auf eigenen Aneroidmessungen.
Nachstehend einige korsische Wörter und Begriffe, durch welche das Verständnis für die korsischen Bezeichnungen erleichtert werden soll.

Korsisch	Deutsch
Acellu	Vogel
Acellucciu	Vögelchen
Anima dannata	verdammte Seele, verirrte Seele
Ariettu – Arghjetu	Mufflon
Bigornu – Bivornu	Doppelhorn
Capellu – Capeddu	Hut
Cocia	geraubtes Horn
Chjostru	Schweinekoppel
Compulu	Hammelkoppel
Cumpulellu – compuleddu	kl. Koppel, kl. Waschbecken
Curracchja	Krähe
Ditu	Finger
Furesta	Forst
Finosa	Heustelle, Heuort
Finosella – finusedda	grasbewachsenes Gelände, Platz
Fumigosa – fummicosa	Rauch, verräuchern
Furnellu – furreddu	kl. Backofen
Giru – ghjiru	Rundtour
Lunarda – lunatica	Mond, launisch
Ortu	Garten
Polischellu	poliert, glatt, glänzend
Pargolu – Pargulu	Weinlaube
Petra Sulanna	Sonnenfelsen
Setti	sieben
Scoddu – scogliu	Fels
Spechju	Spiegel, Eis
Suttanacciu	Südkorsika

Taúla – Tavula	Planke, Brett, Platte
Tafunata – tavunata	Öffnung
Tafonu – tavonu	Loch
Trubulazioni	Drangsal
Vangonu	kleines Tal
Vardia – bardianu	Hüttenwart

M) **Erschließungsgeschichte**

Die bergsteigerische Erschließung der Bavellagruppe hat wesentlich später begonnen als etwa jene der Cintogruppe oder der Berge Zentralkorsikas. Während die Hauptgipfel dort schon Ende des vergangenen Jahrhunderts touristisch erstiegen wurden (Monte Cinto 1882 durch Eduard Rochart) und die klettersportliche Erschließung knapp nach der Jahrhundertwende begann (Paglia Orba, Ostwand, 1909 durch G. und M. Finch mit A. Bryn), stammen die ersten Berichte über Bergtouren in der Bavellagruppe aus den Jahren 1927 und 1928. Am 16. April 1927 wurde die Punta di l'Acellu, damals noch als Turm I bzw. Pointe de l'Oiseau bezeichnet, durch eine belgische Seilschaft erstiegen. Im selben Jahr, und zwar am 9. Juni, erstiegen die Österreicher F. Kräftner und Dr. L. Obersteiner die Punta d'l Ariettu (Turm der Österreicher). Auch die Punta Piata (Turm der Belgier) wurde 1927 durch die Belgier D. Schryver und Gefährten erstiegen. Im Jahre 1928 waren die französischen Bergführer Arthur Ravanel und Alphonse Couttet, die auch aus der Ersteigungsgeschichte des Mont-Blanc-Gebietes bekannt sind, mit Mlle de Ferre de Peraux in der Nordgruppe der Bavella tätig, wobei die Punta Longa (Tour Arthur Ravanel), die Punta Alta (Grand Tour de Asinao) sowie die Punta Iolla (Turm VII) und die Petra Sulanna (Tour Alphonse Couttet) erstmals erstiegen wurden.
Schon aus diesen wenigen Angaben ist ersichtlich, daß die Erschließung der Bavella von Anfang an durch Bergsteiger verschiedenster Länder erfolgte. Dadurch sind auch die Berichte und die Angaben über die verschiedenen Ersteigungen in der gesamten europäischen Alpinliteratur verstreut und somit dem einzelnen kaum zugänglich. Daran hat

sich bis heute praktisch nichts geändert, so daß auch die folgenden Angaben sicherlich nur einen lückenhaften und unvollständigen Abriß darstellen.
Aus den dreißiger Jahren sind z. B. nur sehr wenige Besteigungen bekannt geworden, von welchen jene des Schweizers Marmillod (Punta Tafunata d'i i Paliri, Südwestgrat, 1936) wohl die bedeutendste ist.
Bedingt durch die Kriegs- und Nachkriegszeit kam die Erschließung in den vierziger Jahren praktisch völlig zum Stillstand und wurde erst in den fünfziger Jahren wieder aufgenommen. Vorerst waren vorwiegend Bergsteiger aus der Schweiz und aus Frankreich in der Bavella tätig (Theytaz – Punta Tafunata d'i Paliri, Nordostgrat, 1954; Meinherz und Styger – Punta di Ferru, Südgrat, Punta Samulaghia, Normalweg sowie Punta San Gio Agostinu, 1955). Anfang der sechziger Jahre finden sich auch wieder Bergsteiger aus dem deutschsprachigen Raum in der Bavella ein. Hier sind vor allem zwei Namen zu nennen: Hans Schymik und Werner Krah. Mit verschiedenen Partnern haben diese beiden Männer in den folgenden Jahren Erstaunliches geleistet. Hans Schymik hat durch seine diversen Veröffentlichungen und Führer die Berge Korsikas im deutschsprachigen Raum erst so richtig bekannt gemacht. Darüberhinaus hat er aber auch einen bedeutenden Beitrag zur Erschließung der Bavella geleistet. 1963 gelang ihm mit M. Fabrikant die erste Ersteigung der Punta Buvone, 1965 und 1966 erkundete und erstieg er die wichtigsten Gipfel der Ferriate-Gruppe.
Werner Krah wieder hat als einer der ersten deutschsprachigen Bergsteiger durch mehrere Jahre hindurch systematisch schwierige und schwierigste Erstbegehungen in der Bavella durchgeführt. Hier nur die wichtigsten davon: 1960, Campanile Santa Lucia, Punta d'u Pargolu (Turm der Deutschen), Südwand, 1961, Punta di Bonifaciu, Nordgrat, 1964, Punta di Bonifaciu, Westwand.
In den sechziger Jahren waren natürlich auch Bergsteiger aus anderen Ländern in der Bavella erschließerisch tätig. Die Südostwand der Punta di l'Acellu (Turm I) in der Nordgruppe z. B. wurde 1962 durch M. Contrau und G. Vulliez erstbegangen. Im gleichen Jahr gelang einer ebenfalls französischen Seilschaft der gewaltige Nordgrat der Punta di Ferru. 1969 schließlich gelang den Schweizern H. von Ballmoos und H. Lüssi am 27. und 28. Mai die erste Ersteigung des markanten Südpfeilers der Petra Sulanna (Tour Alphonse Couttet).

Bedingt durch die gute wirtschaftliche Lage und die steigende Mobilität hat der Besuch Korsikas und damit selbstverständlich auch der Bavella in den siebziger Jahren sprunghaft zugenommen. Gleichzeitig treten in dieser Zeit auch die ersten korsischen Bergsteiger in Erscheinung. Diese prägen nunmehr in zunehmendem Maße die weitere Erschließung. Die hervorragendste Persönlichkeit ist sicher Ghjuan Paulu Quilici. Mit den verschiedensten Gefährten hat er in den letzten zwanzig Jahren unzählige, meist sehr bis äußerst schwierige Erstbegehungen durchgeführt, ist Mitautor des französischsprachigen Bavellaführers sowie des Buches »La Corse – Le 100 plus belles Courses et Randonnées« sowie Initiator und Haupterschließer des Sportklettergartens über dem Bavellapaß. Teilweise gemeinsam mit Quilici haben sich in diesen Jahren eine Reihe von auch aus den Alpen bekannten Bergsteigern, wie z. B. Bernard Vaucher und Georges Bettembourg mit großartigen schwierigsten Erstbegehungen an der modernen Erschließung der Bavella beteiligt. In den achtziger Jahren hat sodann Albert Precht, der Mitautor dieses Führers, eine Unzahl von schwierigsten Neutouren eröffnet. Inzwischen hat auch die moderne Sportkletterszene die Bavella entdeckt. Immer häufiger finden sich zwar technisch äußerst anspruchsvolle, jedoch sichtlich durch Abseilen von oben mit Bohrhaken eingerichtete Routen. Es ist zu hoffen, daß diese Entwicklung ebenso kurzlebig ist wie die technische Kletterei der sechziger Jahre und die Bavella auch künftigen Generationen als das erhalten bleibt, was sie allen ihren Liebhabern seit nunmehr 60 Jahren war und ist: Eines der landschaftlich und klettertechnisch schönsten und interessantesten Klettergebiete Europas.

N) **Abkürzungen und Symbole**

E	= East, Osten
N	= Norden
W	= Westen
S	= Süden
östl., nördl.	= östlich, nördlich usw.
Bie.	= Bergerie (Alm)
orogr.	= orographisch (in Richtung fließenden Wassers)
Std.	= Stunde(n)
Min.	= Minute(n)
m	= Meter
ca.	= cirka
dir.	= direkt
s.	= siehe
S.	= Seite
Pta.	= Punta
IGN	= Institute Géographique National
frz.	= französisch (vor allem bei Schwierigkeitsbewertung)
teilw.	= teilweise
bzw.	= beziehungsweise
D	= Landstraße, für die das jeweilige Departement zuständig ist: Routes Departementales
E	= Einstieg
SL	= Seillänge(n)
H	= Haken
BH	= Bohrhaken
SH	= Standhaken
AH	= Abseilhaken
KK	= Klemmkeil
SU	= Sanduhr
L. M. d. B.	= »Le Massif de Bavella«, Wander- u. Kletterführer in frz. Sprache von A. Lucchesi, J.-P. Quilici, B. Vaucher
GR 20	= Kurzbezeichnung für den berühmten Weitwanderweg »Sentier de Grande Randonnée de la Corse«

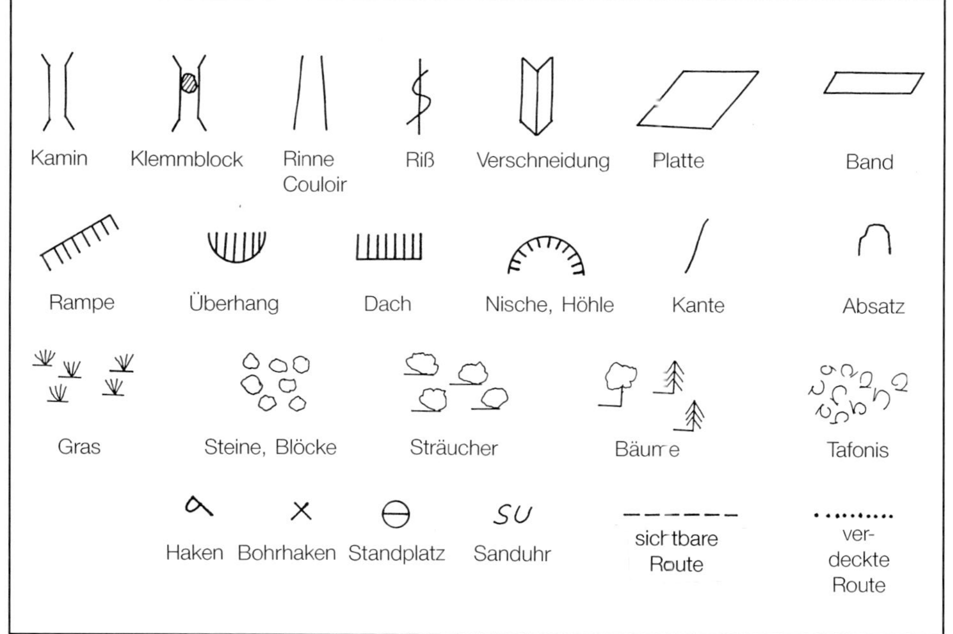

Kamin
Klemmblock
Rinne
Couloir
Riß
Verschneidung
Platte
Band
Rampe
Überhang
Dach
Nische, Höhle
Kante
Absatz
Gras
Steine, Blöcke
Sträucher
Bäume
Tafonis
Haken
Bohrhaken
Standplatz
SU
Sanduhr
sichtbare
Route
ver-
deckte
Route

O) Schrifttum und Karten

In den letzten Jahren ist eine große Anzahl von Reise- und Wanderführern über Korsika erschienen, in welchen jedoch über die Bavella relativ spärliche Angaben zu finden sind. Eine Ausnahme bilden lediglich die nachstehend angeführten Werke, welche auch den Autoren eine wertvolle Hilfe bei ihren Bergfahrten waren.

Für den Kletterer ist besonders der Führer „Massif de Bavella" zu erwähnen, auf welchen im bergsteigerischen Teil vielfach hingewiesen wird. Äußerst aufschlußreich über Land und Leute das Buch »Korsika für Kenner« von Lotte Komma. Für den auch kulturell interessierten Besucher ist der DuMont Kunst- und Reiseführer praktisch unerläßlich.

Es sei an dieser Stelle vermerkt, daß viele der interessanten Sehenswürdigkeiten Korsikas, wie z. B. Filitosa, die torreanischen Festungen von Arraggiu und Cucuruzzu oder die Menhierereihen von Palaggiu und Renaggiu von den Talorten aus leicht und bequem an einem Tag besucht werden können.

Michel Fabrikant: Guide des Montagnes Corses – Editions Didier Richard, Grenoble. Kletter- und Wanderführer in frz. Sprache.

Hans Schymik: Korsika für Bergsteiger und Kletterer – Kletter- und Wanderführer, Eigenverlag H. Schymik, D-7080 Aalen/Ostalbkreis.

Hans Schymik: Bergwelt Korsika – Wanderführer, Verlag J. Fink-Kümmerly + Frey GmbH, D-7302 Ostfildern 4.

Henri Agresti et G.-P. Quilici: Les 100 plus belles Courses et Randonnées de Corse, Edition Denoël, Paris. Bildband mit Routenbeschreibungen in frz. Sprache.

A. Lucchesi, J.-P. Quilici, B. Vaucher: Le Massif de Bavella – Randonnées et Ascensions, ÉDISUD, La Calade, 13090 Aix-en-Provence, Wander- und Kletterführer in frz. Sprache.

Almut und Frank Rother: DuMont Kunst-Reiseführer Korsika, DuMont Buchverlag Köln.

Lotte Komma: Korsika für Kenner – Langen Müller Verlags GmbH München–Wien.

Dr. Erik Arnberger: Korsika – Die Landschaften einer Mittelmeerinsel, eine landeskundliche Einführung, Verlag Freytag-Berndt und Artaria, Wien.

W. Klaer: Verwitterungsformen im Granit – Gotha, Haack, 1956.

Wie schon erwähnt, ist eine gute Karte für den Bergsteiger und Kletterer unbedingt erforderlich. Die derzeit beste Karte ist die IGN-Karte »Top 25/4253 ET – Aiguilles de Bavella – Solenzara«.

Diese Karte sowie die französischsprachigen Bücher und Führer sind in den Talorten fast immer erhältlich.

P) **Aufbau und Gliederung**

Die Bavellagruppe besteht im wesentlichen aus einem ca. 15 km langen, in Süd-Nordrichtung streichenden Hauptkamm, von welchem mehrere Seitenkämme nach Osten bzw. Nordosten abzweigen. Entlang dieser Seitenkämme ziehen tief eingeschnittene Täler und Schluchten bis an den Hauptkamm heran. Die Ostseite der Bavella ist hiedurch ungewöhnlich wild und zerklüftet. Der westliche Abfall des Hauptkamms ist hingegen wesentlich sanfter und praktisch ungegliedert, er weist keine Seitenkämme auf. Das Col de Bavella teilt den Hauptkamm in einen südlichen und einen nördlichen Teil; die beiden Teile werden als Süd- bzw. Nordgruppe bezeichnet.

Die einzelnen Gipfel und Türme sowohl im Hauptkamm selbst als auch in den Seitenkämmen sind zum größten Teil ungewöhnlich kühn und wild, die Gipfelhöhen liegen zwischen eintausend und knapp zweitausend Meter.

P/1 **Südgruppe**

Der südlichste Gipfel des Hauptkammes ist die Punta Quercitella (1461 m). Von hier zieht der Hauptkamm über die Punta Samulaghia (1480 m) zur Punta di Ferru (1468 m). Hier zweigt in östlicher Richtung ein Seitenkamm ab, der über die Punta Buvone (1447 m) zur Punta di Bonifaciu (1276 m) zieht. Westlich der Punta di Ferru ist die Bocca di Fumicosa (1335 m) in den Hauptkamm eingesenkt, der sodann über mehrere unbenannte Gipfel (dieses Gratstück wird als »Crête des Terrasses« bezeichnet), zur Punta d'u Velacu (1483 m) zieht. Von hier streicht der Hauptkamm als breiter, bewaldeter Rücken zum Col de Bavella (1218 m) ab.

Bei der Punta d'u Velacu zweigt ein langer, gipfelreicher Seitenkamm in nordöstlicher Richtung vom Hauptkamm ab. Das erste Drittel dieses Seitenkammes besteht aus einer ganzen Reihe von turmartigen Felsgipfeln, den sogenannten Südtürmen. Das mittlere Drittel bildet der gewaltige Bergstock der Punta Tafunata d'i i Paliri (1312 m). Dieser Gipfel zählt trotz seiner geringen Höhe zu den schönsten und gewaltigsten Bergen der Bavella.

P/2 **Ferriate-Gruppe**

Die Ferriate-Gruppe bildet das letzte (nordöstl.) Drittel des langen Kammes, der bei der Punta d'u Velacu vom Hauptkamm abzweigt. Die Gruppe beginnt mit der Foce Finosella, einer breiten Einsattelung nordöstl. der Punta Tafonata d'i i Paliri. Der Kamm trägt in seinem weiteren Verlauf zwei unbenannte Gipfel (Punkt 1029 und Punkt 1051 der IGN-Karte), um sodann zum Hauptgipfel der Gruppe der Punta Ferriate, 1085 m, anzusteigen. Hier löst sich der Kamm auf und bildet mehrere, nach N absinkende Turmreihen, welche durch tief eingerissene, dicht verwachsene Steilschluchten voneinander getrennt werden.
Die erste (westl.) dieser Turmreihen kulminiert in dem schönen Gipfel des Solenzara, 1078 m. Dieser früher »Spion von Aalen« genannte Gipfel ist der Nordgipfel der Ferriate-Gruppe.
Die nächste Turmreihe trägt mehrere ausgeprägte Gipfel (Bergland- oder Ostgipfel, Schütz von Roda oder Nordostgipfel) sowie dessen Nebengipfel, der »Charlemagne« genannt wird.
Vom Punkt 1029 zieht ein gratartiger Rücken nach N, welcher mit zwei ausgeprägten Gipfeln, der U Peru und der A Zucca endet. Dieser Teil der Gruppe wird Contreforts des Ferriate genannt.
Die ganze Ferriate-Gruppe ist sehr entlegen und wird sehr selten besucht.

P/3 **Kletterzentrum Col de Bavella**

Das Kletterzentrum gehört geographisch gesehen zur Nordgruppe der Bavella. In der Steilflanke nördl. des Col de Bavella ragt eine Reihe von isoliert stehenden Felsgruppen auf, welche das Kletterzentrum bilden. Kulminationspunkt ist die mit einem Kreuz versehene Kuppe »Croix Leccia«.

Außer den im Text näher beschriebenen Felsgruppen gibt es noch eine ganze Reihe anderer, die jedoch bisher nicht erschlossen und benannt wurden, sicher aber früher oder später ebenfalls Ziel der klettersportlichen Erschließung werden.

P/4 **Nordgruppe**

Die Nordgruppe der Bavella ist wesentlich komplizierter aufgebaut als die Südgruppe. Zwar wird auch sie im wesentlichen durch den von Süden nach Norden ziehenden Hauptkamm gebildet, jedoch sind die Ost- bzw. Südostabstürze des Hauptkammes so reich gegliedert, daß es äußerst schwierig ist, sich hier zurechtzufinden bzw. ein einheitliches Schema festzulegen.

Vom Col de Bavella (1218 m) steigt der Hauptkamm in nordwestlicher Richtung an und bildet den unbedeutenden Gipfel der Punta Bigornu (ca. 1500 m).

Westlich dieses Gipfels ist die Bocca di l'Acellu (ca. 1450 m) in den Kamm eingesenkt. Westlich dieser Scharte ragt beherrschend die Punta di l'Acellu (1588 m) auf. Von hier zieht der Kamm in nördlicher Richtung über zwei markante Felsgipfel (Punta di l'Ariettu, 1591 m und Punta d'a Vacca, 1611 m) aufwärts.

Nördlich der Punta d'a Vacca bildet der Kamm einen breiten, flachen Rücken, der als Bocca d'u Pargolu (1662 m) bezeichnet wird.

Im weiteren Kammverlauf folgen zwei steilwandige, eng beisammenstehende Türme, die Punta d'u Pargolu (1785 m) und die Punta Piata (1790 m). Östlich davon, also außerhalb des Hauptkammes, stehen mehrere große Türme, welche in ihrer Gesamtheit als »Petites Aiguilles d'u Pargolu« (kleine Pargolutürme) bezeichnet werden.

Die nächsten Gipfel des Hauptkammes sind die Punta Longa (1837 m) und die Punta Alta (1885 m), auf diese folgt die markante Einschartung der Bocca d'u Santu (1745 m). Von der Punta Alta zieht ein kurzer Seitengrat nach Osten, der in einem markanten, schon vom Col auffallenden, pfeilerartigen Turm, der Petra Sulanna (1750 m) gipfelt. Im Bereich dieses kurzen Seitengrates gibt es mehrere erstiegene Türme, und zwar den »Grimalditurm«, den »Lhotse Alphonse Couttet« und den »Tour des Guides«. Nach NE zieht von der Punta Alta ein mächtiger Seitengrat. Dieser gipfelt in der Punta San Gio Agostinu (1680 m) und endet mit dem schönen Felsturm der Punta Rossa (1209 m).

Nördlich der Bocca d'u Santu bis zur Bocca di Maro (1634 m) ist der Hauptkamm gratartig ausgeprägt und trägt mehrere turmartige Gipfel, wie z. B. die Punta Iolla (1848 m) und die Punta des Sapins.

P/5 **Fornellu-Gruppe**

Die Fornellu-Gruppe ist die nördlichste Fortsetzung der Nordgruppe. Sie schließt mit der Bocca di Maro an diese an. Südl. wird sie durch die gewaltige Polischelluschlucht bzw. nach deren Einmündung in das Vaccatal durch letzteres begrenzt. Die nordwestl. Begrenzung ist durch das obere Asinaotal gegeben. Als östl. bzw. nordöstl. Begrenzung wurde die gewundene Purcaracciaschlucht und die in nördl. Richtung von dieser abzweigenden Schlucht des Ravin de Carba angenommen. Von der Bocca di Maro weg bildet die Fornellu-Gruppe einen teilweise plattigen Rücken, welcher sanft ansteigend zu den beiden Kulminationspunkten, der Punta d'u Fornellu und der nördl. gelegenen Punta Muvrareccia leitet. Nach NW in das obere Asinaotal fällt dieser Rücken mit sanft geneigten, begrünten Hängen ab.

Die Süd- bzw. Südostabstürze bilden eine gewaltige, bis zu 1400 m hohe, ungemein reich gegliederte Steilflanke, welche durch tiefe Schluchten und dazwischen aufragende Türme und Grate ein wahres Labyrinth bildet. Die zahllosen Türme, Grate und Wände in diesem Labyrinth weisen bis über 600 m geschlossene Felshöhen auf, die Schluchten und Steilhänge sind meist dicht verwachsen und absolut weglos.

Der topografische Aufbau der gesamten Steilflanke ist äußerst vielförmig und kompliziert. Von den genannten riesigen Hauptschluchten zweigen nach allen Richtungen Nebenschluchten ab, so daß praktisch keine durchgehenden Orientierungslinien vorhanden sind. Die Geländedarstellung in der neuen IGN-Karte, Blatt 4253 ET – Aiguilles de Bavella-Solenzara, Ausgabe 1989, ist ausgezeichnet, jedoch kann auch sie nur grobe Anhaltspunkte liefern und sagt wenig über die Gangbarkeit des Geländes aus. Bergtouren, insbesondere Klettertouren im Bereich dieser Steilflanke haben vielfach fast Expeditionscharakter und zählen zu den ernstesten und großzügigsten, aber auch landschaftlich schönsten Unternehmen, die man in Korsika durchführen kann.

P/6 **Forst von Ospedale**

Dieses südlich an die eigentliche Bavella anschließende Gebiet ist geologisch völlig anders aufgebaut, trotzdem es ebenfalls aus Granit besteht. Der Granit weist hier praktisch keine Klüftung auf, sondern bildet relativ flache, runde Formen. Im wesentlichen ist der Forst von Ospedale eine dicht bewaldete, hügelige Hochfläche, welche teilweise von großen Blockmeeren bedeckt ist, aus welchen eine Unzahl von runden, glatten Granitbuckeln sowie Felsburgen und glockenförmige Berge aufragen. Der markanteste Gipfel ist die glockenförmige Punta d'i u Diamanti, 1227 m, der höchste Berg ist der Monte Calva, 1381 m.

Q) **Gipfel und Gipfelwege**

1. **Südgruppe**

Die Südgruppe der Bavella bietet eine Vielzahl von Tourenmöglichkeiten sowohl für den Wanderer als auch für den Kletterer, wobei besonders die große Anzahl von Touren im mittleren Schwierigkeitsbereich (zwischen III und +IV) zu erwähnen ist.

Vor allem die sogenannten Südtürme, also die kleinen, turmartigen Gipfel zwischen dem Col de la Bombe und der Foce Finosella sind ein wahres Kletterparadies. Die einzelnen Anstiege sind zwar meist relativ kurz und haben teilweise Klettergartencharakter, sie lassen sich jedoch vielfach gut kombinieren und zu schönen Überschreitungen verbinden. Die Zugänge und Abstiege sind bequem und kurz (max. 1–1½ Stunden), das Gebiet ist außerdem landschaftlich ungewöhnlich reizvoll.

Die trotz ihrer geringen Höhe von 1312 m mächtige Punta Tafunata d'i i Paliri ist einer der lohnendsten Gipfel der ganzen Bavellagruppe, sogar wenn sie nur über den Normalweg (1/26/1) erstiegen wird. Besonders empfehlenswert ist ihre Überschreitung mit Aufstieg über den NW-Grat (1/26/8) und Abstieg über den Normalweg (1/26/2), eine landschaftlich und klettertechnisch ungewöhnlich schöne und großzügige Tour im oberen dritten Schwierigkeitsgrad. Die Gipfel südl. der Punta d'u Velacu sind etwas entlegener, die Anstiege sind zumindest teilweise länger und anspruchsvoller, jedoch ebenfalls sowohl landschaftlich als auch klettertechnisch sehr lohnend. Eine ganz außergewöhnliche

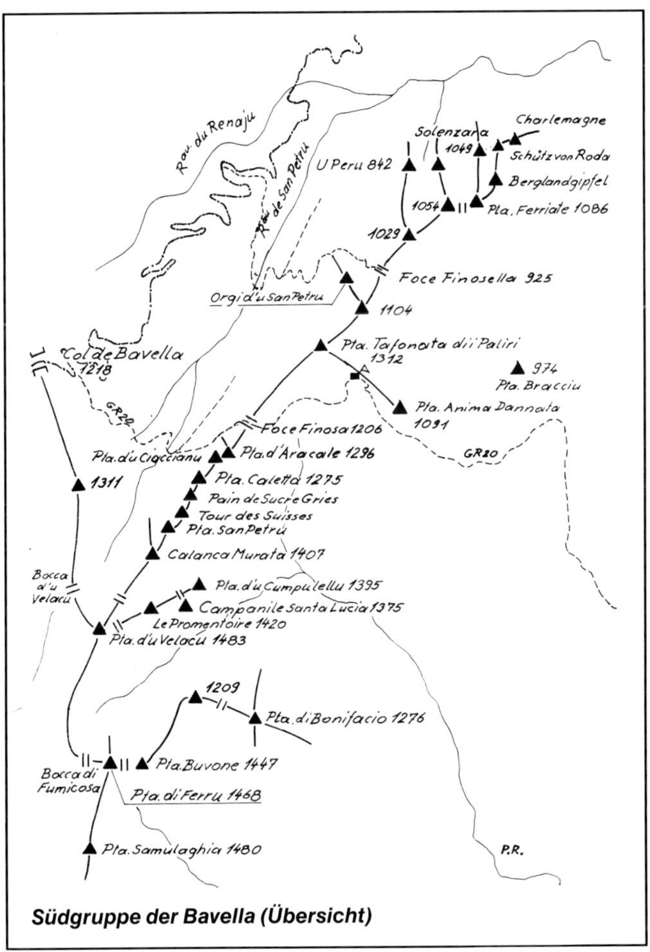

Südgruppe der Bavella (Übersicht)

Tour in absoluter Einsamkeit ist die Ersteigung der Punta di Bonifaciu. Auch der Wanderer kommt in der Südgruppe nicht zu kurz. Die Punta d'u Velacu, Le Promontoire, Calanca Murata und die Punta d'Aracale sind herrliche, leicht erreichbare Aussichtsberge. Eine Wanderung der Sonderklasse bildet die unter 2/1/3 beschriebene Paliri-Rundtour.

1/1 Punta Quercitella, 1461 m
Massiger Felsgipfel im südlichen Hauptkamm. Die Punta Quercitella ist der südlichste Gipfel der Bavella. Sie ist sehr entlegen und wird nur äußerst selten erstiegen.

1/1/1 Von Nordwesten (Normalweg)
3½–4 Stunden (II und -III)
Vom Col de Bavella auf der D 268 ca. 6 km in Richtung Zonza bis zu der großen Kehre. Hier beginnt eine breite, ebene Forststraße. Diese führt in weitem Bogen zuerst in östl., dann in südl. Richtung. Man folgt ihr ca. 30–40 Minuten. Knapp nach einem Bachübergang links ober der Straße ein auffallender, stark bemooster Block mit großem Steinmann. Bei etwas Aufmerksamkeit findet man knapp oberhalb ein schwach ausgeprägtes Steiglein, welches erst nach links, dann gerade aufwärts durch dichtes Buschwerk führt (das Steiglein war 1984 zwar schmal, jedoch gut ausgeholzt). Nach 10–15 Minuten erreicht man einen felsdurchsetzten, relativ locker bewachsenen Hang und kurz darauf einen alten, jedoch gut erhaltenen Weg, der links aufwärts führt. Über diesen links aufwärts bis auf einen Sattel, der links von einem auffallenden Felszacken überragt wird (Steinmann). Hier endet der bisher verfolgte alte Weg. Nach links ein Bachbett überschreiten und am jenseitigen Rand des Baches auf ganz schwachen Steigspuren (vereinzelt Steinmänner) durch Buschwerk, später durch schönen Tannenwald aufwärts. Hoch oben, dort wo bereits die tief herabreichenden Felspartien des Kammes beginnen, hält man sich rechts aufwärts und erreicht schließlich über Schutt und Blockwerk die Scharte zwischen der Punta Quercitella und ihrem westlichen Nebengipfel. Ca. 3–3½ Stunden von der D 268.
Etwas links der Scharte durch einen kurzen Riß (+II) hinauf auf ein nach rechts ansteigendes Band, kurz nach rechts und gerade empor zum Grat. Über eine Platte (–III) hinunter in eine Scharte (Block mit Abseilschlinge) und über den Grat in hübscher Kletterei (II) zum Gipfel.

Kürzester und leichtester Anstieg, als Aufstieg jedoch nicht besonders lohnend, besser als Abstieg zu wählen.

1/1/2 Von Norden über die Bocca di Fumicosa

3–4 Stunden (teilweise II)
Lange und mühsame, jedoch landschaftlich sehr schöne Kammwanderung. Teilweise schwierige Orientierung.
Wie bei 1/7/1 zur Bocca di Fumicosa (1–1½ Stunden). Unter der Punta di Ferru bzw. ihren Vorbauten durch Wald und abenteuerliche Felsgruppen schräg rechts aufwärts auf den Kamm zwischen Punta di Ferru und der Punta Samulaghia. Weiter über den Kamm, die Punta Samulaghia links (östl.) umgehend, nach S. Man folgt im wesentlichen dem Kamm, steigt mehrfach in seiner rechten (westl.) Flanke ab. Das Gelände ist sehr unübersichtlich und erfordert gute Orientierung. Schließlich erreicht man einen massigen Gipfel des Kammes. Durch eine Rinne mit kurzer Kaminstufe schräg rechts abwärts in den Wald und durch diesen, zum Schluß über Schutt und Blockwerk, rechts aufwärts in die Scharte zwischen Punta Quercitella und ihrem westl. Nebengipfel. Weiter wie bei 1/1/1 zum Gipfel.

1/2 Punta Samulaghia, 1480 m (Tour de Samulaghia)
Schöner, auffallender Felsturm, der direkt aus dem Hauptkamm aufragt. Mehrere lohnende Anstiege, trotzdem selten erstiegen.

1/2/1 Zugang:

Von der Bocca di Fumicosa (1/7/2) rechts aufwärts durch Wald und über Blockwerk (teilweise Steinmänner), im wesentlichen immer am Fuße der tief herabreichenden Felsen, bis man über einen steilen, teilweise begrünten Blockhang den Hauptkamm unmittelbar nördl. des Gipfelaufbaues erreichen kann. Links (östl.) um den Gipfelaufbau herum (an der S-Seite des Gipfelaufbaues, praktisch an der höchsten Stelle des leicht begehbaren Geländes der Einstieg zur Südverschneidung

Punta Samulaghia von NE:
1/2/6 = Westpfeiler
1/2/7 = Nordwestkante
1/2/3 = »Küchenschabe«

Mittelgipfel
Westgipfel
1/2/3
1/2/7
Turm
1/2/6

1/2/4) und etwas absteigend in die W-Seite des Turmes an den Beginn eines markanten, in der W-Seite nach N ziehenden Bandes. Ca. ½ Stunde ab Col de Fumicosa.

1/2/2 Normalweg – Von Nordwesten

½–¾ Stunde (teilweise +IV)
Weg der Erstersteiger P. Meinherz und G. Styger, 1. Mai 1955.
Über das nach N ziehende Band (eine leichte Unterbrechungsstelle) ca. 25 m nach N, dann über eine steile, plattige Wandstufe empor auf eine Grasterrasse (40 m, II, teilweise +IV). Links aufwärts über die Terrasse (eine leichte Blockstufe) an den Fuß eines steilen Rißkamins (35 m, II). Durch den Rißkamin, teilweise auch etwas rechts von ihm empor zu Stand auf einem Block im Kamin (30 m, teilweise +IV). Über die Wand links aufwärts zum Gipfel (20 m, +III).

1/2/3 Ostpfeiler, »Küchenschabe«

1–1½ Stunden (V und +V); 100 m
E. Rudorfer, A. Precht, 20. Mai 1989.
Genußvolle Kletterei in gutem Fels.
Der Hauptgipfel fällt nach E mit einem kompakten, schwach ausgeprägten Pfeiler ab. Über diesen führt der Anstieg. S. Skizze S. 56.

1/2/4 Südverschneidung

¾–1 Stunde (+IV, III)
F. Widmer, R. Wittmann und G. Loegel, 24. Mai 1966
Der Einstieg (Steinmann) befindet sich an der S-Seite des Turmes, etwa dort, wo das leichte Gelände des Kammes am höchsten hinaufreicht. Kurze, schöne Kletterei, lohnender als der Normalweg.
Über plattige Wandstufen rechts aufwärts in die markante Verschneidung und durch sie empor zu H. Weiter in der Verschneidung empor zu einem KK und links aufwärts auf eine Terrasse zu SH (30 m, +IV). Gerade empor in einen schönen Kamin und durch diesen, im obersten Teil an seiner linken Seite hinauf zum Gipfel (35 m, III).

Punta Samulaghia:
1/2/3 = Ostpfeiler, »Küchenschabe«

1/2/3

Punta Samulaghia:
1/2/3 = Ostpfeiler, »Küchenschabe«

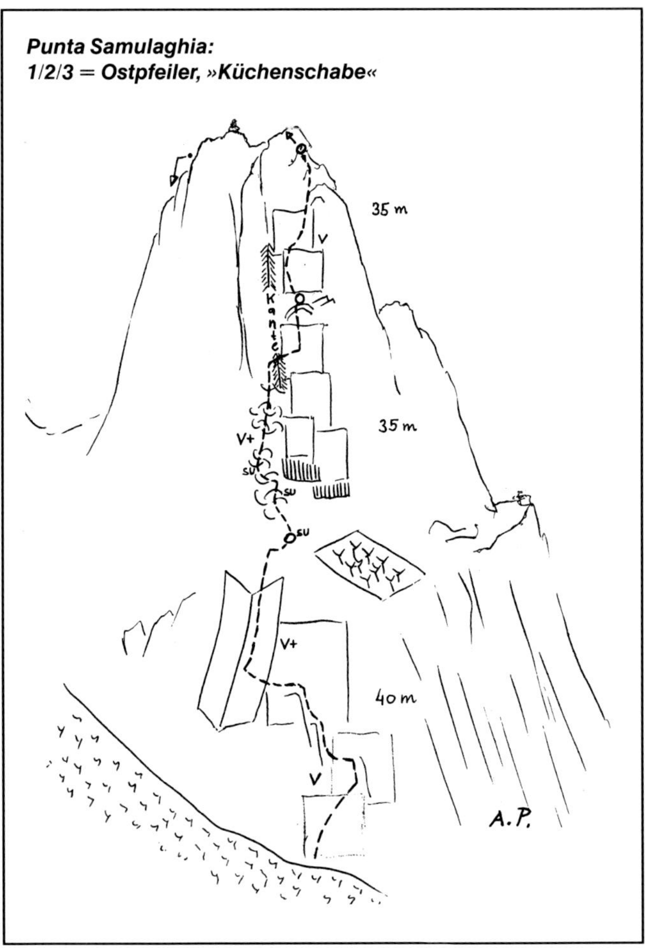

1/2/5 Abstieg
½–¾ Stunden (III)
Vom Gipfel wie bei 1/2/4 durch den Kamin abklettern zum SH (der obere Teil des Kamines kann auch in einer weiten Schleife nach rechts [S] umgangen werden, II). Vom H 25 m abseilen zum Einstieg.
Bester und kürzester Abstiegsweg.

1/2/6 Westpfeiler
4–6 Stunden (frz. +V, stellenweise VIa und VIb)
Francis Bocianowski, Patrice Krier und P. Gauthier, August 1969
Der markante, fast 300 m hohe Westpfeiler bildet zwei ausgeprägte Gratgipfel, die als West- und Mittelgipfel bezeichnet werden. Der Anstieg über den gesamten Westpfeiler ist eine lange, sehr schwierige Kletterei. Beschreibung bzw. Skizze s. Führer L. M. d. B.

1/2/7 Westgipfel-Nordwestkante
2 Stunden (+V); 200 m
A. Precht, R. Jölli, 1981
Genußvolle Kletterei in bestem Fels.
Die Nordwestwand des Westgipfels wird von einer markanten Verschneidung durchzogen. Die links dieser Verschneidung aufstrebende schneidige Kante vermittelt den Anstieg. S. Skizze S. 58.
Vom Westgipfel abseilen in die Scharte vor dem Mittelgipfel. Von hier entweder wie bei 1/2/6 über den oberen Westpfeiler zum Hauptgipfel oder nach N absteigen bzw. abseilen an den Wandfuß.

1/3 Punta di Ferru, 1468 m
Schöner Felsgipfel, auf den mehrere schwierige Kletterwege führen, die jedoch mit Ausnahme der gewaltigen Nordkante sehr selten begangen werden. Ersteigung relativ schwierig, jedoch sehr lohnend.
Ausgangspunkt für fast alle Anstiege ist die Bocca di Fumicosa.

1/3/1 Südgrat (Normalweg)
1–1½ Stunden von der Bocca di Fumicosa (teilweise III)
P. Meinherz, Riedhauser, Styger, Weydmann, 1. Mai 1955
Hübsche, ausgesetzte Kletterei, landschaftlich sehr lohnend.
Von der Bocca di Fumicosa über den Rücken Richtung Punta di Ferru.

Punta Samulaghia:
1/2/7 = Westgipfel-Nordwestkante

Westl. des gewaltigen Nordpfeilers zieht eine düstere, rasige Schlucht das sogenannte »Dunkle Couloir« empor. Rechts wird diese Schlucht von einem mächtigen Vorbau begrenzt. Um diesen Vorbau rechts herum auf Steigspuren (vereinzelte Steinmänner) durch Wald ansteigend, höher oben linkshaltend, auf einen begrünten Sattel und zu einem bewachsenen Steilhang hinter dem erwähnten Vorbau (von links führt die düstere Schlucht hier herauf). Der eigentliche Einstieg befindet sich rechts am unteren Ende einer steilen Felsrinne. Durch diese Rinne über einen glatten Felsblock empor, dann nach links an die Kante und über diese aufwärts, bis man gut nach rechts in die Rinne zurückgelangen kann. In der Rinne wenige Meter hinauf zu gutem Stand (40 m, III). Durch einen Kamin etwas linkshaltend hinauf, unter dem abschließenden Block links heraus und hinauf in eine Scharte (20 m, III). Weiter, einen Gratturm überkletternd, in die nächste Scharte und knapp rechts der Gratschneide über treppenartige Steilstufen empor zum Grat und über diesen zum Gipfel (40 m, –III).

1/3/2 Westwand – Allgemeines

Die breite, bis zu 250 m hohe Westwand der Punta di Ferru überragt das bei 1/3/1 erwähnte »Dunkle Couloir«. Die Anstiege 1/3/3, 1/3/4 und 1/3/5 führen durch den linken, höchsten Teil der Wand.
Sie beginnen am unteren Ende des »Dunklen Couloirs« und enden am oder knapp beim Nordgipfel. Der »Weg der Spanier«, 1/3/6, führt durch den Mittelteil der Wand empor. Der Zugang zu den erstgenannten Anstiegen erfolgt durch Abstieg von der Bocca di Fumicosa wie unter 1/3/7 beschrieben. Bei diesen drei Anstiegen handelt es sich um sehr bis äußerst schwierige, sehr ernste Klettereien.

1/3/3 Nordgipfel-Westwand, »Weg Carpentier«

4–6 Stunden (frz. +V, stellenweise VIa); 250 m
G. Carpentier, J. Vic, 8. August 1969
Lange, ernste Kletterei. Beschreibung bzw. Skizze s. L. M. d. B.

1/3/4 Nordgipfel-Westwand, »Tempête sous crâne«

4–6 Stunden (frz. +V); 250 m
Pierre Pietri, P. P. Vincenti, O. Leonetti, 12. Juni 1985
Ebenfalls lange, ernste Kletterei. Der Anstieg führt wenig rechts von

1/3/3 parallel zu diesem Anstieg vom Beginn des »Dunklen Couloirs« empor zum Nordgipfel. Beschreibung bzw. Skizze s. L. M. d. B.

1/3/5 Nordgipfel-Westwand, »Weg Precht«

4–6 Stunden (teilweise –VI, eine Stelle +VI); 250 m

A. Precht, E. Rudorfer, 8. Juni 1986

Der Anstieg leitet durch dieselbe Wandzone wie die beiden vorstehenden Anstiege. Ebenfalls lange und ernste Kletterei. Kompaktes Gestein, jedoch Gesteinsoberfläche teilweise bröselig. Siehe Skizze S. 62.

1/3/6 Westwand, »Weg der Spanier«

2–2½ Stunden (IV, teilweise +IV)

Anglada, Guillamon und Pans, 20. April 1962

Der Anstieg beginnt etwa im oberen Drittel des bei 1/3/1 erwähnten »Dunklen Couloirs«. Der Zugang erfolgt am besten über den Normalweg bis auf den begrünten Sattel am oberen Ende des »Dunklen Couloirs« und nachfolgendem Abstieg durch dieses.

Einstieg durch einen auffallenden engen Kamin in der Westwand, ungefähr in der Fallinie der tiefsten Einschartung zwischen Haupt- und Nordgipfel. Durch den Kamin empor auf eine Plattform (ca. 15 m, +IV). Weiter etwas linkshaltend durch eine Verschneidung zu Stand auf einem großen Klemmblock (30 m, IV). Einige Meter durch einen Kamin empor, dann linkshaltend über die steile Wand hinauf auf den Verbindungsgrat zwischen Nord- und Hauptgipfel (30 m, IV). Über den Grat nach rechts (S) zum Hauptgipfel (II) (Beschreibung der Erstersteiger).

1/3/7 Nordgrat

5 Stunden (IV, V, stellenweise +V)

L. Dubost, P. Gendre, M. Mariet, J. Puiseux und R. Sibuet, 11. Juni 1962

Punta di Ferru-Westwand:
1/3/3 = »Weg Carpentier«
1/3/4 = »Tempête sous crâne«
1/3/5 = »Weg Precht«
1/3/6 = »Weg der Spanier«
1/3/7 = Nordgrat

1/3/7
1/3/6
1/3/5
1/3/4
1/3/3
1/3/7

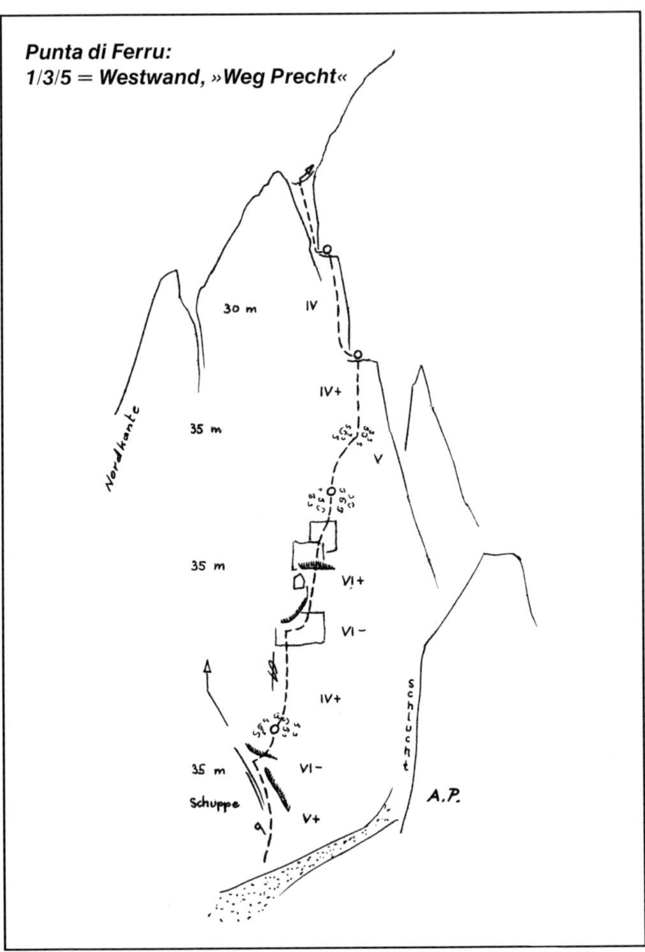
Punta di Ferru:
1/3/5 = Westwand, »Weg Precht«
30 m
IV
IV+
35 m
V
Nordkante
35 m
VI+
VI−
IV+
35 m
VI−
Schuppe
V+
Schlucht
A.P.

Großzügige, durchaus ernste Bergfahrt, eine der großartigsten in der Bavella. Fels meist fest, jedoch nicht so rauh und gutgriffig wie in der Bavella üblich. Zur Sicherung Klemmkeile und Friends sowie Bandschlingen erforderlich, fast keine Haken vorhanden. Selten begangen, jedoch sehr lohnend.

Allgemeines:

Vom Hauptgipfel zieht der Grat als zackige Schneide nur wenig absinkend zum nördl. Vorgipfel. Von hier bricht der Grat steil ab und bildet einen markanten, nur wenig gegliederten Pfeiler. Der Anstieg erreicht den untersten, nur schwach ausgeprägten Pfeilerabsatz von W her durch steile Rißkamine und über Bänder. Vom 1. Absatz weg wird heute praktisch immer entlang der Kante gerade angestiegen. Die Erstbegeher haben den Mittelteil des Steilaufbaues links, in der Ostwand, umgangen. Diese Umgehung ist jedoch kaum leichter als der direkte Anstieg, zudem führt sie über z. T. brüchiges und bewachsenes Gelände. Der zackige Gipfelgrat wird fast durchwegs an der Gratschneide überklettert.

Zugang:

Von der Bocca di Fumicosa (siehe 1/7/1) nahe den Felsaufbauten der Punta di Ferru über unangenehmen steilen Schutt und durch Rinnen in östl. Richtung absteigend an den Gratfuß und zum Einstieg, der sich am Fuße einer steilen Rinne befindet. Durch die steile, plattige Rinne empor bis unter Überhänge und nach links auf ein Band zum Fuße eines tiefen Kamines (30 m, +III). Durch den Kamin empor und über ein Rasenband links aufwärts zum Fuße eines engen Rißkamines (30 m, +IV, II). Durch den engen Rißkamin hinauf und über leichte Stufen links aufwärts zu einem Absatz an der Gratkante (35 m, –V, III). Direkt an der Kante empor und leicht rechtshaltend zu Stand bei einem Pfeilerkopf (35 m, +III und IV). An der Kante und durch eine plattige Rißverschneidung zu Stand bei einem Köpfel (30 m, +IV). Vom Köpfel links um die Kante queren, gerade hinauf über einen Überhang (H) und weiter zu Stand auf einer Stufe (25 m, –V, IV). Durch eine plattige, rampenartige Verschneidung (etwas rasig) empor und auf ein links ansteigendes Band zu Stand bei H (30 m, –IV). Absteigend um die Kante nach links und gerade aufwärts über einen kleinen Überhang (H). Nun schwach rechtshaltend steil aufwärts über einen Überhang nach rechts zu einem H und durch einen brüchigen, rinnenartigen Riß zu Stand bei H (35 m,

V, +V). Links aufwärts um die Kante und durch einen Riß (kleiner Baum) empor. Schließlich rechtshaltend zu Stand in einer Tafonihöhle (30 m, +III, IV). Durch ein Tafoniloch rechts aufwärts und gerade empor zu gutem Stand (30 m, +III, –IV). Rechtshaltend durch einen Riß auf einen Gratturm, einige Meter über den Grat und links absteigend in eine Scharte. Etwas rechts der Kante zu einem überhängenden Rißkamin und durch diesen zu Stand (40 m, III, +IV). Damit ist der Steilaufschwung überwunden. Nun meist an der Gratschneide, teilweise auch in der rechten Gratflanke, mehrere Zacken und Türme überkletternd bzw. umgehend, ca. 3 oder 4 SL (II, III, stellenweise IV) zum Gipfel.

1/3/8 Ostwand – Allgemeines

Die Ostwand der Punta di Ferru ist ähnlich aufgebaut wie die Westwand, das heißt, sie bildet zwischen Haupt- und Nordgipfel ebenfalls eine breite, bis zu 250 m hohe Wandflucht. Die Anstiege 1/3/9, 1/3/10 und 1/3/11 führen auf den Hauptgipfel, 1/3/12 erreicht den Nordgipfel. Bedingt durch den verhältnismäßig langen Zugang sowie die Tatsache, daß der Fels teilweise bewachsen ist, werden diese Anstiege sehr selten begangen.
Zugang: Wie unter 1/4/1 beschrieben in den Sattel zwischen Punta di Ferru und Punta Buvone (Col Buvone, 1355 m). Von hier nördl. absteigend durch das Kar zu den Einstiegen.

1/3/9 Südostverschneidung

1½–2 Stunden (IV)
B. Zöphel, G. Kühlemann, 22. Juni 1964
Der Anstieg benützt die große Verschneidung knapp links der Fallinie des Hauptgipfels. Fels teilweise brüchig und bewachsen. Praktisch nie begangen und kaum lohnend.

Punta di Ferru-Ostwand:
1/3/7 = Nordkante
1/3/9 = Südostverschneidung
1/3/10 = Ostkante
1/3/11 = Ostwand
1/3/12 = »Immergrün«

1/3/
1/3/9
1/3/10
VORBAU
1/3/11
1/3/12

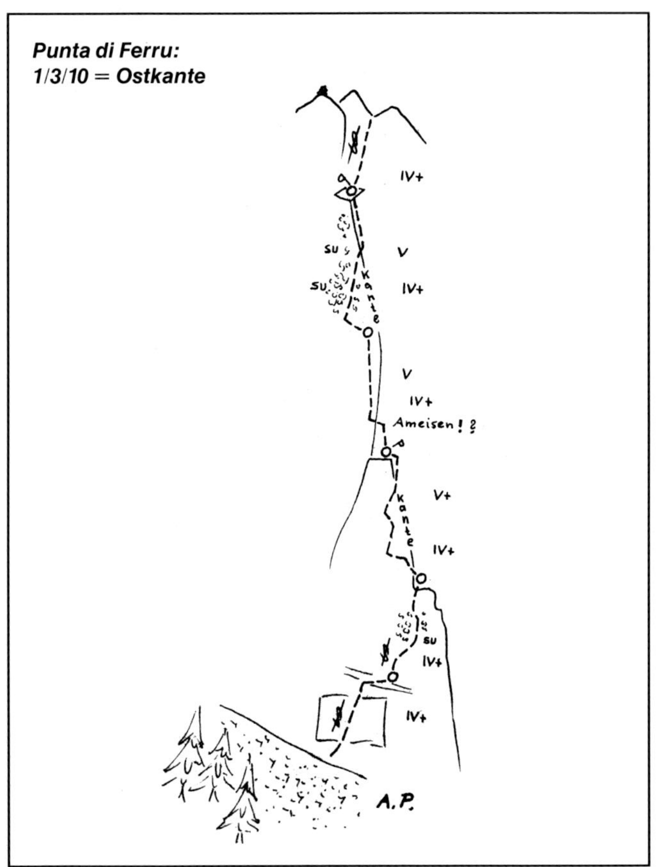

Punta di Ferru:
1/3/9 = Südostverschneidung
1/3/10 = Ostkante

1/3/9
1/3/10

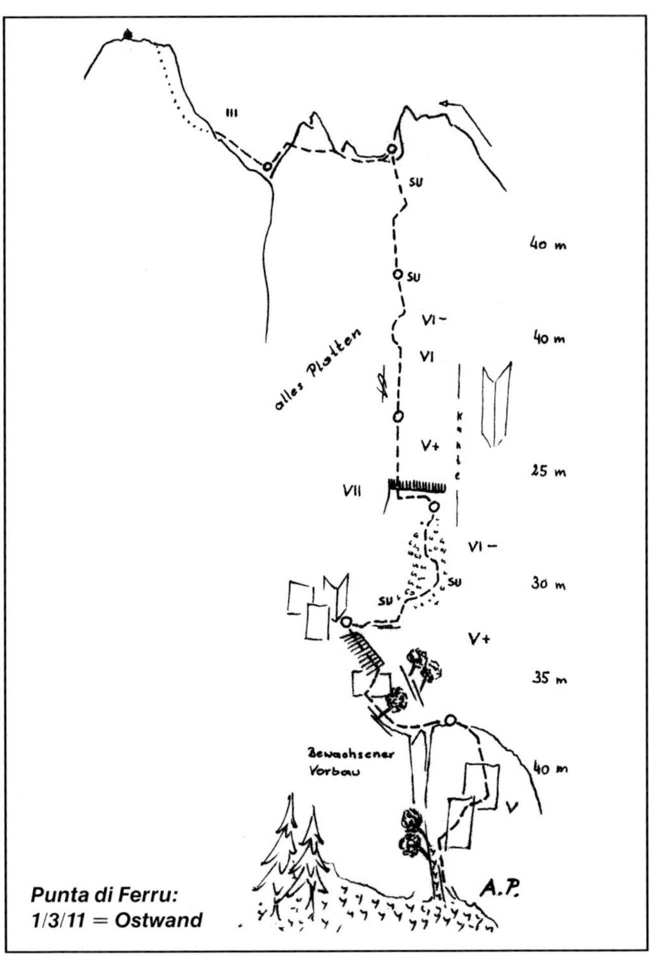

Punta di Ferru: 1/3/11 = Ostwand

1/3/10 Ostkante
2–3 Stunden (IV und +IV, stellenweise +V); 150 m
A. Precht, A. Grugger, 16. Juni 1981
Vom höchsten Punkt des Gipfelkammes fällt die markante Ostkante ab. Der Anstieg erfolgt direkt über diese Kante und bietet eine eindrucksvolle Kletterei in festem Fels. Einige Sanduhrschlingen und 2 H wurden belassen. Siehe Skizze S. 66.

1/3/11 Ostwand
3 Stunden (+V und VI, eine Stelle VII) 200 m
A. Precht, Chr. Bogensberger, U. Kaltenböck, 13. Juni 1990
Mit Ausnahme des kurzen, teilweise bewachsenen Vorbaues sehr lohnende Kletterei, vorwiegend über Platten. Ein Wulst in mittlerer Höhe bildet die zwingende und sehr interessante Schlüsselstelle.
Der eigentlichen Steilwand ist ein bewachsener Sockel vorgelagert. Über diesen wie aus der Skizze ersichtlich (oder leichter von links her, hier jedoch stärker bewachsen) empor an den Fuß der Steilwand. Über ein Gesimse nach rechts zu einer Tafonizone. Durch diese hinauf, unterhalb eines Wulstes nach links und über diesen hinauf zum darüberliegenden Plattenschuß. Weiter s. Skizze S. 68.

1/3/12 Nordgipfel-Ostwand, »Immergrün«
2–3 Stunden (IV und V, stellenweise +V); 200 m, Fels teilweise unzuverlässig und bewachsen.
A. Precht, E. Rudorfer, 8. Juni 1986
Im Kar unter der O-Wand stehen markante Felstürme. Der Einstieg erfolgt vis-à-vis des mittleren Turmes (Turm mit Baum).
Über abgesprengte Blöcke am Pfeiler zu einem Baum und leicht linkshaltend auf ein Band. Dieses waagrecht nach links in den Verschneidungsgrund. Über Platten an der rechten Verschneidungswand empor zu einer kurzen Schlucht. Vom überdachten Felskopf durch einen bemoosten Rißkamin über den Überhang hinaus und über Platten zur kurzen Ausstiegsverschneidung, durch welche man die N-Kante kurz vor dem N-Gipfel erreicht. Siehe Foto S. 65.

1/4 Punta Buvone, 1447 m
Schöner, massiger Felsberg. Ersteigung über den Normalweg sehr

lohnend und in den letzten Jahren relativ häufig durchgeführt. Hervorragend schöner Aussichtsberg. Die relativ hohen und reich gegliederten Nord- und Südabstürze bieten sicherlich mehrere lohnende Kletteranstiege, jedoch sind die Zugänge absolut weglos, lang und mühsam und führen teilweise durch urwaldartiges Gelände.

1/4/1 Normalweg von der Bocca di Fumicosa

1½–2 Stunden (unschwierig, an einigen Stellen –II)

Von der Bocca di Fumicosa nach S., die Felsen der Punta di Ferru rechts umgehend, durch steilen, felsdurchsetzten Wald, Steigspuren und Steinmännern folgend, zuletzt zwischen interessanten Felsformationen durch auf den bewaldeten Sattel zwischen Punta di Ferru und Punta Samulaghia. An der S-Seite des Kammes in östl. Richtung unterhalb der Felsen schräg absteigen in den Sattel zwischen Punta di Ferru und Punta Buvone (Col Buvone, 1355 m). Weiter in östl. Richtung unterhalb der folgenden Felsaufbauten vorbei zu einer Blockstufe zwischen zwei Felstürmen. Über diese hinauf und über einen Schutthang links aufwärts in eine enge Scharte. An der rechten Seite durch eine steile, kaminartige Felsrinne (–II) auf eine begrünte, steile Stufe. Über diese empor und links über eine kleine plattige Stufe (–II) auf den Gipfelkamm und nach links zum Gipfel.

Landschaftlich großartige, leichte Bergfahrt.

1/4/2 Nordostkamm von der Bocca di u Lariciu

1½–2 Stunden (+I)

Landschaftlich sehr schön, jedoch teilweise schwierige Orientierung.

Von der Bocca di u Lariciu an der S-Seite des Kammes unterhalb der plattigen Felswände durch teilweise dichtes Buschwerk schräg ansteigend in die Scharte vor dem massigen Gipfelaufbau. Über Platten oder über bewachsenes Gelände rechts der Platten steil aufwärts zu großen Kiefern. Weiter links aufwärts über bewachsenes Gelände unter den steilen Wänden des N-Grates entlang, bis man über leichte Blockstufen in eine Scharte des N-Grates gelangen kann.

Nun zwei Möglichkeiten:

a) Über den letzten Teil des N-Grates meist direkt an der Gratschneide zum Gipfel (teilweise III).
b) Steigspuren folgend über einen bewachsenen Hang nach rechts in

Punta Buvone:
1/4/3 = Nordwestpfeiler

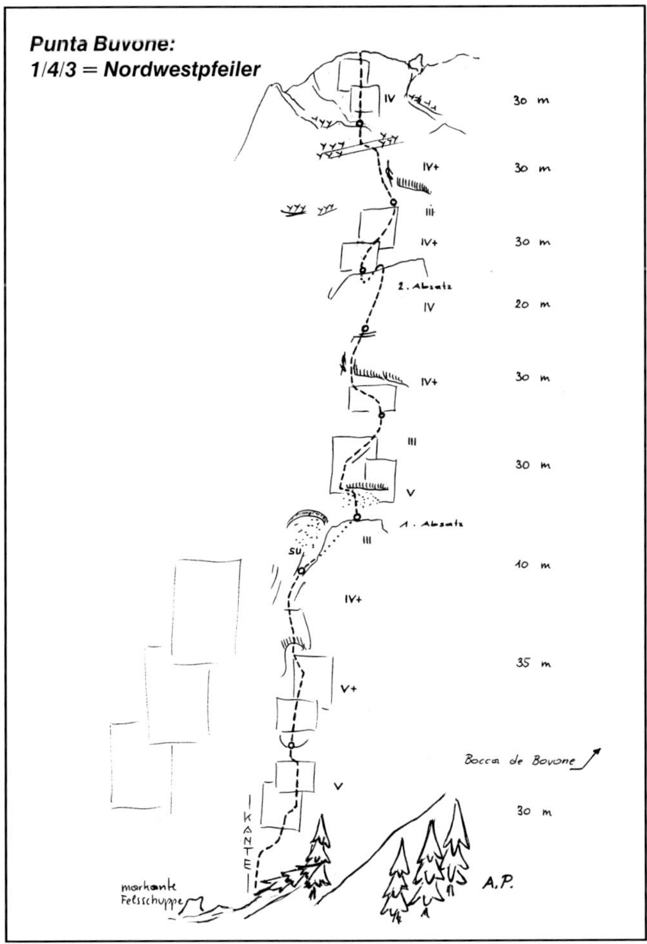

eine Scharte und links aufwärts zurück zum N-Grat in eine kleine Scharte vor dem letzten Gipfelaufbau. Um diesen links herum in eine Scharte, wo man auf den Normalweg trifft. Über diesen mit wenigen Schritten zum Gipfel.

Wegen des extrem mühsamen und vollkommen weglosen Zuganges zur Bocca di u Lariciu als selbständiger Gipfelanstieg praktisch nie begangen, jedoch als Zugang zur oder Rückweg von der Punta di Bonifaciu von Bedeutung.

1/4/3 Nordwestpfeiler

2–3 Stunden (IV und V, stellenweise +V); 200 m

A. Precht (free solo), 4. Juni 1990

Nette Kletterei in gutem Fels, zwei SU-Schlingen als Markierung belassen. Der westl. Buvonegipfel bricht nach NW mit einer Steilwand in das bewaldete Kar ab. Im westl. Teil dieser Steilwand, dort wo sie pfeilerartig gekrümmt ist, verläuft der Anstieg.

Zugang: Wie unter 1/4/1 beschrieben in den Sattel zwischen Punta di Ferru und Punta Buvone (1355 m). Von hier nördl. absteigend durch das Kar zum E. Dieser befindet sich etwa 30 m oberhalb einer im Kar freistehenden, kleinen Felsschuppe. Der E ist auch von der Bocca di Fumicosa (s. 1/7/1) direkt erreichbar, indem man entlang der Punta di Ferru absteigt, den tief herabreichenden N-Pfeiler umgeht und durch das anschließende Kar schräg ansteigt zum E.

Routenverlauf s. Skizze S. 71.

1/5 Bocca di u Lariciu, 1133 m

Breiter Sattel zwischen Punta Buvone und Punta di Bonifaciu. Durch eine mächtige, unmittelbar in der Scharte stehende Lariciokiefer besonders gekennzeichnet. Kein Übergang, wird nur beim Zustieg zur Punta di Bonifaciu oder zum NE-Rücken der Punta Buvone betreten.

Zugang: s. 1/6/1, 1/6/2 und 1/6/3.

Punta di Bonifaciu von Norden.

1/6 Punta di Bonifaciu, 1276 m

Einer der schönsten und rassigsten Gipfel der Bavella. Sehr entlegen und schwer zugänglich, daher fast nie erstiegen (1983 fünfte Ersteigung). Für Einsamkeitsfanatiker eines der lohnendsten Ziele Korsikas. Sehr mühsam und schwierig, jedoch außerordentlich eindrucksvolle Bergfahrt.

1/6/1 Zugang:

Von der Bocca di Fumicosa (siehe 1/7/1) in nordöstl. Richtung durch die breite, bewaldete Schlucht des »Ruisseau de Frassiccia« absteigen. Im oberen Teil ist die Schlucht relativ gut gangbar, im mittleren Teil hält man sich günstigerweise direkt in dem mit großen, glatten Blöcken erfüllten Bachbett. In einer Höhe von ca. 800 m wird das Bachbett schlecht gangbar (riesige glatte Blöcke und große Gumpen), die seitlichen Hänge sind dicht verwachsen. Rechter Hand beginnt eine steile enge Seitenschlucht, die rechts von steilen, plattigen Wänden begleitet wird. Durch diese Seitenschlucht aufwärts bis etwas unterhalb eines ungangbaren Steilabbruches. Links aus der Schlucht heraus und über steiles, dicht verwachsenes, teilweise felsdurchsetztes Gelände mit großer Linksschleife aufwärts, bis man oberhalb eines zweiten steilen Schluchtabbruches schwierig (–III) nach rechts in die Schlucht zurück gelangen kann. Weiter in der nun gut gangbaren Schlucht stets etwas linkshaltend empor, bis man über einen schwach ausgeprägten Rükken nach links in eine breite bewaldete Schlucht gelangen kann. Durch diese aufwärts in die Bocca di u Lariciu (1133 m), einen breiten Sattel, in welchem eine riesige Lariciukiefer steht. Von hier in östl. Richtung, einen plattigen Felsaufbau rechts (südl.) umgehend, in eine Scharte direkt am Fuße der Punta di Bonifaciu. 3–4 Stunden von der Bocca di Fumicosa. Absolut weglos und sehr mühsam.

1/6/2

Wie bei 1/6/1 durch die breite bewaldete Schlucht hinunter, jedoch wesentlich tiefer absteigend (bis auf ca. 650–600 m), bis man nach rechts in die breite, bewaldete Schlucht gelangen kann, die direkt von der Bocca di u Lariciu herabzieht. Durch diese Schlucht steil und mühsam, jedoch unschwierig empor in die Bocca di u Lariciu. Weiter wie bei 1/6/1 in die Einstiegsscharte.

1/6/3
Von der Punta Buvone über den NE-Rücken absteigend (1/4/2 in umgekehrter Richtung). Wahrscheinlich der angenehmste und am wenigsten anstrengende Zugang (kaum verwachsen), jedoch ebenfalls sehr lang und mühsam, teilweise schwierige Orientierung. Als **Rückweg von der Pta. di Bonifaciu** sicher die beste Möglichkeit.

1/6/4 Nordgrat (Weg der Erstersteiger)
1–1½ Stunden (III und IV)
W. Krah, W. Hertrampf, G. Ross und Doris Hauf sowie Angela Franz
Größtenteils schöne, ausgesetzte Kletterei. Auch als Abstieg, 2mal abseilen.
Von der Scharte am Fuße des Berges über einen kleinen Vorbau hinauf und über ein begrüntes Band links aufwärts, zum Schluß durch eine kurze, brüchige Rinne auf einen Absatz des N-Grates (–II). Direkt über den Grat aufwärts zu Stand unter einem Steilaufschwung (30 m, III). Kurzer Quergang nach rechts und durch eine schräge, kaminartige Verschneidung zu Stand auf der Grathöhe (25 m, IV). Direkt über die Gratschneide zu Stand in einem brüchigen Schartel mit Baum (35 m, +II). Über sehr brüchiges Gelände hinunter in ein kleines Schartel und über die Gratschneide (fester Fels) in eine kleine Scharte vor dem plattigen Steilaufschwung (30 m, III). Über den steilen, plattigen Grataufschwung erst gerade, dann etwas rechts haltend zu Stand bei AH (30 m, IV). Weiter über den Grat bis unter den letzten steilen Aufschwung zu Stand hinter großen Blöcken (25 m, II). Quergang nach links in eine breite rasige Rinne, an ihrer linken Seite über eine Blockstufe hinauf und links aufwärts zum Gipfel (40 m, II und III).

1/6/5 Westwand
4–5 Stunden (V, teilweise +V und –VI); 250 m
W. Krah, R. Himmelhahn, W. Hertrampf und A. Thoma, 4. und 5. September 1964
Eine der klassischen Extremrouten in der Bavella. Sehr entlegen und in absoluter Einsamkeit weitab von allen begangenen Wegen. Daher durchaus ernst zu nehmen. Schöne Kletterei in meist gutem Fels bei anhaltenden Schwierigkeiten. Sehr selten begangen.
Der Anstieg folgt im wesentlichen der auffallenden, mehrfach überhän-

genden Riß- und Kaminreihe, welche von der kleinen Scharte rechts (südl.) des Gipfels durch die Westwand zieht.
Zugang s. 1/6/3, Skizze und Anstiegsverlauf s. L. M. d. B.

1/7 Bocca di Fumicosa, 1335 m (Col de Fumigosa)
Breiter Sattel zwischen dem »Crête des Terrasses« und der Punta di Ferru. Kein Übergang, nur von W her zugänglich. Die Bocca di Fumicosa ist für den Zugang zu den südl. Gipfeln der Südgruppe äußerst wichtig, da von ihr aus eine ganze Reihe von Gipfeln relativ leicht und mühelos erreichbar ist.

1/7/1 Von Westen
ca. 1–1½ Stunden (unschwierig)
Vom Col de Bavella auf der D 268 ca. 4 km in Richtung Zonza. Bei einer schwachen Linkskurve (rechts guter Parkplatz für mehrere Autos) beginnt links ein breiter Forstweg (verblaßte rote Markierungen). Der Forstweg führt zuerst ansteigend, dann fast eben in östl. Richtung taleinwärts. Er endet in einem Bachbett bei einer kleinen Staumauer. Über den Bach und auf gutem schmalem Steig in südl. Richtung entlang der W-Hänge des »Crête des Terrasses« nach S bis zu einem Bach. Hier endet der gute Steig. Über den Bach und rechts von ihm, Steigspuren und Steinmännern folgend durch Wald steil aufwärts. Höher oben etwas linkshaltend, zum Schluß durch nicht zu dichte Macchia hinauf in den breiten Sattel der Bocca di Fumicosa.

1/8 Crête des Terrasses, 1389 m
Das Kammstück zwischen Bocca di Fumicosa im S und der Punta d'u Velacu im N wird als Crête des Terrasses bezeichnet. Der Kamm bildet in diesem Bereich mehrere Gipfelkuppen, die nach W mit auffallenden, plattigen Wänden abbrechen. Die E-Abstürze des Kammes sind schrofig aufgelöst und stark bewachsen.

Punta di Bonifaciu von Westen:
1/6/4 = Nordgrat
1/6/5 = Westwand

1/6/4
1/6/5

1/8/1 Überschreitung von Norden nach Süden
1–1½ Stunden von der Bocca d'u Velacu (I)
Von der Bocca d'u Velacu über bewachsenes Gelände (teilweise Wald) rechts (südl.) ansteigend entlang der Westabstürze der Punta d'u Velacu, zum Schluß durch eine Rinne in eine Scharte südl. der Punta d'u Velacu. Nun mehr oder weniger auf der Kammhöhe bleibend, nach S (schwierige Stellen) links (östl.) umgehend, zum Schluß über einen bewachsenen Hang hinunter in die Bocca di Fumicosa. Teilweise Steigspuren und Steinmänner. Landschaftlich sehr schöne Wanderung. Sehr selten begangen.

1/8/2 Westabstürze
Die plattigen Westabstürze bieten sicherlich viele lohnende Klettermöglichkeiten, jedoch führen die Zugänge durch dichte Macchia. Über eine Durchsteigung der Platten ist nichts Näheres bekannt.

1/9 Punta d'u Velacu, 1483 m (Mont Velaco)
Breiter, rückenartiger Berg. Trotz seines felsigen, plattigen Aufbaues leicht ersteigbar. Wegen seiner hervorragend schönen Aussicht und leichten Erreichbarkeit sehr viel erstiegen. Außer dem breiten, rückenartigen Hauptgipfel hat die Punta d'u Velacu einen kleinen, jedoch kühnen E-Gipfel und einen markanten NE-Gipfel. Von letzterem streicht ein plattiger, breiter Felspfeiler ab, an dessen Fuß ein gedrungener Felsturm, der »Tour du Roi d'Aragon«, steht.
Die plattige W-Wand des Hauptgipfels wird von einer ganzen Reihe gewölbter Plattenschilde gebildet, die durch bewachsene Bänder und Rinnen getrennt werden. Dadurch ist es kaum möglich, durch diese Wand einen geschlossenen, homogenen Anstieg zu legen; sie ist jedoch ein Dorado für Sportkletterer, da die Platten Durchstiege in allen Schwierigkeitsgraden ermöglichen. Da in den Platten jedoch kaum Sicherungsmöglichkeiten bestehen, ist vielfach Seilsicherung von oben erforderlich.
Nach S bzw. SE stürzt die Punta d'u Velacu mit hohen, teilweise reich gegliederten Wänden ab.
Nach SW zieht ein breiter, rückenartiger Grat, der zu den »Crête des Terrasses« führt.

Punta d'u Velacu von S.

Le Promontoire
Campanile Santa Lucia
Pta. Tafunata
d'i i Paliri

1/9/1 Von Westen (Normalweg)

1 Stunde, unschwierig

Zwischen dem Nordgipfel links und dem breiten, rückartigen Hauptgipfel rechts zieht eine breite, bewachsene Rinne herunter. Durch diese führt der Anstieg.

Von der Bocca d'u Velacu erst links-, dann rechtshaltend aufwärts zum Beginn der Rinne. Durch diese auf Steigspuren steil empor, hinter einem riesigen Klemmblock durch in die Scharte zwischen Ost- und Hauptgipfel. Rechts aufwärts unter der Grathöhe ansteigen, höher oben über eine leichte, plattige Felsstufe auf den Grat und nach rechts zum Gipfel.

1/9/2 Südostwand

3–4 Stunden (teilweise V)

Erstbegeher: Martin, Stefanie und Peter Rieder, Robert Slezak, 24. Juli 1983.

Schöne Kletterei in festem Fels, relativ lange, großzügige Bergfahrt, lohnend.

Allgemeines: Von der Scharte zwischen Punta d'u Velacu und dem Promontoire (Promontoirescharte) zieht nach S eine breite, steile, teilweise bewachsene Schlucht. In diese Schlucht stürzt die Punta d'u Velacu mit steilen, hohen Plattenwänden ab.

Von der Promontoire-Scharte durch die erwähnte Schlucht ca. 150 m hinunter (teilweise II) bis zu einem auffallenden, teilweise bewachsenen Band, das in der steilen SE-Wand etwas ansteigend nach W zum Beginn eines hohen, steilen Rißkamins führt. Hier der E.

Über eine plattige Wandstufe auf das Band und über dieses nach links zu Stand bei einem Baum (40 m, +III). Weiter über das Band nach links (III) in den tiefen, glatten Kamin und durch diesen empor zu Stand (40 m, teilweise V). Direkt im Kamin hinauf zu Stand unter kleinem Überhang (40 m, teilweise –V). Über den kleinen Überhang empor und im nun etwas breiteren, teilweise bewachsenen Kamin zu Stand unter kleinen Klemmblöcken (25 m, teilweise IV). Über die kleinen Klemmblöcke hinweg zu Stand in einer Grotte unter riesigen Klemmblöcken (20 m, +IV). Von innen auf den ersten großen Block hinauf und zwischen den Klemmblöcken empor, zum Schluß durch ein äußerst enges Loch, auf eine rasige Stufe über den riesigen Klemmblöcken (20 m, IV).

Achtung: Das erwähnte Loch ist äußerst eng und kann nur von schlanken Kletterern benützt werden! Nun ca. 2 SL über rasige Bänder und Rinnen nach links in einen Sattel hinter einen Vorbau (I und II). Hinter dem Sattel einige Meter hinunter, auf ein Band in der rechten Wand empor und über dieses nach links zu Stand an der Kante (35 m, –III). Über eine senkrechte Wandstelle zur Rechten hinauf, links aufwärts um die Kante und gerade empor zu einem kleinen Absatz. Weiter linkshaltend an der Kante zu Stand (40 m, +IV und IV). An der Kante durch plattige Rinnen hinauf auf einen Vorbau (35 m, III). Diesen überschreitend oder rechts umgehend in die Scharte vor dem nächsten Aufschwung (30 m, II). Über ein mit Sträuchern bewachsenes Band links aufwärts zu Stand bei einem Felszacken (35 m, –III). Mit Hilfe eines Bäumchens über die senkrechte Wand empor und an der Kante hinauf auf den Vorbau (40 m, IV und III). Weiter im leichten Gelände, den Vorbau überschreitend, hinauf in eine Scharte des Gipfelgrates, wo man auf den Normalweg trifft. Über diesen zum Gipfel.

1/9/3 Nordostgipfel von Südwesten

20 Minuten (+III)

Vom NE-Gipfel stürzen in die breite bewachsene Rinne des Normalweges steile, plattige Wände ab. Im oberen Teil der Rinne (knapp vor ihrem Ende) nach links an die Wand. Durch einen Kamin empor zu Baum (20 m, III). Nach links an die Kante und an ihr gerade hinauf zum NE-Gipfel (20 m, +III).

1/10 Tour du Roi d'Aragon, ca. 1400 m

Unbedeutender massiger Felsturm am Fuße des vom Velacu-Nordgipfel abfallenden plattigen Rückens. Wenig lohnend und nur selten erstiegen.

1/10/1 Nordostrücken

(II oder III, je nach Wegführung)

Vom Col de la Bombe über den mehrere plattige Rücken bildenden NE-Kamm über begrünte Stufen und Platten beliebig zum Gipfel. (Verschiedene Aufstiege möglich.)

1/10/2 Ostwand

(III und IV)

Von der letzten Scharte, bevor man den Aufbau des Promontoire erreicht, nach rechts an den linken Rand der E-Wand des Turmes. Über eine nach rechts ansteigende plattige Rampe hinauf zu Stand bei einem Felsköpfel (30 m, III). Über ein Band nach links und durch einen senkrechten engen Kamin zum Gipfel (30 m, IV).

1/10/3 Wegänderung zu 1/10/2

(+II)

Vom Standplatz beim Felsköpfel Quergang nach rechts und über eine kleine Plattenstufe auf den NE-Rücken; über diesen zum Gipfel (30 m, +II).

1/11 Bocca d'u Velacu, ca. 1250 m (Col Velaco)

Breite, von einem Bach durchflossene Einsenkung nördl. der Punta d'u Velacu. Sowohl beim Zustieg zu den umliegenden Bergen wie auch als selbständiges Ziel einer kurzen, landschaftlich sehr lohnenden Wanderung häufig besucht. Die sowohl nach N wie auch nach S abziehenden Bachbette sind im Sommer meist trocken.

1/11/1 Direkt vom Col de Bavella

40–50 Minuten (unschwierig)

Von der Höhe des Col de Bavella auf breitem Forstweg über den rückenartigen Kamm nach S. Später auf gutem Steig (verschiedenfarbige Markierungen), im allgemeinen der Kammlinie folgend, durch lichten Wald und über mehrere Blößen weiter nach S, zum Schluß etwas absteigend in die breite Einsenkung der Bocca d'u Velacu.

1/11/2 Talweg zurück zum Col de Bavella

1–1½ Stunden (unschwierig)

Von der Bocca d'u Velacu in nördl. Richtung Steigspuren folgend erst über Wiesen, dann durch lichten Wald abwärts bis unter die Felsausläufer der Calanca Murata. Nun durch lichten Wald links abwärts bis fast zum Bachbett und an diesem entlang hinunter bis zu einem breiten Forstweg. Hier trifft man auf den markierten Weitwanderweg GR 20. Diesem folgend über den Bach (kleine Staumauer) und kurz danach der Markierung folgend links aufwärts zum Col de Bavella.

In Verbindung mit 1/11/1 sehr schöne Rundwanderung.

1/12 Col de la Bombe

Schön ausgeprägte Scharte zwischen Punta d'u Velacu und Calanca Murata. Kein Übergang, jedoch für den Zugang zu den umliegenden Bergen von Bedeutung. Links (nordöstl.) der Scharte eine mächtige Felsrippe, die von einem großen Loch, dem »Trou de la Bombe« durchbrochen wird.

1/12/1 Von der Bocca d'u Velacu

20–30 Minuten (unschwierig)

Von der Bocca d'u Velacu auf Steigspuren (Steinmänner und teilweise auch verblaßte Markierungen) in nordöstl. Richtung schräg ansteigend durch lichten Wald, an mehreren kleinen Felsgruppen (Tafonis) vorbei in die Scharte. Das oben erwähnte Loch ist von der Scharte aus nicht sichtbar, es befindet sich links von ihr.

1/13 Le Promontoire, 1420 m

Knapp nordöstl. der Punta d'u Velacu zweigt ein breiter, rückenartiger Seitenkamm nach E ab, der den leicht erreichbaren, ungemein aussichtsreichen Gipfel bildet. Östl. des Gipfelplateaus ragt, durch eine tiefe Scharte von diesem getrennt, ein massiger Felsgipfel, die Punta d'u Cumpulellu (1395 m), auf. In der Südwand steht ein zwar kleiner, aber außerordentlich kühner Felsturm, der Campanile Santa Lucia (1395 m). Trotzdem es sich beim »Le Promontoire« um einen ausgesprochen zweitrangigen Gipfel handelt, ist seine Ersteigung lohnend und wird relativ häufig durchgeführt.

1/13/1 Normalweg

½ Stunde (–I)

Vom Col de la Bombe auf Steigspuren (teilweise Steinmänner) in südl. Richtung eine Mulde ausgehend (erst etwas ab-, dann ansteigend) in die Scharte zwischen Le Promontoire und Punta d'u Velacu (Promontoirescharte) und über den breiten Rücken auf das Gipfelplateau. Hervorragend schöne Aussicht. Landschaftlich großartige, leichte kurze Tour – äußerst lohnend. Durchwegs Steigspuren und Steinmänner.

1/14 Punta d'u Cumpulellu, 1395 m (Tour de Saint-Lucie)
Massiger, dem Promontoire vorgelagerter Felsturm. Sehr selten erstiegen und auch nicht besonders lohnend.

1/14/1 Zugang:
Am östl. Ende des Promontoire durch eine kurze Felsrinne (an ihrem Beginn zwei in der linken Wand eingemeißelte Pfeile) auf einen vorspringenden Felsrücken (Steinmann). Links (nördl.) des Felsrückens sinkt ein steiles, bewachsenes Couloir ab (Steinmann). Durch dieses hinunter in die Scharte am Beginn des W-Grates der Punta d'u Cumpulellu. Das Couloir ist unschwierig, erfordert jedoch Vorsicht.

1/14/2 Westgrat (Normalweg)
½ Stunde (–III)
Von der Scharte über eine steile Wandstufe empor zu Baum. Über eine bewachsene Stufe auf den Grat und über den fast ebenen, jedoch schmalen und ausgesetzten Grat; zum Schluß über Platten von S zum Gipfel.

1/14/3 Nordwand, »Mascarona«
3–4 Stunden (frz. +IV, stellenweise V); 200 m
J. Angelini, G. P. Quilici, November 1978
Schöner Anstieg, jedoch relativ langer Zustieg, sehr selten begangen. Beschreibung und Skizze s. L. M. d. B.

1/14/4 Südkante
2–3 Stunden (+V, stellenweise VI); 200 m
E. Rudorfer, A. Precht, 24. Mai 1989
Zugang: Wie unter 1/12/1 zum Col de la Bombe. In südl. Richtung durch die breite, bewaldete Schlucht absteigen und über Bänder am Fuß der N- und E-Wand queren bis an die linke (südl.) Kante der E-Wand. Über diese Kante führt der Anstieg.
Über die Kante oder etwas rechts von ihr hinauf in eine Scharte, welche von einem vorgelagerten Türmchen gebildet wird. Hier der Einstieg. Routenverlauf s. Skizze S. 85.
Schöne, ausgesetzte Kletterei, guter Fels. Einige Sanduhrschlingen wurden belassen.

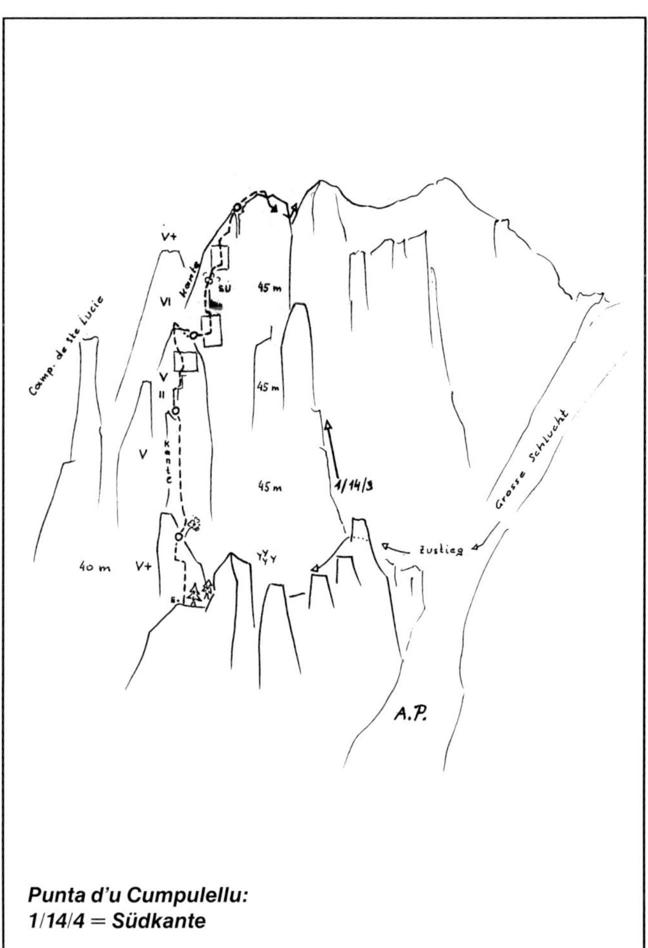

Punta d'u Cumpulellu:
1/14/4 = Südkante

1/15 Campanile Santa Lucia, 1375 m (Campanile de Sainte-Lucie)
Ungewöhnlich kühner und schlanker Felsturm in der SE-Wand des Promontoire, sicherlich einer der abenteuerlichsten und schwierigsten Felstürme Korsikas. Seine Ersteigung ist äußerst schwierig, bietet jedoch eine sehr schöne, ausgesetzte Kletterei in festem Fels. Die Abseilfahrt über die glatte, größtenteils überhängende W-Wand ist geradezu einmalig. Relativ selten erstiegen, jedoch für gute Kletterer sehr lohnend.

1/15/1 Zugang:
Vom Promontoire wie bei 1/14/1 in die Scharte am Beginn des W-Grates der Punta d'u Cumpulellu. Von hier nach S durch eine bewachsene Rinne hinunter in die Scharte am Fuße des Campanile (½ Stunde). Unschwierig, jedoch erfordert das steile, bewachsene Gelände große Vorsicht.

1/15/2 Nordostroute (Weg der Erstersteiger)
2–3 Stunden (+V, stellenweise –VI)
W. Hertrampf, W. Krah, G. Winkler, 11. September 1960
Schöne, ausgesetzte Kletterei in festem Fels.
Von der Scharte schräg links auf einen kleinen Vorbau, links um die Kante herum, Quergang im brüchigen Fels nach links und durch einen Riß zu Stand auf ein Köpfel (35 m, +IV, 1 H). Einige Meter gerade hinauf, über eine Rampe nach rechts in einen Riß und durch diesen einige Meter empor. Nun durch einen feinen, überhängenden Riß in der linken Wand hinauf auf eine schräge Platte, wenige Meter nach links queren und über Platten und Tafonis rechts aufwärts zu Stand auf einer Plattform (35 m, +V, –VI, 8 H). Quergang 20 m nach links (sehr ausgesetzt) und gerade hinauf zu Stand bei einem Köpfel (30 m, IV und +IV). Durch einen überhängenden Riß gerade empor und im senkrechten, plattigen Fels leicht rechtshaltend, zum Schluß durch eine steile, plattige Rinne zum Gipfel (30 m +V, –VI, 4 H).
Skizze S. 87.

1/15/3 Abstieg
Außerordentlich kühne und lange Abseilfahrt über die plattige, größtenteils überhängende W-Wand. Die eingerichtete Abseilstelle direkt am

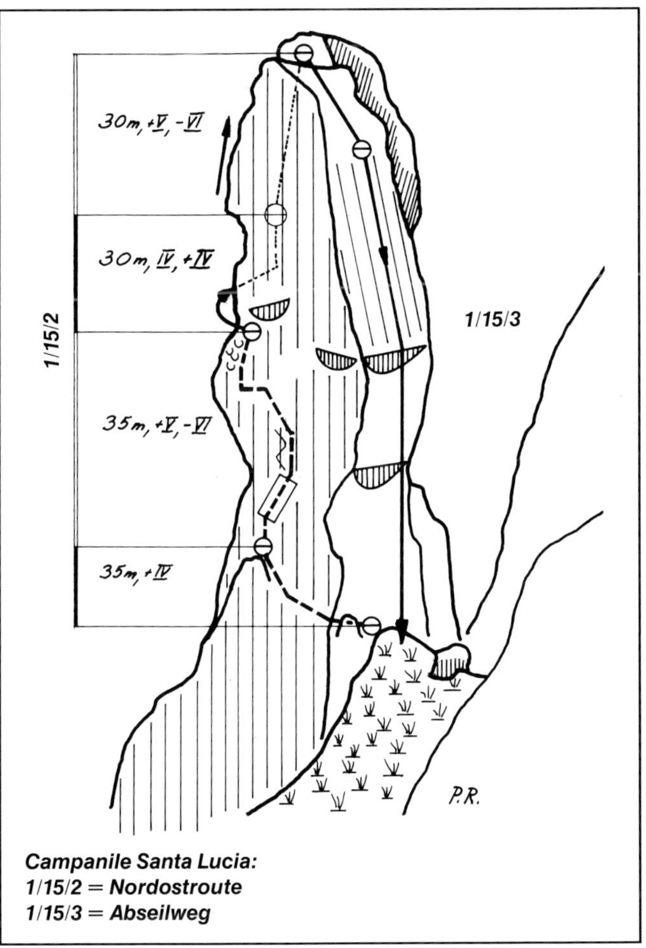

Campanile Santa Lucia:
1/15/2 = Nordostroute
1/15/3 = Abseilweg

Gipfelgrat (mehrere H und Seilschlingen) besser nicht benützen. Über die flache Platte etwa 10 m absteigen bis ganz an den Rand der senkrechten Wand. Hier gute Abseilstelle (ebenfalls mehrere H und Seilschlingen). Von hier 55 m, die unteren 45 m absolut frei, über die erst senkrechte, dann weit überhängende Westwand abseilen in die Scharte, wo auch der Einstieg der NE-Route ist.
Achtung: Mindestens 110 m Seil erforderlich!
Abstieg bzw. abseilen entlang des Aufstiegsweges (Nordostroute) möglich, jedoch sehr langwierig; wenn nur zwei normale Seile (40 oder 45 m) zur Verfügung stehen, jedoch die einzige Möglichkeit!

1/16 Calanca Murata, 1407 m

Massiger Felsberg nordöstl. des Col de la Bombe. Sowohl als leicht erreichbarer Aussichtsberg als auch als Kletterberg lohnend und verhältnismäßig oft besucht. Der langgestreckte Gipfelgrat bildet einen ausgeprägten nordöstl. Vorgipfel, welcher mit plattiger, mehr als 200 m hoher NW-Wand abstürzt. Die linke Begrenzung dieser Wand bildet den Nordgrat.

1/16/1 Normalweg von Südwesten

½ Stunde (I)
Wie bei 1/12/1 zum Col de la Bombe. Knapp vor Erreichen des Cols Steigspuren und Steinmännern folgend, links aufwärts, erst durch Wald, dann über bewachsene Felsstufen, zum Schluß über den Grat zum Gipfel.

1/16/2 Nordgrat und Nordwestwand – Allgemeines

Die breite, plattige NW-Wand wird, wie bereits erwähnt, links von einem steilen, kantenartigen Grat, dem N-Grat, begrenzt. Links dieses Grates beginnt ein Couloir, welches zur hochgelegenen Scharte zwischen Calanca Murata rechts und Punta San Petru links emporzieht. Die eigentliche NW-Wand besteht aus zwei, von einem tiefen, schluchtartigen Kamin getrennten Teilen. Durch den linken, vom Nordgrat abstür-

Calanca Murata und Punta San Petru von Norden (vom GR 20):
1/16/3 = Nordgrat
1/16/4 = Direkter Nordwestpfeiler, »Der steile Papi«

Pta. San Petru
Calanca Murata
1/16/4
1/16/3

zenden Wandteil leitet 1/16/4 empor. Knapp rechts des Kamins führt 1/16/5 in gerader Linie aufwärts. Die Anstiege 1/16/6 und 1/16/7 führen durch den Wandteil weiter rechts des Kamins.
Zugang: Beim Restaurant »Grimaldi« knapp östl. unter dem Col de Bavella beginnt der markierte Weg GR 20, welcher zum Ref. di i Paliri führt. Man folgt diesem Weg erst eben, dann absteigend bis zu einer Forststraße. Von dem nur locker bewaldeten Hang oberhalb der Forststraße sehr guter Blick auf die lange Reihe der Südtürme von der Calanca Murata bis zur Punta d'Aracale. Auf der Forststraße nach rechts, bei einer kleinen Staumauer über den Bach und am jenseitigen Bachufer auf Steigspuren entlang des Baches ca. 200 Höhenmeter ansteigen. Sodann links aufwärts durch Wald zum Fuße des N-Grates (1–1¼ Stunden).

1/16/3 Nordgrat

2–2½ Stunden (+III, eine SL +IV und –V); 200 m
Erstbegeher unbekannt
Lohnende Kletterei in gutem Fels.
E am Fuße des stark bewachsenen Couloirs unmittelbar links des Nordgrates. Durch das stark bewachsene Couloir hinauf auf eine Rasenstufe und nach rechts an die Gratkante zu Stand (30 m, +II). Nach rechts um die Kante und steil schräg rechts aufwärts zu Baum. Weiter links zu einem Absatz an der Gratkante (30 m, +III). Knapp links der Kante in leichtes Gelände (40 m, III und II). Auf den flachen, rückenartigen Grat und über begrünte Stufen zu Stand unter dem Steilaufschwung (60 m, II). Direkt an der plattigen Gratkante hinauf bis zu großen Tafoniüberhängen. An diesen rechts aufwärts zu großem Gratfenster (45 m, III und +III). Durch das Fenster in eine kleine Scharte unter senkrechten Wänden. Von der Scharte über die steile, plattige Wand an schmalen Leisten rechts aufwärts (H) in eine plattige Rinne. Durch diese weniger Meter hinauf, nach rechts an die steile, glatte Kante und an dieser sehr schwierig gerade hinauf in leichtes Gelände und zum nordöstl. Vorgipfel (40 m, +IV und –V). Auch der überhängende Kamin links der Kante ist gut kletterbar. Vom Vorgipfel über leichtes, jedoch teilweise unübersichtliches Gelände, mehrere plattige Rücken überschreitend, zum Hauptgipfel (½ Stunde, stellenweise –II).

Calanca Murata:
1/16/4 = Direkter Nordwestpfeiler, »Der steile Papi«

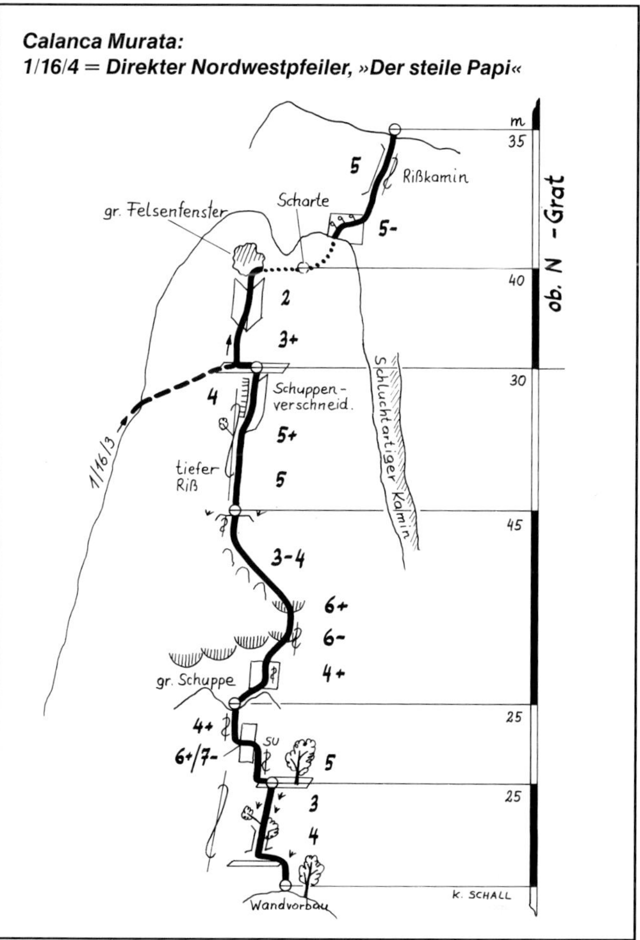

1/16/4 Direkter Nordwestpfeiler, »Der steile Papi«

2–3 Stunden (IV bis –VI, zwei Stellen –VII)

K. Schall, Ingrid Ring, M. Rieder, E. Löffler, 13. Juni 1987

Schöne, abwechslungsreiche Kletterei. Sicherung ausschließlich mit Klemmkeilen und Friends bzw. Sanduhrschlingen. Skizze S. 91.

E. auf einem kleinen, vorgelagerten Wandvorbau am Fuße des schwach ausgeprägten Pfeilers etwas rechts vom Fußpunkt des N-Grates.

1. SL: Über Schrofen kurz gerade empor, dann auf einem Band nach links zu Kamin mit dichtem Gestrüpp. Knapp links des Kamines ein Stück aufwärts, Übertritt zur rechten Begrenzungswand und gerade empor zu bandartigem Absatz mit großem Baum (30 m, IV, III).

2. SL: Vom linken Ende des Bandes einen tiefen Riß aufwärts zu großer SU. Schwieriger, kurzer Quergang nach links zu Riß, den man zu Stand auf großem Schuppenabsatz verfolgt (25 m, V, –VII, +IV).

3. SL: An der Schuppe nach rechts und gerade unter Tafoniüberhänge, die man rechts überwindet. Ein kleingriffiger Überhang bringt in leichteres Gelände. Linkshaltend entlang von Schuppen aufwärts zu schönem Stand auf Grasabsatz (45 m, +IV, –VI, –VII, III–IV).

4. SL: Man verfolgt den tiefen, rauhen Körperriß etwa 10 m und verläßt ihn dann nach rechts in einer schuppenartigen Verschneidung. Gerade empor zu großem Absatz. Vereinigung mit dem N-Grat-Anstieg (30 m, V, +V, IV).

5. SL: Gestufter Fels führt links aufwärts zu einem großen Felsenfenster, durch welches man in die Scharte zwischen NW-Pfeilerkopf und Hauptwand gelangt (40 m, +III, II).

6. SL: Von der Scharte ein kurzes Stück spreizend empor, dann schräg aufwärts (H) und durch einen überhängenden Kamin zum Ausstieg (35 m, –V, V).

1/16/5 Nordwestwand, »Rosa Rossa«

2–3 Stunden (frz. +V und VIa); 200 m

J. Ryden, N. Siddique, August 1983

Der Anstieg führt knapp rechts des unter »Allgemeines« erwähnten tiefen, schluchtartigen Kamins durch ein System von Verschneidungen empor. Beschreibung bzw. Skizze s. L. M. d. B.

Calanca Murata:
1/16/6 = Rechte Nordwestwand, »Sonnenanbeterin«
1/16/7 = Rechte Nordwestwand, »Sirtaki«

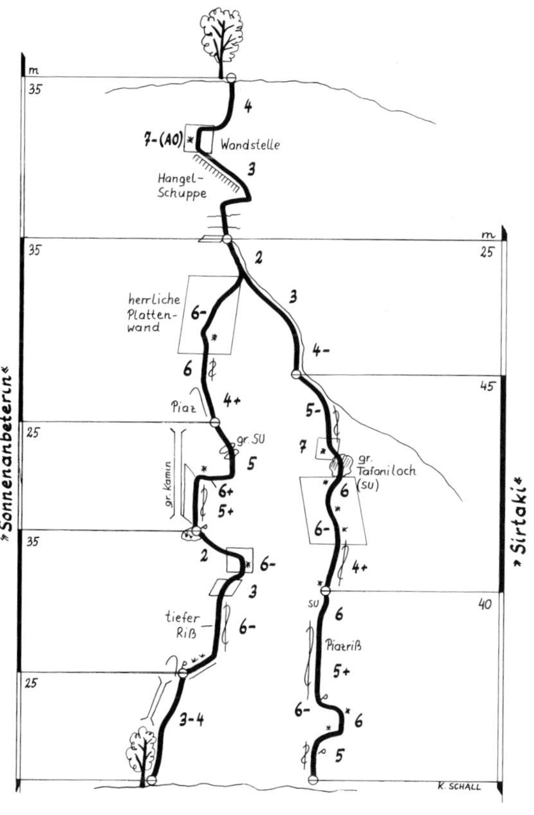

1/16/6 Rechte Nordwestwand, »Sonnenanbeterin«

2–3 Stunden (–VI und VI, je eine Stelle +VI und –VII)

K. Schall, E. Reicher, 17. Juli 1987

Sehr schöne, abwechslungsreiche Riß- und Plattenkletterei. Fünf H sowie vier BH belassen, zusätzlich KK und Friends erforderlich. Skizze S. 93.

Der Anstieg führt durch den rechten Teil der NW-Wand bei einem kleinen Wandvorbau, der mit der Hauptwand einen Sattel bildet. E etwas unterhalb des kleinen Sattels, links der Fallinie eines markanten, tiefen Risses, knapp rechts eines großen Kamines.

1. SL: Rechts des Kamines über plattigen Fels empor zu kleinem, schmalem Felsband mit brüchiger Schuppe (25 m, III–IV).

2. SL: Am Felsband nach rechts zum erwähnten tiefen Riß und diesen aufwärts (KK). Schräg rechts zu BH, über eine glatte Wandstelle hinweg und nach links zu bequemem Stand auf kleinem Grasabsatz knapp rechts des großen Kamines (35 m, –VI, VI, II, 1 BH).

3. SL: Rechts vom Kamin 5 m im Riß empor, dann waagrecht ausgesetzt nach rechts (BH) um eine Kante und gerade, an einer von einem Tafoniloch gebildeten Sanduhr vorbei, aufwärts zu Stand (25 m, +V, +VI, V, 1 BH, 1 H).

4. SL: Mittels kurzem Piazriß links aufwärts zu BH und über die steile, unvermutet griffige Plattenwand rechtshaltend hinweg an eine Kante, die von einem tiefen Kamin mit der Hauptwand gebildet wird. Diese aufwärts zu großem Absatz (35 m, +IV, VI, –VI, II, 1 BH).

5. SL: Die Schlußwand wird von einer markanten, anfangs rampenartigen Hangelschuppe durchzogen, welche sich knapp unter dem Ausstieg verliert. Über die glatte, abdrängende Wandstelle (BH) empor und nach rechts zum Ausstieg (35 m, II–III, –VII, IV, 1 BH).

1/16/7 Rechte Nordwestwand, »Sirtaki«

2–3 Stunden (V und VI, je eine Stelle +VI, –VII und VII)

K. Schall, E. Reicher, 18. Juli 1987. Skizze S. 93.

Anspruchsvolle Kletterei in phantastischem Fels. KK und Friends nötig. E knapp rechts des kleinen Sattels, in Fallinie eines Piazrisses, welcher den unteren, zentralen Teil der Plattenwand durchzieht.

1. SL: Einen kurzen Riß empor, Querung nach rechts zu BH und gerade aufwärts zu Felsnische. Links von dieser in den Piazriß, den man bis zu

seinem Ende verfolgt. Stand auf schmalem Band (35 m, V, VI, –VI, 2 H, 2 BH, 1 SU).
2. SL: Man verfolgt den kurzen, tiefen Riß rechts, bis er sich in der steilen Plattenwand verliert und klettert anfangs gerade (BH), dann rechtshaltend aufwärts zu einem großen Tafoniloch (SU). Links von diesem gerade über eine Wandstelle (schwierigste Stelle) empor zu Riß und über diesen zu Stand an der Kante (40 m, +IV, –VI, +VI, VII, –V, 4 BH, 1 SU).
3. SL: Entlang der Kante zur Vereinigung mit 1/16/6 (III).

1/16/8 Abstieg vom nordöstlichen Vorgipfel

½ Stunde (+II, eine Stelle IV)
Der Übergang vom nordöstl. Vorgipfel, auf welchen alle Kletteranstiege führen, zum Hauptgipfel ist etwas zeitraubend und umständlich. Viele Kletterer ziehen es daher vor, direkt vom Vorgipfel abzusteigen.
Vom Vorgipfel in südöstl. Richtung über eine kurze Rampe abklettern in eine breite Rinne. Durch diese abwärts zu großen Felsblöcken. An der linken Seite durch eine kurze Kaminverschneidung (IV) abklettern und weiter in der Grasschlucht hinunter zum Wandfuß, den man bei den südlichsten Ausläufern der NW-Wand erreicht.

1/17 Punta San Petru, 1300 m

Kleiner, massiger Gipfel zwischen Calanca Murata und dem Tour des Suisses. Als selbständiges Ziel selten erstiegen.

1/17/1 Nordostgrat (Normalweg)

½ Stunde (III)
Vom Collet des Suisses (s. 1/18/1), der Scharte zwischen der Punta San Petru und dem Tour des Suisses über die plattige Wand, kleinen Rissen folgend, ziemlich gerade hinauf zu einem etwas links gelegenen Stand (40 m, III). Durch eine bewachsene Rinne kurz empor, dann nach rechts heraus und über steilen Tafonifels an der Kante hinauf zum Gipfel (40 m, III).

1/17/2 Südwestgrat (Abstieg)

½ Stunde (II)
Da die hochgelegene Scharte, in welcher der SW-Grat beginnt, nur

schwer zugänglich ist, wird dieser Grat praktisch nur im Abstieg im Zuge einer Überschreitung zur Calanca Murata begangen.
Vom Gipfel durch einen kleinen Kamin in der S-Seite hinunter und Quergang nach rechts an den Grat. Etwas links der stumpfen Gratkante über Platten hinunter in einen kleinen Kessel. Absteigend zu Bändern, über welche man rechtshaltend ein kleines Schartl erreicht. Von hier durch eine Rinne in die Scharte, in welcher der SW-Grat beginnt. Von hier erreicht man über bewachsenes Gelände ohne Schwierigkeiten den N-Grat der Calanca Murata in seinem leichten Mittelteil (s. 1/16/3). In Verbindung mit dem Tour des Suisses sehr schöne, großzüge Tour.

1/18 Tour des Suisses, 1260 m
Schöner, eigenartig geformter Turm, sein Nordostgrat bildet einen auffallenden Höcker, bevor er zum Col du Cuvier abbricht. Mehrere lohnende Anstiege, besonders lohnend in Verbindung mit der Punta San Petru bzw. der Überschreitung zur Calanca Murata.

1/18/1 Nordwestkamin (»Chemin du Regard« – Normalweg)
1 Stunde (+III); 100 m
Erstbegeher unbekannt
Schöne, originelle Kletterei in bestem Fels. Auch im Abstieg gut kletterbar, abseilen nicht unbedingt erforderlich. Skizze S. 99.
Zugang: Wie unter 1/16/2 beschrieben an den Wandfuß. Entlang der Wände unter der Punta San Petru vorbei und durch eine breite Rinne aufwärts in die Fallinie der kleinen Scharte zwischen Tour des Suisses und Punta San Petru (Collet des Suisses) – ca. 1¼ Stunden.
E an der linken Seite der Schartenwand. Ca. 3 m durch einen Kamin hinauf, erst schräg rechts, dann gerade über die plattige Wand empor in die Scharte (20 m, +III).
An der Wand des Turmes steil links aufwärts auf einen kleinen Absatz, Quergang nach links in den tiefen Kamin und durch diesen zu kleinem Stand (H an der rechten Kaminwand, 25 m, III). Weiter durch den Kamin (H), zum Schluß durch ein enges Loch zu Stand (30 m, +III). Durch eine kurze Verschneidung empor in eine Scharte und über Platten links aufwärts zum Gipfel (20 m, –III).

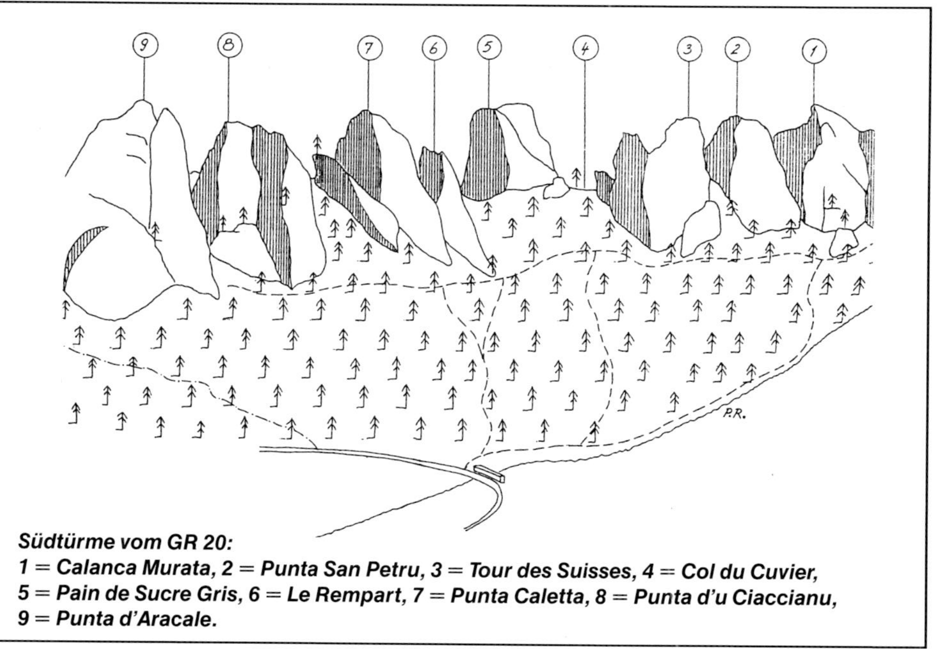

Südtürme vom GR 20:
1 = Calanca Murata, 2 = Punta San Petru, 3 = Tour des Suisses, 4 = Col du Cuvier, 5 = Pain de Sucre Gris, 6 = Le Rempart, 7 = Punta Caletta, 8 = Punta d'u Ciaccianu, 9 = Punta d'Aracale.

1/18/2 Nordwestwand

1–1½ Stunden (+III, stellenweise +IV); ca. 120 m

W. Krah, M. Fabrikant, 15. Juni 1968

Schöne Kletterei in festem Fels – lohnend. Skizze S. 99.

Unter der steilen NW-Wand nach links in einen Sattel zwischen der Wand und einem Vorbau. In der Wand ein schmaler, steiler Riß, an seinem Beginn ein roter Pfeil. Hier der Einstieg. Durch den senkrechten Riß ca. 6–8 m empor (+IV, Sicherung mittels Seilschlingen an mehreren guten Felsfenstern), dann rechtshaltend in plattigem Fels auf eine flache Stufe. An ihrer linken Kante zu gutem Stand am Beginn eines breiten Bandes (35 m, +IV und III). Über das Band links aufwärts zu Stand in einer Scharte hinter einem Vorbau (30 m, –III). Über einen plattigen Überhang (+IV) gerade empor und über die abgerundete Kante rechts aufwärts zu Stand (30 m, +IV und III). Durch einen steilen Riß (Vorsicht, links lose plattige Schuppen!) gerade hinauf zum Gipfelgrat (20 m, +III). Über den Grat nach rechts zum Gipfel.

1/18/3 Nordwestriß

1–1½ Stunden (+IV und V); 120 m

Erstbegeher unbekannt

Kurze, schöne Kletterei. Skizze S. 99.

Wie unter 1/18/2 beschrieben empor auf die flache Stufe (35 m, +IV und III). Der NW-Riß ist jener auffallende senkrechte Riß, der vom linken, oberen Winkel der flachen Stufe senkrecht emporführt.

Von rechts nach links ansteigend in den Riß und durch ihn gerade empor zu kleinem Stand bei Felszacken an der rechten Seite des Risses (40 m, V). Rechts des Risses über eine steile Wandstufe empor, kurzer Quergang nach rechts und gerade hinauf zu Stand (25 m, –V). Durch eine Rinne gerade empor zum Gipfel.

1/19 Pain de Sucre Gris, 1274 m

Schöner, glockenförmiger Felsgipfel mit allseits steil abbrechenden Felswänden. Trotz einiger hübscher Kletterwege selten erstiegen.

1/19/1 Von Westen (Normalweg)

¾–1 Stunde (+II, eine Stelle IV)

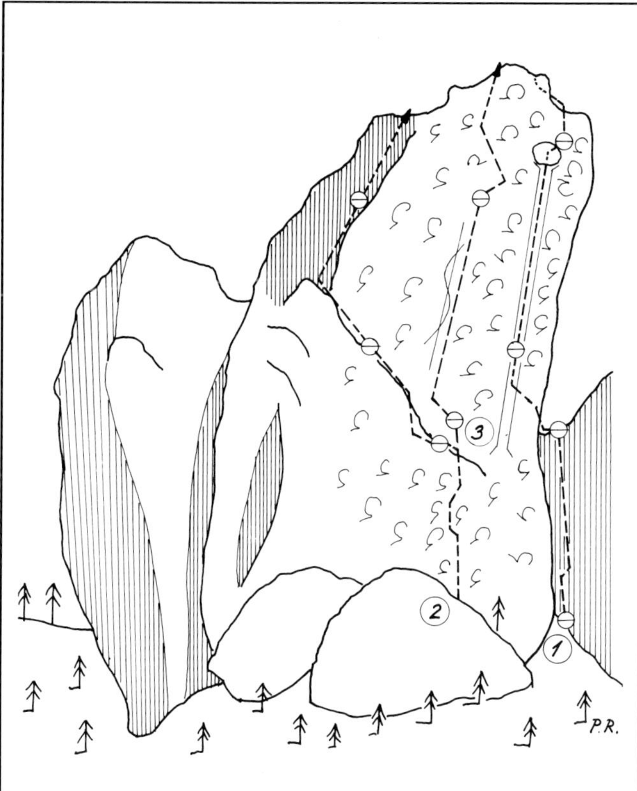

Tour des Suisses:
1 = 1/18/1 = Nordwestkamin, Normalweg
2 = 1/18/2 = Nordwestwand
3 = 1/18/3 = Nordwestriß

Hübsche, leichte Kletterei. Auch als Abstieg gut geeignet, durch den Rißkamin von einem kleinen Bäumchen abseilen.
Zugang: Wie unter 1/16/2 beschrieben über den Bach. Am jenseitigen Bachufer jedoch nur ca. 100 Höhenmeter ansteigen. Sodann durch den Wald, teilweise auf Steigspuren, vorbei an einzelnen Felsgruppen auf den breiten Sattel zwischen Tour des Suisses rechts und dem Pain de Sucre Gris links.
Dieser Sattel wird in der frz. Literatur Col du Cuvier genannt (1–1¼ Stunden).
Vom Sattel über einige Felsstufen an den Fuß des plattigen Gipfelaufbaues. E. bei einem auffallenden, plattigen Rißkamin. Durch diesen (IV) empor in eine Nische und links aufwärts auf eine breite, plattige Rampe, welche schräg links ansteigend die Nordwand durchzieht (30 m, IV und +II). Der Rampe folgend links aufwärts, über eine kurze Steilstelle zu Stand in einer kleinen Nische (40 m, +II). Über die steile, gutgriffige Wand gerade empor zum westl. Vorgipfel (20 m, +II). Von hier über einen kleinen Sattel nach links zum Hauptgipfel.

1/19/2 Nordwand, »Zick-Zack-Weg«

½–¾ Stunden (+IV)
M. Rieder, P. Rieder und Stefanie Rieder, 20. Juli 1985
Hübsche, kurze Kletterei. Skizze S. 101.
E. knapp westl. unter dem höchsten Punkt des Sattels am Fuße der N-Wand (Steinmann). Über eine steile Wandstufe auf eine links ansteigende Rampe und über diese links aufwärts zu Stand (35 m, +IV und IV). Schräg rechts hinauf über einen kleinen Überhang auf die Gipfelplatte und zum Gipfel (30 m, +IV).

1/19/3 Nordwand, »Kulissenrampe«

½–¾ Stunden (+IV)
K. Schall und Gefährten, 27. Juli 1986. Skizze S. 101.
E gemeinsam mit 1/19/2, jedoch der Rampe nur 5 m folgen, dann sofort steil rechts aufwärts auf eine nach rechts ansteigende Plattenrampe. Über diese nach rechts empor zu Stand (35 m, +IV und +III). Weiter über die Rampe, zum Schluß durch einen kurzen, steilen Riß zum Ausstieg (30 m, +III).

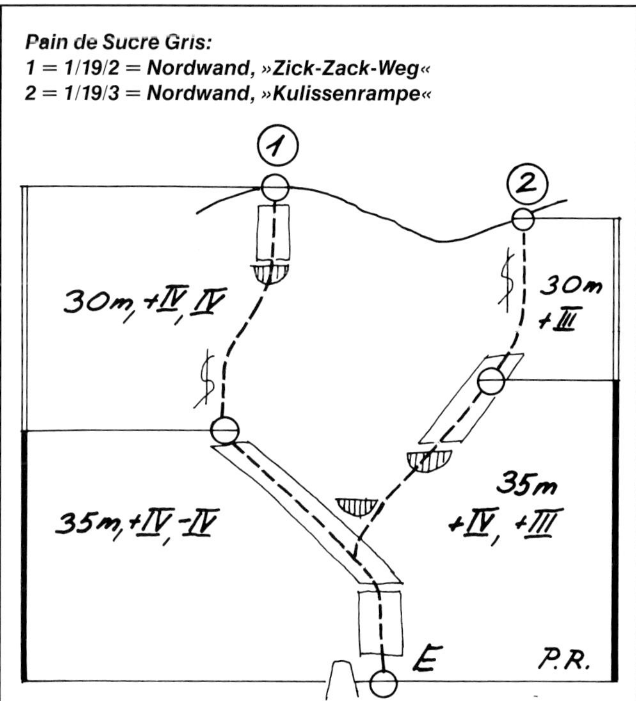

1/20 Le Rempart, ca. 1200 m

Kleiner, unbedeutender Gipfel zwischen Pain de Sucre Gris rechts und der Punta Caletta links. Von dieser durch eine schmale, hoch gelegene Scharte getrennt. Reiner Klettergipfel.

1/20/1 Normalweg

½ Stunde (III)

Von der schmalen, hochgelegenen Scharte, welche man wie unter

1/21/1 erreicht, durch eine schräg nach rechts ansteigende Kaminrinne in eine Scharte des Gipfelgrates (30 m, teilweise –III). Über den steilen Grat in südl. Richtung zum Gipfel (20 m, –III). Nur im Abstieg oder in Verbindung mit der Punta Caletta begangen. Teilweise bewachsener, unschöner Fels.

1/20/2 Westkante, »Wabenkante«

1–1½ Stunden (IV, stellenweise +IV)
Erstbegeher unbekannt
Hervorragend schöne Kletterei, eine der schönsten in der Bavella. Skizze S. 103. Zugang siehe 1/21/1.
Die Westkante reicht tief in den Wald hinunter. Sie ist über ihre ganze Länge von Tafonis durchsetzt.
E am tiefsten Punkt der Kante bei einem großen Baum. Durch eine Rinne hinauf zu querliegendem Baum, über einen Tafoniüberhang hinweg auf eine Platte und rechtshaltend über überhängende Tafonis zu Stand bei Sanduhr (40 m, IV und +IV). Kurz empor unter einen Überhang, nach links an die Kante und hinauf zu Stand auf einem Absatz (20 m, III). Über eine Platte hinauf (+IV), an die Kante und dieser folgend bis unter einen auffallenden Tafoniüberhang. Unter diesem nach links um die Kante und gerade empor auf einen Vorgipfel (40 m, +IV und III). Weiter über die nun gratartige Kante über einen Turm in die Scharte vor dem Gipfelzacken (40 m, +II). Über den Grat zum Gipfel (20 m, –III).

1/20/3 Nordwestwand

1–1½ Stunden (IV, teilweise –V und V)
Der Anstieg führt links der Westkante durch die steile Wand ziemlich gerade empor. Wegverlauf siehe Skizze S. 103.
Ebenfalls schöne Kletterei.

1/20/4 Abstieg

a) Abklettern über den Normalweg 1/20/1.
b) Vom Gipfel über den Grat nach S in eine unangenehme, brüchige Rinne. Von einem Baum ca. 10 m abseilen zu einem starken Baum. Von diesem 20 m abseilen an den Fuß des Berges. Westl. des Berges durch den Wald ziemlich gerade hinunter zum GR 20.

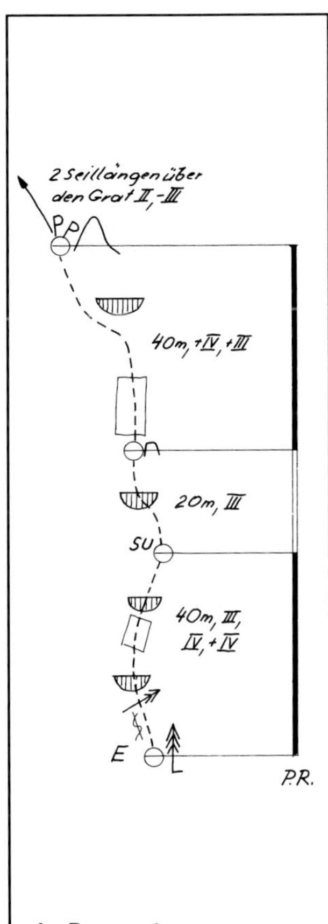

Le Rempart:
1/20/2 = Westkante, »Wabenkante«

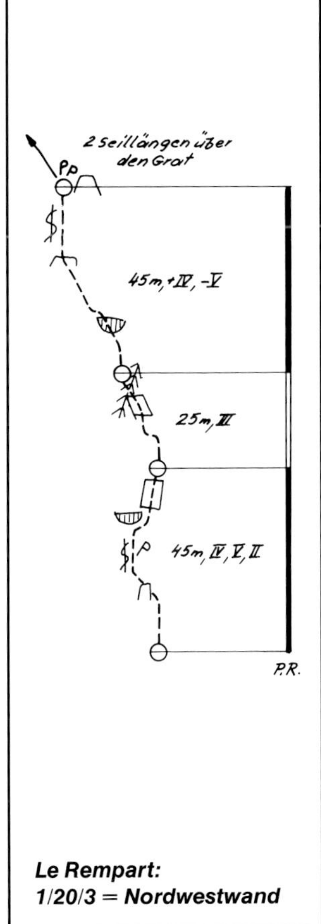

Le Rempart:
1/20/3 = Nordwestwand

1/21 Punta Caletta, 1275 m (Pain de Sucre Jaune)
Schöner Felsgipfel mit steilen, stark von Tafonis durchsetzten Felswänden. Nach W stürzt ein plattiger, runder Pfeiler ab. Sehr lohnender Kletterberg.

1/21/1 Normalweg von Südwesten
½ Stunde (+II, eine Stelle +III)
Als Aufstieg kaum lohnend, jedoch gut für den Abstieg geeignet. Abseilen nicht unbedingt erforderlich.
Zugang: Wie unter 1/16/2 beschrieben über den Bach. Am jenseitigen Bachufer kurz rechts aufwärts. Weiter durch lichten Wald im allgemeinen gerade hinauf (Steigspuren), bis man die tief herabreichende Westkante des Le Rempart erreicht. An dieser rechts vorbei durch felsendurchsetzten Wald auf die Kammhöhe. Am Felsaufbau des Le Rempart auf der S-Seite nach links und durch eine kurze Blockrinne in die schmale, hohe Scharte zwischen Le Rempart und Punta Caletta (1–1¼ Stunden).
E knapp südl. unter der Scharte. Durch einen etwas nach rechts ziehenden Kamin in eine grasige Rinne. Durch diese aufwärts auf einen rechts liegenden Absatz mit Baum (30 m, +III und II). Über eine kleine Wandstufe links aufwärts zu einer nach rechts leitenden Plattenrampe. Über diese in die Einsenkung zwischen den beiden Gipfelkuppen.

1/21/2 Abstieg nach Nordosten
½ Stunde (II)
Vom Gipfel in südöstl. Richtung durch eine etwas brüchige Rinne abklettern zu einem auffallenden, bewachsenen Absatz mit großen Blöcken. Von einem Baum (Abseilschlinge) ca. 20 m durch einen steilen Riß abseilen auf einen Absatz. Von hier durch eine rampenartige Schlucht entlang der steilen Nordwand hinunter in den Wald.

1/21/3 Westpfeiler
1–1½ Stunden (III, stellenweise –IV)
Erstbegeher unbekannt

Punta Caletta von Norden (vom GR 20):
1/21/3 = Westpfeiler

1/21/3

Hervorragend schöne Kletterei, eine der schönsten der Bavella. Mehrere Wegänderungen möglich.

Zugang: Wie unter 1/21/1 beschrieben durch den lichten Wald aufwärts, jedoch dort, wo die ersten Felsgruppen erreicht werden, Steigspuren folgend links aufwärts an den breiten Fuß des massigen, tief herabreichenden Pfeilers.

E an der rechten Seite des tief herabreichenden Pfeilers (Steinmann). Durch eine begrünte Rinne links aufwärts auf einen Absatz der Pfeilerkante (Steinmann). Hier beginnt die eigentliche Kletterei. Vom Absatz schräg rechts aufwärts in eine plattige Rinne. Durch diese einige Meter hinauf und über Platten an die steile, von Tafonis gebildete Kante. Nach links um die Kante herum und gerade empor zu schönem Stand unter großen Tafonis (35 m, III). Durch ein Tafoniloch links aufwärts und gerade empor auf einen Absatz. Weiter, einen tiefen Spalt überspreizend, rechts aufwärts in einen Kamin. Durch diesen oder an seiner linken Begrenzungskante hinauf zu Stand bei großem Felszacken (40 m, III). Direkt an der Pfeilerkante empor zu kleinem Absatz. Zwei Meter nach links, durch einen kurzen, senkrechten Riß (–IV) hinauf und schräg rechts in eine Rinne zu Stand bei kleinem Baum (40 m, III, eine Stelle –IV). Entweder durch die kaminartige Rinne oder an ihrer linken Begrenzungskante hinauf auf die große flache Platte vor dem Gipfel. Über diese zum Ausstieg unmittelbar beim Gipfel (40 m, III und II).

1/21/4 Von Südwesten, »Schartenweg«

½ Stunde (+IV)

Sehr kurze, jedoch sehr schöne Kletterei.

E direkt in der Scharte zwischen Punta Caletta und Le Rampart. Durch einen Kamin einige Meter aufwärts, nach links heraus und linksansteigend in eine plattige Gufel. Nun etwas rechtshaltend, dann gerade über Platten hinauf zu Stand unter riesigem Überhang (42 m, +III, –IV). Quergang nach links zu einem steilen, engen Riß und durch diesen (H) gerade hinauf zum Ausstieg (30 m, III, +IV).

1/21/5 Von Südwesten, »Tafoniweg«

½ Stunde (+IV)

Ebenfalls sehr schöne, kurze Kletterei.

Von der unter 1/21/4 erwähnten Scharte durch die Rinne nach N absteigen zu großen Blöcken und über ein kurzes Band zu Stand bei auffallendem Zacken. Hier der E. Über Platten und Tafonis gerade empor auf eine Stufe (20 m, –IV). Weiter über Platten und Tafonis, im allgemeinen gerade hinauf zum schon vom Einstieg sichtbaren Ausstiegsriß des Schartenweges und durch diesen zum Ausstieg (42 m, –IV, +IV).

1/22 Punta d'u Ciaccianu, ca. 1270 m (Punta-d'Aracale-Westgipfel)
Schöner, durchaus selbständiger Felsgipfel. Von der Punta d'Aracale durch eine tiefe Scharte und eine nach N absinkende breite Schlucht getrennt. Lohnender Kletterberg, auf den einige sehr schöne Anstiege führen.

1/22/1 Westgrat (Normalweg)
1–1½ Stunden (–III, stellenweise III)
Der Westgrat beginnt auf dem weiten Sattel zwischen Punta Caletta und Punta d'u Ciaccianu. Er bietet sehr schöne Kletterei in bestem Fels. Zugang: Wie unter 1/16/2 beschrieben über den Bach. Am jenseitigen Bachufer kurz rechts aufwärts. Weiter durch lichten Wald im allgemeinen gerade hinauf (Steigspuren). Wo der Wald stark mit Erikabüschen durchsetzt ist, hält man sich stark links. Unter dem W-Pfeiler der Punta Caletta vorbei geht es durch steilen, felsdurchsetzten Wald, vorbei an abenteuerlichen Felsgebilden (Tafonis) empor auf den weiten Sattel zwischen Punta Caletta und Punta d'u Ciaccianu (1½ Stunden). Der E befindet sich einige Meter nördl. unter der Scharte (großer umgestürzter, dürrer Baum und Steinmann). Über eine plattige Rampe ca. 6 m (II) links aufwärts auf einen großen Absatz (Steinmann). Hier der eigentliche E. Vom Steinmann rechts aufwärts an die Kante und über diese (Tafonis) auf einen Absatz (30 m, –III). Weiter an der plattigen Kante (Tafonis) gerade hinauf zu Stand auf großem Absatz (30 m, –III). Weiter an der Kante etwas rechtshaltend (Tafonis zu Stand auf großem Absatz (25 m, –II). Nach rechts, an einem großen dürren Baum vorbei, auf die Gratschneide und an ihr gerade hinauf zu Stand in einer kleinen Scharte vor einer steilen, plattigen Wandstufe (25 m, II und III). Links (nördl.) einige Meter absteigen und hinauf an die Kante. Über diese gerade aufwärts (Tafonis) auf den hier fast ebenen Grat (20 m, –III). Über den nun leichten Grat zum Gipfel (35 m, II).

1/22/2 Abstieg

Vom Gipfel nach E und über eine Platte an der S-Seite des Grates hinunter auf einen bewachsenen Absatz und an die linke Kante (II). Von hier 10 m abseilen in eine schmale Scharte. (Von hier kann die Pta. d'Aracale erst über den Grat, dann über bewachsene Stufen leicht erreicht werden.) Über einen kleinen Grathöcker in die nächste kleine Scharte und über Platten (II) hinunter in die nach N abfallende Schlucht. Durch diese absteigen bis zu einem plattigen Abbruch. 15 m abseilen auf eine begrünte Stufe. Auf dieser nach links zu einem Baum und 10 m abseilen in den Auslauf der Schlucht.

1/22/3 Nordwestkante

1½–2 Stunden (III und IV, eine Stelle +IV); ca. 150 m

K. und G. Harder, 20. August 1968

Sehr schöne Kletterei in steilem, festem Fels, lohnend.

Die NW-Wand wird links von einer breiten Schlucht, rechts von einer steilen, pfeilerartigen Kante begrenzt. Der tiefste Punkt der Kante ist auch der tiefste Punkt der ganzen Wand.

Zugang: Wie bei 1/22/1 an den Fuß der Kante.

E rechts der Kante bei einer ausgeprägten Rinne (Steinmann). Über die plattige Kante links der Rinne empor zu Stand auf großen blockigen Absatz (25 m, +III). Über steilen, plattigen Fels einige Meter hinauf zu einem Tafoni und Quergang nach rechts (+IV) in eine Kaminrinne. Durch diese kurz aufwärts und durch einen links aufwärtsführenden Kamin (Baum) zu gutem Stand an der Kante (25 m, +IV und III). Einige Meter nach links und in der steilen Plattenwand gerade hinauf zu Stand bei großer Kiefer (40 m, III und IV). Über eine plattige Stufe und kurze rasige Stelle hinauf unter die steilen Tafonis und über diese im allgemeinen gerade empor zu Stand (40 m, III und IV). Weiter linkshaltend über leichtes Gelände, zum Schluß über ein plattiges Wandl zum Gipfel (50 m, eine Stelle III).

Punta Ciaccianu von Norden (vom GR 20):
1/22/1 = Westgrat
1/22/3 = Nordwestkante
1/22/4 = direkte Nordwestwand, »Die steile Ingrid«
1/22/5 = Nordwestkante, »Via Helga«

1/22/1
1/22/5
1/22/4
1/22/

1/22/4 Direkte Nordwestwand, »Die steile Ingrid«

K. Schall, Ingrid Ring, M. Rieder, E. Löffler, 12. Juni 1987

Durch die NW-Wand zieht links der NW-Kante eine markante Verschneidung. Der Anstieg verläuft durch den Wandbereich links dieser Verschneidung. Schöne, steile Kletterei, zur Sicherung Friends 2,5 und 3 sowie Klemmkeile. Skizze S. 111.

Der E befindet sich auf einem Absatz, den man aus der Schlucht links der Wand über ein Grasband erreicht.

1. SL: Einen kurzen Piazriß empor und über eine Platte links aufwärts zu anfangs überhängendem Riß. Durch diesen und in einer Schleife von links nach rechts zu Stand bei Baum (40 m, V, IV, VI, +V).

2. SL: Vom Baum in gestuftem Fels auf ein Band, dieses kurz nach links und in einer kaminartigen Verschneidung unter Überhänge. Rechts an der Kante über diese hinweg zu großem Absatz (35 m, II, −IV, +V).

3. SL: Ein kurzer Piazriß führt zum Beginn eines kaminartigen Schuppensystems, welches man erklettert. Quergang nach links an eine Kante und an dieser aufwärts zu Stand (35 m, −V, V, IV).

4. SL: Linkshaltend über eine kurze Platte und durch einen Riß zu Kriechband. Auf diesem nach links und in leichtem Gelände zum Gipfel (40 m, V, +II, III).

1/22/5 Nordwestkante, »Via Helga«

1½–2 Stunden (IV, +IV, eine Stelle V)

K. Schall, Helga Zeilmayer, 17. Juli 1988

Wegänderung zu 1/22/3, hübsche Kletterei.

E gemeinsam mit 1/22/3 und wie dort bis in die Kaminrinne. Nun nicht nach links an die Kante, sondern in der markanten Rißverschneidung gerade empor. Weiter immer knapp links neben einer schwach ausgeprägten Kante empor zum Ausstieg – Routenverlauf s. Skizze, S. 111.

1/23 Punta d'Aracale, 1296 m

Schöner Felsgipfel südwestl. der Foce Finosa. Über die beiden Normalwege leicht erreichbar, jedoch zu Unrecht relativ selten erstiegen. Die plattige NW-Wand des nördl. Vorgipfels bietet eine große Anzahl von Kletterwegen aller Schwierigkeitsgrade.

Punta d'u Ciaccianu:
1 = 1/22/4 = Direkte Nordwestwand, »Die steile Ingrid«
2 = 1/22/5 = Nordwestkante, »Via Helga«

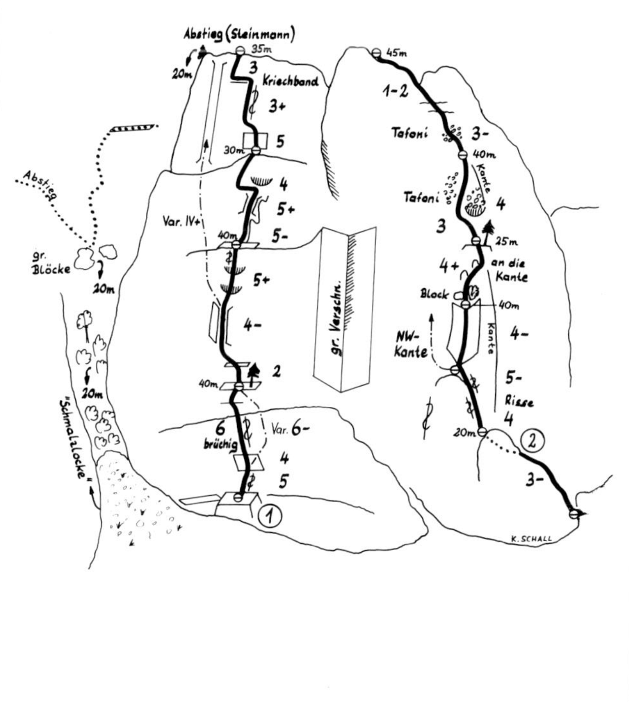

1/23/1 Von Südwesten (Normalweg)

½–¾ Stunden (+I)

Zugang: Wie unter 1/22/1 beschrieben auf den weiten Sattel zwischen Punta Caletta und Punta d'u Ciaccianu (1½ Stunden). Von hier rechts (südl.) absteigen und unter den Südabstürzen der Punta d'u Ciaccianu durch Buschwerk auf Steigspuren schräg ansteigen, zum Schluß über Geröll in eine bewachsene Einbuchtung. Der Hauptgipfel der Punta d'Aracale liegt rechts dieser Einbuchtung. In der Wand des Hauptgipfels schräg links aufwärts in leichter Kletterei zum Gipfel.

1/23/2 Von Nordosten

¾–1 Stunde (+I)

Wie unter 1/24/1 beschrieben auf die Foce Finosa (1–1½ Stunden). Nun in südwestl. Richtung auf schwachen Steigspuren entlang des NE-Grates aufwärts bis knapp unter die Scharte zwischen dem Hauptgipfel und einem nördl. Vorgipfel. Durch einen kurzen, engen Tunnel in die Einbuchtung an der SW-Seite und in der Wand des Hauptgipfels schräg links aufwärts in leichter Kletterei zum Gipfel.

In Verbindung mit 1/23/1 sehr schöne, leichte Überschreitung.

1/23/3 Nordwestwand – Allgemeines

Vom Hauptgipfel der Punta d'Aracale zieht ein kurzer Grat nach NW, der mit einem massigen Vorgipfel endet. Dieser Vorgipfel stürzt nach NW mit einer ca. 200 m hohen, breiten Plattenwand ab. Rechts (westl.) wird diese Plattenwand von einem ausgeprägten Pfeiler begrenzt. Im linken, unteren Wandteil fällt ein riesiger, bananenförmiger Dachüberhang auf. Die Wand ist trotz des plattigen Eindruckes, den sie macht, sehr gut gegliedert und bietet eine fast unerschöpfliche Zahl von Durchstiegsmöglichkeiten. Der Fels ist fast überall fest und gut kletterbar, die Sicherung erfolgt praktisch ausschließlich durch Klemmkeile, Friends und Seilschlingen, so daß kaum Begehungsspuren zu finden sind.

Punta d'Aracale Nordwestwand vom GR 20:
1/23/4 = Nordwestwand, »Diagonalweg«
1/23/5 = Nordwestwand, »Autorenroute«
1/23/6 = Nordwestwand, »Direkte Autorenroute«
1/23/8 = Nordwestkante

1/23/4
1/23/
1/23/5
1/23/4
1/23/6

Die nachstehend beschriebenen Durchstiege stellen somit nur eine Auswahl dar, sicher ist eine große Anzahl anderer Durchstiegsmöglichkeiten vorhanden und auch begangen.

1/23/4 Nordwestwand, »Diagonalweg«

1½–2 Stunden (III, stellenweise IV)
Erstbegeher unbekannt, Beschreibung nach einer Begehung durch Peter, Stefanie und Martin Rieder im Juli 1974.
Sehr schöne, relativ lange Kletterei.
Zugang: Man verfolgt den zur Foce Finosa führenden Weg so lange, bis man durch verhältnismäßig locker bewachsenes Gelände rechts aufwärts an den Fuß der Wand gelangen kann. Am günstigsten erreicht man den Wandfuß knapp rechts des auffallenden, bananenförmigen Überhanges. Unter der Wand nach rechts zu einem schwach ausgeprägten Sattel mit großen Blöcken (Steinmann), ca. 1–1¼ Stunden.
Durch einen Kamin auf eine Grasterrasse (35 m, III). Weiter durch den breiten Kamin zu Stand bei großem Baum (30 m, +II). Etwas linkshaltend an der linken Begrenzungskante des Schluchtkamins hinauf zu Stand (30 m, III). Weiter in der Schlucht empor auf eine breite, nach links ziehende, bandartige Stufe (30 m, +II). Über diese nach links, an einem großen Kamin vorbei bis zu einem zweiten, auffälligen Kamin (ca. 60–70 m, I). Über große Blöcke in den Kamin und durch diesen (Tafonis) gerade empor zu Stand (40 m, IV). Weiter über die gut gestufte Wand rechts aufwärts auf einen Absatz mit großen Kiefern (30 m, III). Über eine plattige Wandstufe empor und gerade aufwärts durch einen gutgriffigen Riß (Tafonis) zum Ausstieg am höchsten Punkt des nordwestl. Vorgipfels (35 m, IV und +IV). Vom Vorgipfel linkshaltend hinunter in eine Scharte. Am folgenden Gratturm rechts aufwärts in die nächste Scharte (30 m, II und III). Über die plattige Kante auf den nächsten Gratturm (30 m, III). Nach rechts auf eine Stufe und rechts abwärts in die bewachsene Einbuchtung knapp unter dem Hauptgipfel. Hier erreicht man den Normalweg (1/23/1). Gemeinsam mit diesem schräg links aufwärts in leichter Kletterei zum Gipfel.

1/23/5 Nordwestwand, »Autorenroute«

2–3 Stunden (III–V, eine Stelle +V)
K. Schall, P. Rieder, 28. Juli 1986

Punta d'Aracale:
1/23/5 = Nordwestwand, »Autorenroute«
1/23/6 = Nordwestwand, »Direkte Autorenroute«

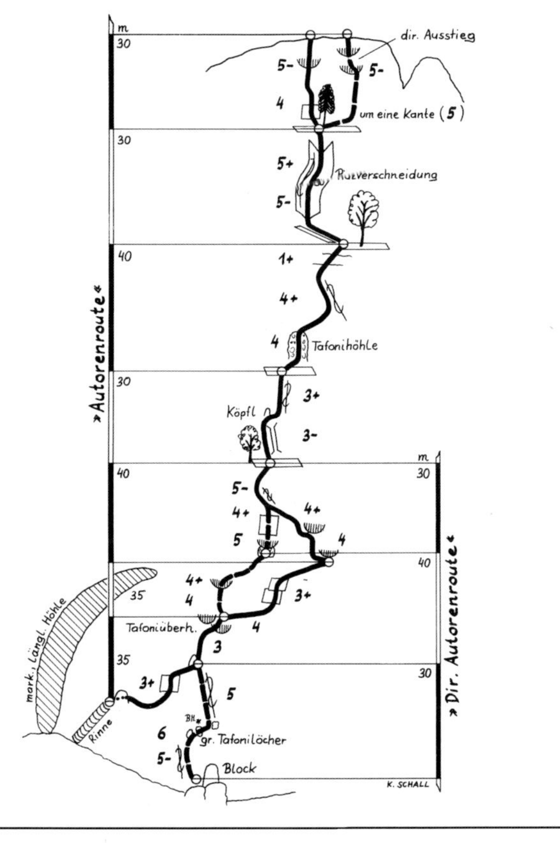

Zugang wie unter 1/23/4.
Sehr schöne Kletterei in festem Fels. Sicherung ausschließlich durch KK und Sanduhren. Sehr lohnend. Skizze S. 115.
E am Fuße des markanten, bananenförmigen Dachüberhanges im unteren Wandteil. Über Stufen und Bänder rechts aufwärts zu Stand bei großem Felsköpfel (15 m, II). Kurz absteigend nach rechts zu Sanduhr (Stand nach dem direkten Einstieg) und über Platten leicht rechtshaltend zu Stand bei Tafonis (35 m, +III). Quergang nach rechts, über Platten aufwärts unter Überhänge und rechtshaltend zu Stand in einer Tafoninische (35 m, IV und +III). Quergang nach links über zwei Tafoniüberhänge linkshaltend empor und über die steile Plattenwand erst gerade, dann etwas linkshaltend auf eine geräumige Terrasse (40 m, IV, +IV und –V). Links durch einen kurzen Kamin hinauf, kurzer Quergang nach rechts zu kleinem Felszacken und durch einen Riß auf bandartige Stufe (Kreuzungsstelle mit 1/23/4, 30 m, III, –IV). Rechts vom Stand über einen höhlenartigen Tafoniüberhang hinweg und rechts aufwärts zu einem schrägen Riß. Diesem folgend in leichtes Gelände und gerade empor zu Absatz mit Baum (40 m, +IV, –V). Über ein schmales Felsband links aufwärts zum Beginn einer markanten, steilen Rißverschneidung. Durch diese (+V) bis zu Stand auf Absatz mit großen Bäumen (Berührungsstelle mit 1/23/4, 30 m, V, +V). Eine plattige Wandstelle empor und in gerade Linie, zuletzt durch einen gutgriffigen Riß auf den Gipfel des turmartigen Vorbaues (30 m, IV, –V). Weiter wie bei 1/23/4 zum Hauptgipfel (½ Stunde, III).
Von der Scharte nach dem turmartigen Vorbau kann man auch ohne den Hauptgipfel zu ersteigen nach rechts abklettern (–III) und so die Abstiegsschlucht von 1/22/2 erreichen.

1/23/6 Nordwestwand, »Direkte Autorenroute«

2–3 Stunden (IV und V, stellenweise +V, eine Stelle VI)
K. Schall, Ingrid Ring, M. Rieder, E. Löffler, 12. Juni 1987
Dieser Durchstieg leitet durch den zentralen Wandteil in gerader Linienführung empor. Im Mittelteil drei SL gemeinsam mit 1/23/5. Sehr lohnende, teilweise äußerst schwierige Kletterei in gutem Fels. Sicherung ausschließlich mittels Sanduhrschlingen, Klemmkeilen und Friends. Skizze S. 115.
Zugang siehe 1/23/4.

Der E befindet sich ca. 30–40 m rechts des auffallenden, bananenförmigen Überhanges direkt unter dem rötlichen Wandabschnitt der zentralen NW-Wand auf einem grasigen Absatz mit großem Sicherungsblock. Linkshaltend durch einen Riß empor und nach rechts zu Tafoniloch mit Sanduhrschlinge. Quergang über eine glatte Wandstelle nach rechts zu weiterer Sanduhrschlinge und durch einen markanten Riß zu Stand bei Felsköpfel (30 m, –V, +V, VI und V). Weiter erst etwas rechtshaltend, dann gerade aufwärts über einen Überhang und rechtshaltend zu kleinem Stand unter Überhängen (40 m, III und +IV). Gerade über den Überhang und über Platten sowie durch einen kurzen Riß linkshaltend auf eine geräumige Terrasse (35 m, V, +IV, –V). Vereinigung mit 1/23/5. Weiter 3 SL gemeinsam mit 1/23/5 zu Stand auf Absatz mit großem Baum unter der Gipfelwand. Rechtshaltend an eine eingelagerte Kante, um diese herum und gerade empor zu Überhang. Über diesen hinweg und über einen zweiten, gutgriffigen Überhang zum höchsten Punkt des Vorgipfels (35 m, IV, +IV und V). Wie unter 1/23/4 zum Hauptgipfel.

1/23/7 Nordwestwand, »Kombinationsroute«

2–2½ Stunden (III und IV)

Lohnende Kletterei in gutem Fels, landschaftlich und klettertechnisch sehr schön.

Beschreibung nach einer Begehung durch Peter und Stefanie Rieder am 27. Mai 1991.

Wie schon der Name sagt, handelt es sich bei diesem Durchstieg um eine Kombination verschiedener Anstiege, wobei weniger auf eine gerade Linienführung, als vor allem auf gleichbleibende mittlere Schwierigkeit und schöne Kletterei Wert gelegt wurde.

E im linken Wandteil am Fuße des auffälligen, bananenförmigen Dachüberhanges. Über Stufen und ein Band rechts aufwärts zu Stand bei großem Felsköpfel (15 m, II). Kurz rechts abwärts zu Sanduhr und über Platten leicht rechtshaltend zu Stand bei Tafonis (35 m, +III). Kurzer Quergang nach rechts und über steile Platten rechtshaltend aufwärts unter Überhänge. Unter diesen nach rechts zu Stand in einer Tafoninische (35 m, IV und +III). Bis hierher gemeinsam mit der Autorenroute. Aus der Nische rechts heraus und gerade empor auf eine bandartige, breite Stufe (20 m, III). Über diese kurz nach links, dann über gut gestuften Fels gerade hinauf auf eine breite, bandartige Stufe (über diese führt der »Diagonalweg«, 40 m, III, +III). Über die Stufe nach links an einem großen Kamin vorbei zu einem zweiten, auffälligen Kamin (ca. 50 m, I). Über große Blöcke in den Kamin und durch ihn gerade empor zu Stand (40 m, IV). Weiter über die gut gestufte Wand rechts aufwärts auf einen Absatz mit großen Kiefern (30 m, III). Über eine plattige Wandstufe empor und gerade aufwärts durch einen gutgriffigen Riß (Tafonis) zum Ausstieg am Gipfel des nordwestl. Vorgipfels (35 m, IV und +IV). Linkshaltend hinunter in eine Scharte. An einem Gratturm rechts aufwärts in die nächste Scharte (30 m, II und III). Über die plattige Kante auf den nächsten Gratturm (30 m, III). Nach rechts auf eine Stufe und rechts abwärts in die breite rasige Rinne, durch welche der Normalweg (1/23/1) führt. Über leichte, plattige Stufen auf den Hauptgipfel.

1/23/8 Nordwestkante

2–3 Stunden (IV, eine Stelle V)

Martin, Stefanie und Peter Rieder, 23. Juli 1984

Die NW-Kante ist die rechte Begrenzung der W-Wand, in ihrem Mittelteil bildet sie einen auffallenden, glatten Felspfeiler.

Zugang wie bei 1/23/4 bis zum kleinen Sattel (Steinmann). Weiter rechts aufwärts über leichte Felsstufen an den Fuß der plattigen, von Tafonis durchsetzten Kante. Hier der E (Steinmann).

An der plattigen Kante (Tafonis) rechts aufwärts, um die Kante rechts herum und gerade hinauf zu Stand auf einem Absatz (35 m, +III). Gerade empor, an einer Stechpalme vorbei in einen Kamin und durch diesen hinauf zu Stand (35 m, IV, teilweise V). An der Kante (Tafonis) empor in eine kleine Scharte am Fuße des steilen, plattigen Pfeileraufschwunges (25 m, –III). Über ein Band nach links in einen tiefen Kamin. Knapp rechts des Kamins durch einen senkrechten Riß ca. 8 m hinauf, nach links in den Kamin und über eine Engstelle empor. Nun links des Kamines über teilweise begrünte Platten auf eine Rasenstufe mit großer Kiefer (40 m, +IV und III). Durch eine leichte, bewachsene Rinne links aufwärts auf eine Stufe mit Baum. Über eine steile Wand (Tafonis) ca. 20 m hinauf auf ein Band und über dieses nach rechts zu Stand am Ende des Bandes (30 m, IV). Gerade empor über steilen Fels auf den

Gipfel des turmartigen Vorbaues (25 m, III). Weiter wie bei 1/23/4 zum Hauptgipfel.

1/23/9 Von Westen, »Schmalzlocke«

1½–2 Stunden (–VI und VI)

K. Schall, B. Breßeler

Schöne, kraftraubende Kletterei durch die überhängende Rißreihe, welche den turmartigen Pfeiler links (östl.) der Schlucht zwischen Punta d'Aracale und Punta d'u Ciaccianu durchzieht. KK Größe 2–5 sowie Friends bis Gr. 3,5 und Bandschlingen zur Sicherung erforderlich. Besonders lohnend im Anschluß an eine andere Tour in diesem Bereich. Routenverlauf s. Skizze S. 120.

1/24 Foce Finosa, 1206 m (Col de Finosa)

Ausgeprägte Scharte zwischen Punta d'Aracale und Punta Tafunata d'i i Paliri. Über die Scharte führen der markierte Weitwanderweg GR 20 sowie der Zugang zur Palirihütte. Sie ist somit einer der meistbegangenen Übergäng in der Bavella. Von der Scharte hervorragende Aussicht nach allen Seiten, insbesondere zur Nordgruppe.

1/24/1 Vom Col de Bavella

1–1½ Stunden, unschwierig, markiert.

Beim Restaurant »Grimaldi« knapp östl. unter dem Col de Bavella beginnt der markierte Weg GR 20. Man verfolgt diesen erst eben, dann absteigend bis zu einer Forststraße. Über diese nach rechts, bei einer kleinen Staumauer über den Bach und weiter ein kurzes Stück der Straße folgen. Der markierte Steig führt nun schräg aufwärts, teilweise in Serpentinen empor zur Scharte.

1/25 Refuge d'i i Paliri, 1040 m (Palirihütte)

Selbstversorgerhütte an der S-Seite der Punta Tafunata d'i i Paliri. Hervorragender Stützpunkt für die Anstiege in der S-Seite der Punta Tafunata d'i i Paliri, für die Ersteigung der Punta di l'Anima Dannata sowie der Punta d'u Bracciu und die Ferriate-Gruppe.

Da die Hütte jedoch Etappenziel des Weitwanderweges GR 20 ist, ist sie meist hoffnungslos überfüllt und wird deshalb von Kletterern selten benützt.

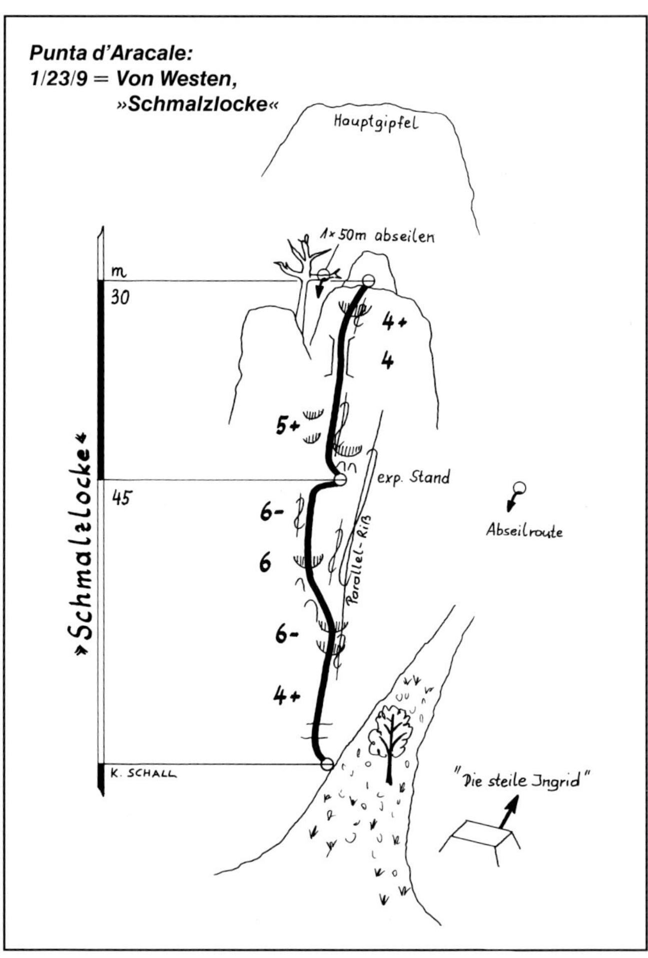
Punta d'Aracale:
1/23/9 = Von Westen,
»Schmalzlocke«
Hauptgipfel
1×50m abseilen
m
30
45
4+
4
5+
exp. Stand
Abseilroute
6-
6
Parallel-Riß
6-
4+
»Schmalzlocke«
K. SCHALL
"Die steile Ingrid"

1/25/1 Vom Col de Bavella

2–2½ Stunden, unschwierig, markiert

Wie unter 1/24/1 beschrieben auf die Foce Finosa. Von der Scharte geht es in Serpentinen steil abwärts. Dann leitet der Weg durch schönen Kiefernwald in nördl. Richtung mehrfach etwas auf- und absteigend zu einem freien Rücken südl. der Punta Tafunata d'i i Paliri und zur Hütte. Etwa 5 Minuten vor Erreichen der Hütte neben dem Weg eine praktisch immer wasserführende Quelle.

Landschaftlich hervorragend schöne, genußreiche Wanderung.

1/26 Punta Tafunata d'i i Paliri, 1312 m

Mächtiger, außerordentlich schöner Felsberg zwischen Foce Finosa und Foce Finosella. Zu diesen beiden Scharten ziehen lange, gut ausgeprägte Grate. Besonders eindrucksvoll die fast 500 m hohe, steile und reich gegliederte NW-Wand sowie das auffallende Riesenloch, welches den obersten Teil des NE-Grates durchbricht. Der Berg ist dreigipfelig. Der Nordostgipfel ist relativ leicht erreichbar, der den höchsten Punkt bildende SW-Gipfel hingegen ist wesentlich schwieriger. Der N-Gipfel wird nur sehr selten besucht. Die Punta d'i i Paliri ist nur über Kletterwege erreichbar, ihre Ersteigung ist jedoch äußerst lohnend.

1/26/1 Normalweg von Süden

1½–2 Stunden (stellenweise +II)

In der SE-Wand des Gipfels sind zwei große, turmartige Vorbauten eingelagert, die durch tiefe Scharten von der Hauptwand getrennt werden. Zwischen der Hauptwand und den erwähnten Vorbauten ein schräg von links nach rechts ansteigendes System von bewachsenen, bandartigen Stufen und Rinnen, welches den NE-Grat in seiner höchsten Scharte erreicht. Über dieses System führt der Anstieg.

Von der Palirihütte Steigspuren und Steinmänner in nordwestl. Richtung aufwärts folgend, erst durch Wald, dann durch Buschwerk, zu einer auffallenden Baumgruppe. Weiter rechtshaltend durch eine Rinne in die tunnelartige Scharte hinter dem ersten Vorbau. Jenseits des Tunnels etwas absteigen, erst querend, dann durch eine Rinne ansteigend in die Scharte hinter dem zweiten Vorbau. In gleicher Richtung weiter, erst querend, dann durch eine Rinne ansteigend in eine Scharte des NE-Grates. Quergang nach rechts in eine kaminartige Felsrinne und durch diese, oben mit Hilfe eines Baumes, empor auf einen Absatz mit Baum in unmittelbarer Nähe des Riesenloches, welches von hier über Platten leicht und rasch erreichbar ist. Vom Absatz über eine kleine Wandstufe empor und über Platten nach rechts an die Gratkante. Über ein Band kurz nach rechts und rechts der Gratkante über plattige Stufen empor zum NE-Gipfel.

1/26/2 Abstieg über den Normalweg

1 Stunde (stellenweise +II)

Vom NE-Gipfel etwas links der Gratschneide über plattige Stufen schräg absteigend auf ein Band und über dieses an die Gratkante. Über Platten rechts abwärts und über eine kleine Wandstufe hinunter auf Absatz mit Baum. Linkshaltend durch eine kaminartige Rinne hinunter und von ihrem Ende Quergang nach rechts in eine Scharte. Weiter in südwestl. Richtung durch eine Rinne hinunter und queren in die Scharte hinter einem turmartigen Vorbau. Durch eine Rinne hinunter und erst querend, dann etwas ansteigend in die tunnelartige Scharte hinter einem Vorbau. Jenseits durch eine Rinne hinunter in den Wald und, Steigspuren und Steinmännern folgend, durch den Wald zur Palirihütte.

1/26/3 Übergang zum Südwest-(Haupt-)Gipfel

¼–½ Stunde (–III, eine Stelle +IV)

Vom NE-Gipfel über den scharfen, ausgesetzten Grat hinunter in die Scharte vor dem SW-Gipfel (30 m, –III). Über die senkrechte, glatte Wand mit Hilfe eines feinen Rißchens (+IV) gerade empor zum Hauptgipfel.

1/26/4 Übergang zum Nordgipfel

¼–½ Stunde (–III)

Vom NE-Gipfel wie bei 1/26/3 in die Scharte vor dem SW-Gipfel. Nach N durch eine kurze Rinne hinunter in die Scharte zwischen SW- und N-Gipfel. Durch eine Kaminrinne empor und weiter über ein stellenweise überdachtes Band rechts aufwärts, bis man über Platten zum N-Gipfel ansteigen kann.

Punta Tafunata d'i i Paliri vom Col de Bavella.

1/26/5 Südostwand – Allgemeines

Die breite SE-Wand ist außerordentlich reich gegliedert. Man kann zwei deutlich getrennte Wandteile unterscheiden: die durch zwei mächtige, turmartige Vorbauten gegliederte SE-Wand des Hauptgipfels und die plattige, tief in den Wald herabreichende SE-Wand des oberen NE-Grates. In dieser Wand wurden in den letzten Jahren durch korsische Bergsteiger mehrere, meist sehr schwierige Anstiege eröffnet, die jedoch im deutschsprachigen Raum bisher fast völlig unbekannt geblieben sind. Beschreibungen und Skizzen s. L. M. d. B.

1/26/6 Nordostgrat

3–4 Stunden (III, stellenweise IV)

R. Theytaz, H. und I. Schindler, 18. Oktober 1954

Der lange, markante NE-Grat enttäuscht bei seiner Begehung. Der Fels ist teilweise brüchig, die Rinnen und Kamine sind durchwegs dicht verwachsen und moosig. Die Kletterei ist teilweise sehr gefährlich – nicht zu empfehlen!

Der NE-Grat beginnt in einer markanten Scharte (Brèche de Paliri) südwestl. der Foce Finosella. Der zwischen den beiden Scharten liegende, massige Grataufbau wird links (an der SE-Seite) umgangen. Links unter der Brèche de Paliri ragt aus der Macchia ein markanter Felsturm mit helmartigem Aufsatz auf.

Zugang: Von der Foce Finosella (2/1/1 oder 2/1/2) an der SE-Seite über den Steig kurz absteigen, dann vom Steig rechts ab in Richtung des auffallenden Felsturms. Man trachtet, die lichten Stellen in dem mit dichter Macchia bedeckten Hang zu benützen, wobei die Richtung zum Fuße des Turmes beibehalten wird (stellenweise vereinzelte Steigspuren und Steinmänner). Man erreicht zum Schluß über sandige Platten den Absatz am Fuße des Turmes (Steinmann). Jenseits kurz absteigend in eine teilweise bewachsene Geröllschlucht und durch diese empor. Zum Schluß durch eine bewachsene enge Rinne in eine Scharte zwischen der Gratwand und einem tafelartigen Vorbau. Hier

Punta Tafunata d'i i Paliri:
1/26/1 = Normalweg von Süden
1/26/6 = Nordostgrat
1/26/13 = Südwestgrat

1/26/13
1/26/6
1/26/1

der E (1 Stunde von der Foce Finosella). Durch einen steilen Riß gerade empor auf einen Gratabsatz mit Baum (15 m, –IV). Rechts kurz absteigen auf ein Band und über dieses nach links in die Brèche de Paliri (40 m, erst –III, dann unschwierig). Über den wandartigen Grataufbau im allgemeinen gerade empor (im allgemeinen schöner, plattiger Fels) bis unter den Steilaufschwung (3mal 40 m, III und IV). Schräg rechts aufwärts (brüchiger Fels) an eine Kante zu Stand bei Baum (30 m, –III). Um die äußerst brüchige Kante herum auf ein rampenartiges Band und zu Stand bei großen Blöcken (25 m, –III). Über das Band rechts aufwärts in eine unangenehme Rinne. Über steiles Gras kurz empor, dann an der linken Wand hinauf (–IV) und etwas rechtshaltend zu Stand am Grat (45 m, eine Stelle –IV, jedoch im ganzen sehr unangenehm und gefährlich). Weiter dem Grat in stellenweise gutem Fels folgend in eine Scharte vor einem plattigen Steilaufschwung (3mal 30 m, III und II). Links des Aufschwunges ein tiefer, höhlenartiger Kamin. Plattiger Quergang in den bewachsenen Auslauf des Kamins und ganz in diesen hinein zu Stand (20 m, +IV). Im Hintergrund des Kamins einige Meter hochstemmen, dann waagrecht hinausstemmen bis unter einen Klemmblock. Über diesen empor zu schlechtem Stand bei Baum (15 m, +III, moosig und rutschig!). Durch die folgende bewachsene Rinne hinauf auf den Grat, links abwärts, einen Abbruch umgehend in eine Scharte (ca. 50 m, unschwierig). Weiter am Grat zu einem Steilabbruch. An der Kante eingerichtete Abseilstelle (40 m, II und III). Ca. 20 m abseilen in eine Scharte. Weiter in der rechten Gratflanke über ein ansteigendes Band in die anschließende Rinne (30 m, II und III). Durch die bewachsene Rinne hinauf in eine Scharte, wo man auf den Normalweg trifft. Weiter wie unter 1/26/1 beschrieben zum Gipfel.

1/26/7 Nordwestwand – Allgemeines

Die breite, fast 500 m hohe, reich gegliederte NW-Wand der Punta Tafunata d'i i Paliri zählt zu den eindrucksvollsten Wänden der Bavella. Vom NE-Gipfel stürzt nach NW ein mächtiger, weit vorspringender

Punta Tafunata d'i i Paliri von Norden:
1/26/6 = Nordostgrat
1/26/8 = Nordwestgrat
1/26/13 = Südwestgrat

1/26/6
1/26/13
1/26/8

Pfeiler ab. Der obere Teil dieses Pfeilers bildet eine steile Gratrippe, welche auf einem breiten Absatz fußt. Von diesem Absatz zieht eine breite, teilweise begrünte Plattenrampe links abwärts. Im unteren Teil bildet der Pfeiler einen mächtigen, weit aus der Wand vorragenden Plattenturm. Dieser ist in der IGN-Karte mit 1059 m kotiert und wird als Tafunataturm bezeichnet. Der Anstieg 1/26/8 leitet über die Plattenrampe auf den breiten Absatz und benützt sodann die Gratrippe. Über den Anstieg 1/26/10 wird der Tafunataturm direkt erstiegen. Rechts des mächtigen Pfeilers eine tiefe, kaminartige Steilschlucht, welche in der Scharte zwischen NE- und SW-Gipfel beginnt. Rechts dieser Steilschlucht die pfeilerartige NW-Wand des N-Gipfels, durch welche der Anstieg 1/26/11 leitet. Der rechte Teil der Wand ist weniger steil und teilweise aufgelöst, hier sind verschiedene, relativ leichte Durchstiege möglich.

1/26/8 Nordwestgrat

2½–3 Stunden (III, +III); 400 m

W. Krah, P. Spengler, 20. Mai 1959

Auf diesem Anstieg wird der obere Teil des bei 1/26/7 erwähnten mächtigen Pfeilers erklettert, wobei der Beginn der steilen Gratrippe über die breite, teilweise begrünte, von links nach rechts ansteigende Plattenrampe erreicht wird. Hervorragend schöne, großzügige Bergfahrt. Sowohl klettertechnisch, vor allem aber landschaftlich ungewöhnlich lohnend. Sehr zu Unrecht selten begangen.

Zugang: Wie bei 2/1/1 beschrieben auf dem zur Foce Finosella führenden Steig aufwärts bis zu jener Stelle, wo der Steig den Auslauf der links (nördl.) des NW-Pfeilers herabziehenden, breiten Bachschlucht quert (¾–1 Stunde von den Forsthäusern). Weiter durch die Bachschlucht, die plattigen Steilstufen meist rechts im dicht bewachsenen Gelände umgehend, aufwärts in einen Kessel und nach rechts an den Beginn der breiten, rechts aufwärtsziehenden Plattenrampe (¾ Stunden). Über die Plattenrampe rechts aufwärts zu einer Stufe mit Bäumen (teilweise III). Weiter über die nun bewachsene Rampe (eine Stelle +III) auf einen großen Absatz am Fuße der steilen Gratkante (Steinmann). Hier der eigentliche E (2–2½ Stunden von den Forsthäusern).

Direkt an der steilen Gratkante (Tafonis) hinauf zu Stand (35 m, III und +III). Weiter an der Kante zu Stand bei Bäumen (35 m, –III). Linkshaltend empor in einen Kessel und zu Stand unter Überhängen (30 m, –III). Rechts aufwärts an die Gratkante und über sie hinauf zu Stand (35 m, +III). Durch Risse rechts der Gratkante empor zu Stand auf einen Absatz (35 m, III). Weiter durch Risse hinauf an die Gratkante und über diese zu Stand in einer Scharte (35 m, III). Um einen großen Gratzacken links herum in eine Scharte (20 m, II). Nach rechts absteigend zu Bändern und über diese rechts aufwärts zu Stand (30 m, +II). Durch steile Risse rechtshaltend empor zum Grat (35 m, III). Hier legt sich der Grat zurück und leitet als fast ebene Schneide ganz an die zentrale Schlußwand. Links in der Schlußwand das riesige, den Gipfelaufbau durchbrechende Loch. Das Loch kann durch einen plattigen Quergang erreicht werden, wodurch man rasch zum Normalweg gelangen würde. Von der ebenen Gratschneide rechts abwärts in eine steile, dicht bewachsene Schlucht (15 m, III). Durch diese erst gerade, dann rechtshaltend hinauf in die Scharte zwischen Haupt- und Nordgipfel (40 m, III). Wie bei 1/26/4 nach rechts auf den N-Gipfel oder durch eine kurze Rinne links aufwärts in die Scharte unter dem Haupt-(SW-)Gipfel und über die glatte Wand mit dem schmalen Rißchen auf diesen.

1/26/9 Nordwestgrat – direkter Ausstieg
¾ Stunde (IV und V)
G. und K. Harder, 19. August 1968
Von der ebenen Gratschneide über die kompakte, teilweise von Tafonis durchsetzte steile Wand gerade empor zum NE-Gipfel.

1/26/10 Direkter NW-Pfeiler, »U Vardia«
4–5 Stunden (frz. +V); 500 m
G. Bettembourg, J. Cuenod, H. Thivierge, 6. Juli 1975
Großzügiger, sehr schwieriger Anstieg, wobei der mächtige Plattenturm direkt erklettert wird. Im oberen Teil wird der Anstieg 1/26/8 benützt. Beschreibung und Skizze s. L. M. d. B.

1/26/11 Rechter NW-Pfeiler, »U Scoddu«
4–5 Stunden (frz. +V, stellenweise VIa)
A. Filliol, P. Parizet, G. P. Quilici, J. N. Roche, 8. September 1973
Der Anstieg führt rechts von 1/26/10 durch die pfeilerartige NW-Wand des N-Gipfels gerade empor. Ebenfalls außergewöhnlich großzügiger und schwieriger Anstieg von bestechender Geradlinigkeit. Beschreibung und Skizze s. L. M. d. B.

1/26/12 Rechte Nordwestwand, »Weg der Österreicher«
3 Stunden (III, stellenweise IV)
W. Foelsche, G. Jabornik, 15. August 1961
Der Anstieg führt durch den rechten, weniger steilen und teilweise aufgelösten Wandteil in einer großen Rechts-Links-Schleife empor und endet am Steilaufschwung des SW-Grates. Das Gelände ist wie gesagt stark aufgelöst und bietet verschiedene Durchstiegsmöglichkeiten. Klettertechnisch nicht besonders lohnend, jedoch landschaftlich sehr schön.

1/26/13 Südwestgrat
1½–2 Stunden (–III, eine SL –IV)
Marmillod, 1935
Der Gratverlauf vom Col de Finosa bis zur markanten Scharte vor dem eigentlichen Gipfelaufbau wird nicht als SW-Grat betrachtet. Seine Begehung ist zwar möglich, jedoch wegen dichter Macchia und schwieriger Orientierung sehr zeitraubend und nicht üblich. Die markante Scharte wird von der Palirihütte aus durch die S-Wand erreicht und nur der eigentliche Gipfelaufbau des SW-Grates begangen. Sehr lohnende Kletterei, besonders am Gipfelaufbau.
Von der Palirihütte in nordwestl. Richtung, erst durch Wald, dann durch Macchia und über leichte Schrofen bis fast an den steilen Wandaufbau. Nun schräg rechts über bandartige Schrofen aufwärts zu einem versteckten Kamin. Durch ihn hinauf auf ein Band und nach rechts in die Rinne, welche aus der Scharte vor dem Steilaufschwung herabzieht. Durch die Rinne in die Scharte hinauf (bis hierher II und –III). Der Gipfelgrat bricht in diese Scharte mit einer gut 30 m hohen, überhängenden, von riesigen Tafonis gebildeten Wand ab. Von der Scharte erst etwas rechtshaltend hinauf, dann linkshaltend über die Tafonis hinauf auf einen kleinen Absatz (35 m, –IV). Links durch eine bewachsene Rinne und über Platten nach rechts zum Gipfel.

1/27 Orgi d'u San Petru, 955 m
Plattiger Rücken, welcher vom Punkt 1104 am Beginn des Punta Tafonata d'i i Paliri-NE-Grates nach N hinabzieht. Als Gipfel vollkommen unbedeutend. In den plattigen W-Wänden des Rückens wurden mehrere sehr schöne, sehr bis äußerst schwierige moderne Freikletter-

routen eröffnet, die sicher mehr Beachtung verdienen würden, jedoch aufgrund des relativ langen Zustieges bisher nur sehr selten wiederholt wurden.
Zugang s. 2/1/1, Routenbeschreibungen und Skizze s. L. M. d. B.

1/28 Punta di l'Anima Dannata, 1091 m (Punta d'i i Paliri, Tour de Paliri)
Schöner, freistehender Felsturm südöstl. der Palirihütte. Schwierig ersteigbar, jedoch sehr lohnend. Mehrere, meist sehr schwierige, jedoch schöne, kurze Kletteranstiege. Zu Unrecht selten erstiegen.

1/28/1
Zugang: Von der Palirihütte den markierten Weg GR 20 ein kurzes Stück in Richtung Conca folgen, bis man über freies Gelände an den SW-Fuß des Turmes queren kann (¼ Stunde).

1/28/2 Normalweg von Südwesten (Weg der Erstersteiger)
1–1½ Stunden (III, stellenweise IV)
W. Hertrampf, W. Krah, Eve-Maria Krah, G. Winkler, 10. September 1960
Der E befindet sich in der Fallinie der auffallenden, glattwandigen Kaminverschneidung, welche senkrecht von der kleinen Scharte links des Gipfels herunterzieht.
Durch die steile Rinne gerade empor, hinter einem Klemmblock durch zu Stand bei Baum (20 m, +III). Quergang nach rechts in einen steilen, bewachsenen Kamin und durch diesen zu Stand bei Sträuchern. An der rechten Wand ein alter RH (35 m, III und IV). Rechts des tiefen Spaltes durch einen Riß empor auf eine Stufe (15 m, IV). Durch einen kurzen, plattigen Riß und die anschließende Schuttrinne auf eine bandartige Stufe unter der steilen, plattigen Gipfelwand (20 m, III und I). Über ein bewachsenes Band nach rechts und über leichte Blockstufen zum Gipfel (35 m, teilweise II).
Skizze S. 133.

1/28/3 Abstieg
½ Stunde (II, 1mal 40 m, 1mal 30 m abseilen)
Vom Gipfel nördl. absteigen in eine kleine Scharte. Durch eine Rinne

(oberes Ende der SW-Verschneidung) ca. 10 m absteigen zu eingerichteter Abseilstelle in der rechten Plattenwand (2 BH, Schlinge eventuell erneuern). Von hier entlang der Kaminverschneidung 40 m abseilen zu Stand bei Baum. Vom Baum nochmals 30 m nach links abseilen.

1/28/4 Südwestverschneidung
1–1½ Stunden (+V)
W. und H. J. Gelz, 30. Mai 1963
Der Anstieg leitet durch die markante, senkrechte und glattwandige Kaminverschneidung gerade empor. Sehr anstrengende Kaminkletterei, praktisch keine Sicherungsmöglichkeiten! Nicht empfehlenswert.

1/28/5 Westgrat
1½–2 Stunden (frz. V und +V)
G. P. Quilici, P. Griscelli, Juli 1979
Der Anstieg führt über den kantenartigen steilen Grat links der SW-Verschneidung. Beschreibung bzw. Skizze s. L. M. d. B.

1/28/6 Südwestwand, »A Bandera«
1½–2 Stunden (+IV, eine Stelle +V); 120 m
M. Charles, M. Roux, November 1982
Spektakuläre Kletterei, welche durch die ausgedehnte Tafonizone im rechten Teil der SW-Wand führt. Sicherung ausschließlich mit Bandschlingen an Tafonilöchern. Eindrucksvoll und sehr lohnend. Skizze S. 133.
Im rechten Teil der SW-Wand bemerkt man eine ausgedehnte, nach links ziehende Tafonizone, welche mit der gelben Plattenwand darunter eine Art Verschneidung bildet. Der E befindet sich in der Fallinie des rechten, unteren Endes dieser Zone. Über plattige Stufen gerade hinauf zu Stand unter einem engen, glatten Riß (25 m, III). Kurz durch diesen empor, nach links zu Tafoniloch (Schlinge legen). Von diesem rechts aufwärts um die glatte Kante (Schlüsselstelle) zurück in den Riß und durch diesen bis ganz an die Tafoniüberhänge. Diesen nach links folgend, zum Schluß an Tafonis nach rechts zu Stand bei großer Seilschlinge (35 m, IV und +IV, eine Stelle +V). Rechts aufwärts auf eine von Tafonis überwölbte Rampe und dieser entlang, den Tafonis folgend, links aufwärts bis in den tiefen Spalt des Normalweges, den man

Punta di l'Anima Dannata:
1 = 1/28/2 = Normalweg von SW
2 = 1/28/6 = Südwestwand, »A Bandera«

bei Sträuchern und einem alten RH erreicht (35 m, +IV). Weiter wie unter 1/28/2 zum Gipfel.

1/28/7 Südostwand

In der steilen, 150 m hohen SE-Wand hat Ghjuan Paolo Quilici zwei sehr schwierige Anstiege eröffnet. Schwierigkeit frz. +V, teilweise VIa! Beschreibungen und Skizzen s. L. M. d. B.

1/29 Punta d'u Bracciu, 974 m (Monte Bracciutu)

Schöner, auffallender Felsturm, der östl. der Punta Tafunata d'i i Paliri isoliert aus den dichten Wäldern aufragt. Besonders auffallend ein ca. 7 m waagrecht in die Luft ragender Felsarm. Sehr selten erstiegen, für romantische Individualisten jedoch sehr lohnend.

1/29/1 Zugang

Vom Col de Bavella wie unter 1/25/1 zur Palirihütte. Weiter dem markierten Weg (GR 20) folgend bis zu einem nur locker bewachsenen Rücken südl. der Punta d'u Bracciu. Den markierten GR 20 nach links verlassend folgt man Steigspuren und Steinmännern abwärts auf den breiten Sattel südl. des Felsturmes (Foce di u Bracciu), ca. 3–3½ Stunden vom Col de Bavella.

1/29/2 Südwestflanke

½–¾ Stunden (II, stellenweise –III)

W. Hertrampf, W. Krah, G. Winkler, 10. September 1960

Steigspuren und Steinmännern folgend nach links unter den steilen Felswänden des Vorgipfels ansteigend in das große Couloir, das aus der Scharte zwischen den beiden Gipfeln herabzieht. Der E befindet sich an der linken Seite dieses Couloirs. Über eine plattige Wandstufe (–III) ca. 10 m hinauf in eine kleine Scharte. Links durch eine breite, mit großen Blöcken erfüllte Rinne, erst unschwierig, dann über etwas schwierigere Blockstufen hinauf auf den riesigen, waagrecht aus der Wand ragenden Felsblock. Weiter durch die nun etwas rechts ziehende Rinne über Blockstufen (–III), zum Schluß über Platten nach links zum Gipfel.

Hübsche, leichte Kletterei, auch für den Abstieg geeignet.

2. Ferriate-Gruppe

Die Ferriate-Gruppe bildet den nordöstl. Teil des bei der Punta d'u Velacu beginnenden Gratzuges, sie beginnt bei der Foce Finosella. Sie bildet vor allem durch ihre Abgeschiedenheit eine zwar kleine, jedoch in sich geschlossene Berggruppe. Außer den beschriebenen Gipfeln gibt es hier noch eine ganze Reihe von vermutlich unerstiegenen Felstürmen. Die Zugänge zur Ferriate-Gruppe sind durchwegs außerordentlich lang und anstrengend. Teilweise führen sie durch urwaldartiges Gelände und durch dichte, weglose Macchia. Die Ferriate-Gruppe zählt dadurch zu den einsamsten und am seltensten besuchten Berggruppen nicht nur der Bavella, sondern ganz Korsikas. Sie ist sozusagen ein Paradies für Einsamkeitsfanatiker und Romantiker.

2/1 Foce Finosella, 925 m (Col de Finoselle)
Tiefe Scharte am Fuß des NE-Grates der Punta Tafonata d'i i Paliri. Vom Col de Bavella auf gutem Weg leicht erreichbar. Von der Palirihütte aus ist der Zugang zwar teilweise weglos, jedoch ebenfalls ohne allzu große Mühe möglich. Sehr selten erstiegen, meist nur als Zugang zu den umliegenden Gipfeln betreten.

2/1/1 Von Norden

1½ Stunden, unschwierig

Vom Col de Bavella auf der Straße Richtung Solenzara hinunter zu den Forsthäusern »Maison Forestiere d'Arza«. Knapp unter den Forsthäusern beginnt rechts ein breiter Forstweg. Über diesen nach rechts fast eben in das Bachbett des »Ruisseau San Petru«. Den Bach überschreiten und weiter auf der Forststraße bis zu einem weiteren Bachübergang. Unmittelbar nach diesem beginnt rechts ein schmaler, jedoch guter Steig, der teilweise in Serpentinen schräg links aufwärts leitet. Unter den auffallenden Plattenwänden der »L'Orgui d'u San Petru« vorbei führt der Steig empor zur Scharte.

2/1/2 Von der Palirihütte

1–1½ Stunden, unschwierig

Von der Palirihütte über bewachsenes Gelände in nördl. Richtung absteigend (Teilweise schwache Steigspuren) bis an die Felsen. Diesen entlang nur mäßig absteigend. Nach ca. 20 Minuten kurzer Gegenanstieg zu einer Scharte in einer von der Punta Tafonata d'i i Paliri absinkenden Felsrippe. Durch die Scharte und weiter queren, bis man auf undeutlichen Steigspuren schräg links ansteigen kann. Über den nur mäßig dicht bewachsenen Hang (Steigspuren und teilweise verblaßte Markierungen) in Serpentinen aufwärts in die Scharte.

2/1/3 Paliri-Rundtour

4–5 Stunden, unschwierig

Die Verbindung der Anstiege 1/25/1, 2/1/2 und 2/1/1 ergibt eine landschaftlich großartige Rundwanderung um die Punta Tafonata d'i i Paliri. Selbstverständlich kann diese Rundwanderung auch in umgekehrter Richtung durchgeführt werden, jedoch ist mit Rücksicht auf die Beleuchtung der verschiedenen Wände der Punta Tafonata d'i i Paliri die vorgeschlagene Richtung vorzuziehen.

Um von den Forsthäusern von Arza bequem zum Col de Bavella zurückzukehren, ist ein dort abgestelltes, zweites Auto von Vorteil. Ohne dieses per »Autostopp« oder ca. 5 km Straßenmarsch.

2/2 Col des Myrtes

Kleine, bewaldete Scharte im Hauptkamm unmittelbar vor der steil aufragenden SW-Wand der Punta Ferriate. Kein Übergang! Die Scharte wird nur anläßlich einer Ersteigung der verschiedenen Gipfel der Ferriate-Gruppe betreten.

Vom Col des Myrtes sinkt eine breite, teilweise dicht bewachsene Schlucht nach N ab, die als N-Schlucht bezeichnet wird.

2/2/1 Von der Foce Finosella

1½–2 Stunden (eine Stelle II)

Mühsam und unübersichtlich, nur vereinzelt Steinmänner.

Von der Foce Finosella in nordöstl. Richtung, größere Felstürme rechts umgehend, wieder auf die Grathöhe, die man in einem breiten Sattel erreicht. Die folgenden Felstürme werden links (nördl.) umgangen, wodurch wieder ein Sattel erreicht wird (¾–1 Stunde). Nun an der S-Seite über Blockwerk und bewachsenes Gelände hinunter, sobald als möglich linkshaltend (nordöstl.) zu einer Baumgruppe und an dieser links vorbei hinauf auf eine Felsrippe, die man in einer Scharte erreicht.

Jenseits über einen hohen Plattenschuß erst durch einen Riß gerade hinunter, dann abwärts querend über Bänder und Stufen, bis man eine breite, teilweise bewachsene Geröllrinne erreicht, die zum Col des Myrtes hinaufzieht. Durch diese über Steigspuren hinauf zum Col.

2/2/2 Nordschlucht
2–3 Stunden
Die auffallende, vom Col des Myrtes absinkende Schlucht ist zwar gangbar, jedoch vor allem im unteren Teil sehr dicht verwachsen (Macchia) und daher nur äußerst mühsam und unangenehm zu begehen.
Fast nie begangen.

2/3 Punta-Ferriate-Südgipfel, ca. 1070 m
Unbedeutender, wenig selbständiger Gipfel knapp südl. des Zentralgipfels. Da der Südgipfel jedoch der einzige relativ leicht ersteigbare Gipfel der ganzen Gruppe ist, wird er verhältnismäßig oft besucht.

2/3/1 Vom Col des Myrtes
1 Stunde (III, stellenweise +III)
H. Schymik, G. Wimmer, 12. Juni 1965.
Zugang: Wie bei 2/1/1 oder 2/1/2 zur Foce Finosella und weiter wie bei 2/2/1 zum Col des Myrtes (3–4 Stunden).
Über dem Col des Myrtes ragt die steile SW-Wand des Südgipfels auf. Rechts der Wand ein großer Felsturm mit auffallenden Tafonis. Zwischen Wand und Turm ein riesiger Klemmblock.
Einstieg in der Rinne zwischen Wand und Turm. Über eine überhängende Stufe hinweg, unter dem Riesenblock durch und nach links zu Stand (25 m, +III). Weiter durch einen Rißkamin mit kleinen Klemmblökken gerade hinauf zu Stand bei einem Baum (25 m, +III). Über ein plattiges Band nach links, durch einen kurzen Riß gerade empor und in leichter Kletterei links aufwärts zu Bäumen (30 m, +II). Weiter erst links querend über plattige Schrofen, dann in einer plattigen Einbuchtung gerade hinauf in die Scharte zwischen Süd- und Zentralgipfel (3 SL, II, teilweise III). Nach rechts (südl.) leicht über Platten und Blöcke zum Südgipfel (40 m, +I), 1 Stunde.

2/3/2 Abstieg zum Col des Myrtes
Der Abstieg erfolgt über den Aufstiegsweg 2/3/1 in umgekehrter Richtung. An den schwierigen Stellen, also knapp ober dem Col des Myrtes gute Abseilmöglichkeiten (50 m Seil vorteilhaft).

2/4 Punta-Ferriate-Zentralgipfel, 1086 m
Massiger Felsberg, der gemeinsam mit dem nur schwach ausgeprägten Südgipfel inmitten der Ferriategruppe aufragt. Der Gipfel ist nur sehr mühsam und auch verhältnismäßig schwierig ersteigbar, bietet jedoch eine landschaftlich hervorragend schöne Bergfahrt. Sehr selten erstiegen.

2/4/1 Normalweg von der Scharte zwischen Süd- und Hauptgipfel
½–¾ Stunden (III, eine Stelle IV)
H. Schymik, G. Wimmer, 12. Juni 1965
Von der Scharte zwischen Zentral- und Südgipfel an der N-Seite absteigen und links aufwärts (Tafonis) zu Stand in einer Tafoninische (30 m, –III). Um eine Kante und Quergang nach links um den Gipfelaufbau herum in eine Rinne. Durch diese auf einen Absatz direkt unter dem glattwandigen Gipfelaufbau (40 m, III). Über plattigen Fels erst schräg links empor, dann Quergang nach links an die plattige Kante und über diese gerade hinauf zum Gipfel (25 m, IV, ½ Stunde).

2/4/2 Abstieg
1 Stunde (III, Abseilstellen)
Vom Gipfel nach S in die Scharte zwischen Zentral- und Südgipfel 20 m abseilen. Weiter wie unter 2/3/2 erwähnt zum Col des Myrtes.

2/5 Solenzara, 1076 m (Nordgipfel, Spion von Aalen)
Außerordentlich schöner, trotz seiner geringen Höhe mächtig erscheinender Felsgipfel. Besonders eindrucksvoll die hohen, ungemein zerrissenen Nordabstürze. Ersteigung ungewöhnlich lang und mühsam, z. T. auch verhältnismäßig schwierig. Einer der am seltensten erstiegenen Gipfel Korsikas (1982 6. Ersteigung). Für Einsamkeitsfanatiker äußerst lohnend.

Ferriate-Gruppe von Norden; rechts der Solenzara-Nordgipfel.

2/5/1 Normalweg von der Scharte zwischen Süd- und Hauptgipfel

1½–2 Stunden (III, stellenweise IV)

J. Glöß, H. Schymik, 11. Juni 1966

Von der Scharte zwischen Süd- und Zentralgipfel, den Zentralgipfel links etwas tiefer als bei 2/4/1 beschrieben querend, zum Schluß von einem kleinen Baum ca. 15 m abseilend in eine breite Rinne. Weiter in sehr unübersichtlichem Gelände, über Platten und bewachsenes Gelände nach links queren (mehrmals kleine Abstiege erforderlich), in den Sattel vor dem Nordgipfel (¾ Stunde, II, teilweise –III). In der Scharte zwei kleine Türme, die überklettert werden. Vom zweiten 15 m abseilen in die schmale Scharte vor dem eigentlichen Gipfelaufbau (II und III), 1–1½ Stunden von der Scharte zwischen Süd- und Zentralgipfel.

Von der schmalen Scharte über eine schöne Platte schräg rechts aufwärts in eine kleine strauchbewachsene Einbuchtung (30 m, –III). Ca. 5 m rechts aufwärts auf einen Absatz und durch einen kurzen Kamin hinauf zu einem Absatz an der rechten Kante. Zwei Meter hinunter auf ein Band und Quergang nach rechts bis knapp vor eine dichtbewachsene Rinne. An ihrer linken Begrenzungskante gerade hinauf zu Stand (40 m, III und +III). Durch Buschwerk rechts aufwärts zu einem kurzen Kamin und durch diesen schwierig (–IV) hinauf. Von seinem Ende über Schrofen zum Gipfel (40 m, –IV und II).

2/5/2 Abstieg

1½–2 Stunden (III, eine Abseilstelle 40 m!)

Sehr unübersichtlich und schwer zu finden, jedoch schnellster und bester Abstieg. Wenn nur ein Seil zur Verfügung steht, unbedingt über den Aufstiegsweg abklettern bzw. abseilen.

Am Aufstiegsweg, den kurzen Kamin am besten abseilend, hinunter auf den großen Absatz. An der südöstl. Abbruchkante Abseilschlinge (Achtung: unbedingt neue Schlinge legen, der Gipfel wird oft mehrere Jahre nicht erstiegen!). Von hier 40 m abseilen (die unteren 20 m vollkommen frei) auf die schöne Einstiegsplatte. Von hier leicht in die schmale Scharte. Von der schmalen Scharte rechts (westl.) über steile Felsen hinunter in eine bewaldete Schlucht (20 m, III).

Nun in sehr unübersichtlichem Gelände stark linkshaltend durch Wald und Buschwerk schräg abwärts. Man trachtet, die vom Col des Myrtes abstreichende N-Schlucht so hoch als möglich zu erreichen. Knapp vor der Schlucht erreicht man eine ausgedehnte Plattenzone. Man quert diese ein Stück in Richtung N-Schlucht und steigt durch eine flache Verschneidung ca. 10 m ab zu einem Band. Über dieses kurz nach links (Richtung Schlucht) und von einem kleinen Baum 20 m abseilen in die N-Schlucht. Durch diese in wenigen Minuten zum Col des Myrtes hinauf.

2/5/3 Westwand, »Salzburger Weg«

5–6 Stunden (IV, drei Stellen V); 400 m
A. Duspiwa, Friedl Umgeher, 21. August 1978
Landschaftlich großartiger Anstieg durch die zumindest im unteren Teil stark aufgelöste und teilweise bewachsene W-Flanke, stark wechselnde Schwierigkeiten (teilweise Gehgelände) und schwierige Orientierung. Mit Zu- und Abstieg eine außergewöhnlich lange und durchaus ernste Bergfahrt. Kaum je wiederholt.

2/6 Berglandgipfel (Ostgipfel), ca. 1050 m

Turmartiger Felsgipfel nordöstl. der Punta Ferriate. Von dieser durch eine hochgelegene Scharte sowie eine nach N absinkende Steilschlucht getrennt. Sehr entlegen und schwer zugänglich, fast nie erstiegen.

2/6/1 Vom Col des Myrtes (Weg der Erstersteiger)

2½–3 Stunden (II und III, eine Stelle –IV)
A. Duspiwa, Friedl Umgeher, P. Hadler, 20. September 1977
Wie unter 2/5/1 beschrieben an den Rand der tiefen, östl. des Hauptgipfels eingeschnittenen Schlucht. An geeigneter Stelle in diese absteigen oder abseilen und durch die Schlucht empor bis etwas unterhalb der Scharte. Nach links zu einem höhlenartigen Kamin mit Klemmblöcken. Hier der E. Durch den teilweise bewachsenen Kamin empor und nach links zum Gipfel. Abstieg über den Aufstiegsweg.

2/7 Schütz von Roda (Nordostgipfel), 1049 m

Schöner, turmartiger Felsgipfel nördl. des Berglandgipfels. Fast nie erstiegen.

2/7/1 Vom Col des Myrtes (Weg der Erstersteiger)
2½–3 Stunden (II und III, eine Stelle IV)
I. Esser, R. Esser, R. Esser, H. Kremer, 18. Juni 1973
Wie unter 2/6/1 beschrieben in die Schlucht. Durch die dicht bewachsene Schlucht etwas absteigen und durch eine Rinne empor in die Scharte nördl. des Berglandgipfels. Von hier durch einen Riß empor und Quergang nach rechts zu einer Baumgruppe. Nun durch Kamine und Rinnen hinauf zum Gipfel. Abstieg über den Aufstiegsweg.

2/8 Charlemagne (Nebengipfel)
Östl. Nebengipfel des Schütz von Roda. Von diesem über den Verbindungsgrat (II und III) erreichbar.

2/9 Contreforts des Ferriate
Vom Punkt 1029 zieht ein ausgeprägter, gratartiger Rücken nach N. Er endet mit zwei ausgeprägten Felsgipfeln, welche aus den dichten Macchiahängen über dem Tal des San-Petru-Baches aufragen. In den bis zu 300 m hohen Wänden dieser Gipfel wurden mehrere schöne Anstiege eröffnet, welche ähnlich wie die Aig. d'Urnucciu durch ihre geringen Gipfelhöhen und ihre nach E vorgeschobene Lage gute Ausweichziele bei unsicherer bzw. ungünstiger Witterung darstellen.

2/10 A Zucca, ca. 800 m
Schöner Felsgipfel mit relativ langem N-Grat. Selten erstiegen.

2/10/1 Nordgrat
3 Stunden (frz. +IV, –V); 300 m
C. Carrière, Malène und M. Chabert, C. Gimteur, April 1973
Schöne, interessante Gratkletterei, Beschreibung und Skizze L. M. d. B.

2/11 U Peru, ca. 800 m
Felsgipfel westl. der A Zucca, wie diese sehr selten erstiegen.

2/11/1 Nordpfeiler
3 Stunden (frz. V, +V); 200 m
G. Allard, J. M. Ricciardi, B. Vaucher, September 1975
Beschreibung und Skizze s. L. M. d. B.

3. Kletterzentrum Col de Bavella

In den plattigen Felsgruppen unmittelbar nördlich über dem Col de Bavella entstand in den letzten Jahren ein sowohl landschaftlich als auch klettertechnisch außerordentlich reizvolles Kletterzentrum.
Das Gebiet umfaßt mehrere, ziemlich eng beisammenstehende Felsgruppen. Der Fels – es handelt sich um einen rötlichen, ungemein rauhen, grobkörnigen Granit – ist durchwegs eisenfest und gut kletterbar. Durch die sonnseitige Lage der Anstiege ist der Fels nur wenig beflechtet.
Bisher wurden hier ca. 80 Anstiege in allen Schwierigkeitsgraden von III bis VIII erschlossen. Vorherrschend sind steile, schwierige Plattenklettereien, es gibt jedoch auch Tafonizonen, glatte Risse und Dachüberhänge. Die meisten Anstiege sind mit Bohrhaken gut abgesichert, vielfach kann – vor allem in Tafonizonen – an Sanduhren zusätzlich gesichert werden. Bei fast allen Ausstiegen finden sich gut eingerichtete Abseilstellen, es gibt jedoch auch von fast allen Felsgruppen bequeme, leichte bis mäßig schwierige Abstiegswege.
Das Kletterzentrum bietet sowohl dem Sportkletterer als auch dem klassischen Bergsteiger ein reiches Betätigungsfeld. Es ist aber auch bestens dazu geeignet, den Gebietsneuling mit den Besonderheiten des Bavellafels vertraut zu machen. Die Anstiege sind zwar sehr kurz (meist nur ein bis zwei Seillängen), da jedoch einzelne Felsgruppen übereinander stehen, lassen sich die verschiedensten Anstiege kombinieren, so daß man bis zu 4–5 Seillängen in einem Zuge klettern kann.
Die verschiedenen Felsgruppen wurden von den Erschließern benannt und mit weißen Namensschildern versehen, welche zum Teil schon vom Col de Bavella zu sehen sind.
Das Herzstück des Kletterzentrums bildet ein mächtiger, gewölbter Plattenschild, an dessen Fuß steile, rötliche Vorbauten angelagert sind. Der Plattenschuß, welcher links (südwestlich) mit einer gelben Steilwand abbricht, wird »Campanella« genannt.
Die rötlichen Vorbauten sind ebenfalls benannt, und zwar von links nach rechts: »Filetta, Margherita und La Tarella«.
Den oberen Rand der »Margherita« und der »La Tarella« bildet eine breite, teilweise baumbestande Stufe, auf welcher der untere Rand des gewölbten Plattenschusses der »Campanella« aufsitzt.

Rechts oberhalb des Plattenschildes, von diesem durch eine breite, teilweise bewaldete Schuttrinne getrennt, ragt eine hohe, rote Steilwand auf. Diese wird »Murzella« genannt. Der Plattenschild wird links (westlich) von einer steilen, teilweise bewaldeten Schluchtrinne begrenzt. In dieser steht ein selbständiger, massiger Felsturm, die »Paterla Nera«.
Rechts (östlich) des Plattenschildes, von diesem durch einen bewachsenen Schutthang deutlich abgesetzt, ragt ein eigenartig geformter, monolithischer Riesenblock, »Prugnola« genannt, auf.
Zugang:
Vom Col de Bavella über den markierten GR 20 erst über Wiesen, dann durch Wald bis zur Abzweigung der gelb markierten Alpinvariante. Dieser kurz folgen und rechts aufwärts an den Fuß der rötlichen Vorbauten. Vom Col ca. 10 Minuten.

3/1 Filetta

Der äußerste linke Teil der rötlichen Vorbauten wird Filetta genannt. Es handelt sich hiebei um eine ca. 10 bis 15 m hohe, steile Plattenwand. Der obere Rand dieser Plattenwand ist sowohl von links als auch von rechts her leicht erreichbar. Skizze S. 147.
Die Anstiege sind durch Bohrhaken gut abgesichert, an den Ausstiegen gut eingerichtete Abseilstellen (Ketten), so daß die Anstiege auch »Top Rope« geklettert werden können.
Es handelt sich in diesem Wandteil vorwiegend um steile Plattenklettereien mittlerer Schwierigkeit (+IV bis –VI).

3/2 Margherita

Der mittlere Teil der rötlichen Vorbauten wird Margherita genannt. Er gliedert sich in zwei grundverschiedene Teile: Links eine steile, geschlossene, ca. 25–30 m hohe Plattenwand, rechts davon ein steiler, im oberen Teil durch Tafonis gegliederter massiger Pfeiler. Die Trennung zum rechten Teil der Vorbauten, also zur La Tarella, bildet eine tiefe Kaminrinne.
Die steile, geschlossene Plattenwand wird oben von einem quer verlaufenden Überhang abgeschlossen. Die meisten Anstiege enden auf dem

Paterla Nera
Murzella
Campanella

plattigen Band unter diesem Querwulst. Hier befinden sich eingerichtete Abseilstellen. Der Querwulst kann im Mittelteil jedoch auch sehr schwierig (VI) überklettert werden, wodurch man auf die Stufe unter den Plattenschild der Campanella gelangt. Durch die Plattenwand führen mehrere sehr schöne, größtenteils sehr schwierige Anstiege (V bis +VI), die mit Bohrhaken gut abgesichert sind. Skizze S. 147.
Auch über den massigen Pfeiler, der den rechten Teil der Margherita bildet, leiten mehrere sehr schöne Anstiege, die allerdings wesentlich weniger schwierig sind (–IV bis V). Auch diese Anstiege sind mit Bohrhaken bestens abgesichert, in den Tafonis kann zusätzlich mit Bandschlingen gesichert werden. Die Abseilstellen sind etwa 5 m unter dem Pfeilergipfel eingerichtet. Abseilhöhen 22 m. Die tiefe Kaminrinne östlich des Pfeilers bietet jedoch auch einen guten, relativ unschwierigen (–III) Abstiegsweg.

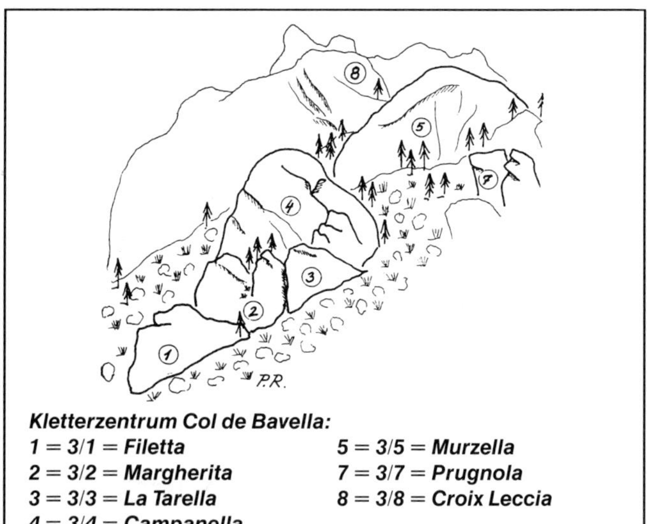

Kletterzentrum Col de Bavella:

1 = 3/1 = Filetta
2 = 3/2 = Margherita
3 = 3/3 = La Tarella
4 = 3/4 = Campanella
5 = 3/5 = Murzella
7 = 3/7 = Prugnola
8 = 3/8 = Croix Leccia

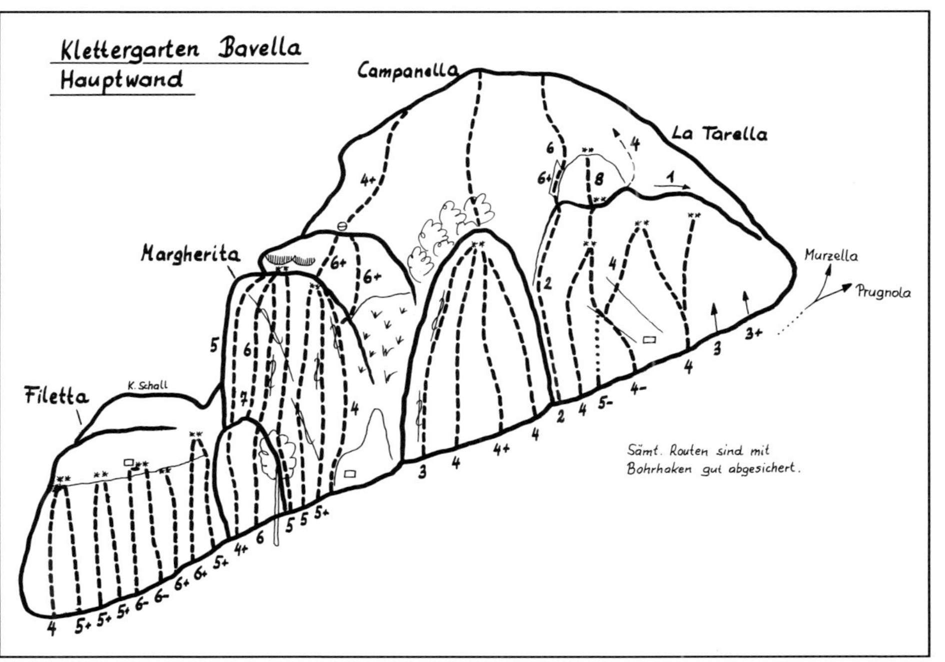
Klettergarten Bavella
Hauptwand
Campanella
La Tarella
Margherita
Filetta
K. Schall
Murzella
Prugnola
Sämt. Routen sind mit
Bohrhaken gut abgesichert.

3/3 La Tarella

Der am weitesten rechts gelegene Teil der rötlichen Vorbauten wird La Tarella genannt. Er ist – wie bereits erwähnt – durch eine steile, tiefe Kaminrinne von der Margherita getrennt. Die ca. 15–20 m hohe Wand ist stark von Tafonis durchsetzt und bietet relativ viele Durchstiegsmöglichkeiten, vor allem im mittleren Schwierigkeitsbereich zwischen III und +IV. Bohrhaken sind nur vereinzelt vorhanden, jedoch kann an den Tafonilöchern mittels Bandschlingen gut abgesichert werden. Bei den Ausstiegen eingerichtete Abseilstellen. Skizze S. 147.

3/4 Campanella

Wie bereits erwähnt, ist die Campanella das Herzstück des ganzen Kletterzentrums. Der massige Felsbau bildet einen mächtigen, gewölbten, nach Südosten gerichteten Plattenschild, welcher sich über den rötlichen Vorbauten der Margherita und der La Tarella erhebt. Nach Westen bricht der Felsbau mit einer plattigen, gelben Steilwand ab. Die Hinterseite, also die Nordseite des Felsbaues, bildet eine zwar niedere, jedoch sehr steile Wand. Vom Osten ist die Campanella über Platten und unschwierige Felsstufen leicht erreichbar. Skizze S. 147.
Der gewölbte Plattenschild bietet drei von der Felsstruktur vorgegebene Durchstiegsmöglichkeiten im unteren bis mittleren Schwierigkeitsbereich. Diese sind nachstehend beschrieben. Außerdem führen auch einige sehr bis äußerst schwierige Anstiege über den Plattenschild, diese sind jedoch nur sehr spärlich mit Bohrhaken abgesichert und werden daher kaum begangen. Durch die steile, gelbe Westwand führen mehrere sehr bis äußerst schwierige Anstiege (V bis +VII), die mit Bohrhaken abgesichert sind, die Hakenabstände sind aber relativ groß. Trotzdem werden diese Anstiege häufig begangen.
Die nachstehend beschriebenen Durchstiege über den Plattenschild werden fast immer in Verbindung mit einem der Anstiege über die Vorbauten der Margherita oder der La Tarella begangen. Die Kletterlänge beträgt in diesem Falle 3–4 Seillängen bzw. 100 bis 120 m.

3/4/1 Oberer (rechter) Weg

¾ Stunden (III); schöne Kletterei

Vom höchsten Punkt der La Tarella (Stand bei Drahtschlinge) über drei niedere, turmartige Vorbauten rechts aufwärts an den rechten Rand des Plattenschildes und links aufwärts in eine von Tafoniüberhängen gebildete Nische (30 m, II und –III). Über eine plattige Wandstufe auf ein links aufwärtsführendes Plattenband und diesem folgend zu Stand (30 m, III). Weiter kurz nach links, dann gerade empor zum Gipfel (20 m, –III).

3/4/2 Mittlerer Weg

¾ Stunden (III und IV); sehr schöne Kletterei
Vom höchsten Punkt der La Tarella oder der Margherita unschwierig hinunter auf die Stufe vor dem Plattenschild zum Beginn einer auffallenden, schräg links aufwärtsziehenden plattigen Rampe. Über diese schräg links aufwärts (eine Sanduhr) zu Stand bei BH (30 m, III, +III). Weiter ziemlich gerade über schöne Platten hinauf zum Ausstieg (45 m, III, +III).

3/4/3 Linker Weg

¾ Stunden (+IV, –V); sehr schöne Kletterei
Von der Stufe unter dem Plattenschild links aufwärts auf einen Absatz. Hier der Einstieg. Über die steile Plattenwand gerade empor zu BH. Kurz nach rechts und weiter gerade empor auf eine plattige Rampe unter Tafoniüberhängen. Über diese links aufwärts zu Stand bei Abseilkette (30 m, +IV, –V). Rechtshaltend über den Tafoniüberhang hinauf und über Platten leicht rechtshaltend zum Gipfel (30 m, IV, III).

3/4/4 Abstieg

¼ Stunde (II)
Über das Gipfelplateau nach E und über leichte Stufen rechtshaltend hinunter in eine Felsrinne. Durch diese hinunter auf das bewachsene Blockfeld und über dieses auf Steigspuren hinunter.

3/4/5 Westwand

Durch die steile, gelbe Westwand führen mehrere sehr bis äußerst schwierige Sportkletterrouten. Sämtliche Routen sind mit Bohrhaken abgesichert, die Hakenabstände sind jedoch teilweise ziemlich groß. Bei den Ausstiegen eingerichtete Abseilstellen. Die Schwierigkeiten reichen von +V bis +VII. Skizze S. 150.

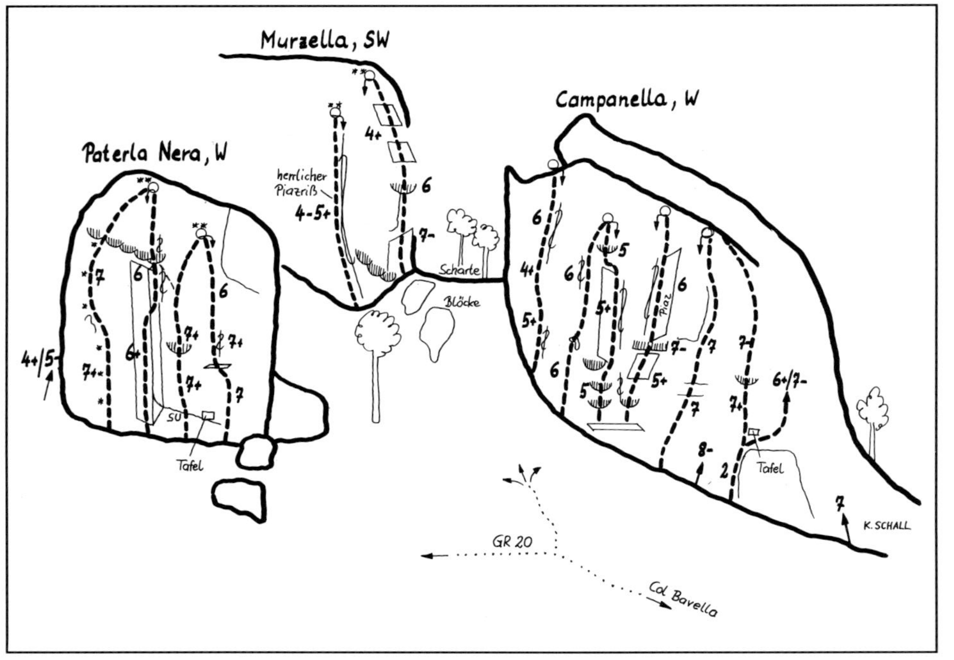
Murzella, SW
Paterla Nera, W
Campanella, W
herrlicher Piazriß
4-5+
Scharte
Blöcke
Piaz
SU
Tafel
Tafel
GR 20
Col Bavella
K. SCHALL

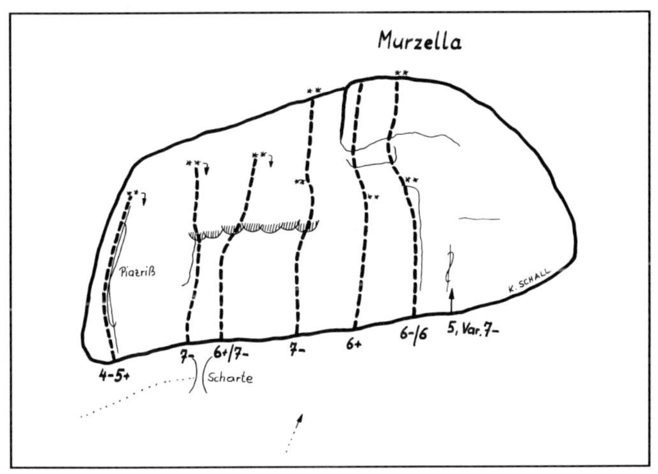

3/5 Murzella

Hohe, rote Plattenwand rechts oberhalb der Campanella. Im linken Teil der Wand ein auffallender Riß mit Stufendächern. Die Wand rechts dieses Risses ist außerordentlich steil und fast ungegliedert. Oben wird sie von einem größeren, bogenförmigen Tafonidach abgeschlossen. Durch den erwähnten Riß und über die Plattenwand führen mehrere sehr bis äußerst schwierige Durchstiege, deren Verlauf durch Bohrhaken gegeben ist. Da die Hakenabstände teilweise sehr groß sind, durchaus ernste Kletterei. Schwierigkeit +V bis VII. Zur Zwischensicherung Klemmkeile, Friends und Bandschlingen erforderlich. Skizze S. 151.

Zugang:

Am Fuße der roten Vorbauten (Filetta, Margherita und La Tarella) rechts aufwärts über Schutt und durch lichtes Buschwerk hinauf auf die Stufe östl. der Campanella. Von hier einige Meter absteigend nach N an das linke untere Ende der roten Wand (½ Stunde).

3/6 Paterla Nera

Massiger Felsturm, der sich nordwestl. der Campanella erhebt. Nach Westen stürzt dieser Felsbau mit einer steilen, gelben Wand ab, die in ihrem linken Teil von einer markanten Rißverschneidung durchzogen wird. In dieser Wand wurden mehrere sehr bis äußerst schwierige Routen begangen und mit Bohrhaken versehen, die durchwegs schöne, jedoch anspruchsvolle Klettereien bieten. Die Schwierigkeiten reichen bis VII. Teilweise große Hakenabstände. Zwischensicherungen mit Bandschlingen nur an den Tafoniüberhängen möglich. Bei den Ausstiegen eingerichtete Abseilstellen. Skizze S. 150.

Zugang durch die teilweise bewachsene Schuttrinne westl. der Campanella (½ Stunde vom Col de Bavella).

3/7 Prugnola

Auffallender, monolithischer Riesenblock östl. der Campanella. Mehrere zwar sehr kurze, jedoch äußerst schwierige Anstiege, die großen Kraftaufwand erfordern und meist mit Seilsicherung von oben (Top Rope) begangen werden. Schwierigkeit bis VII.

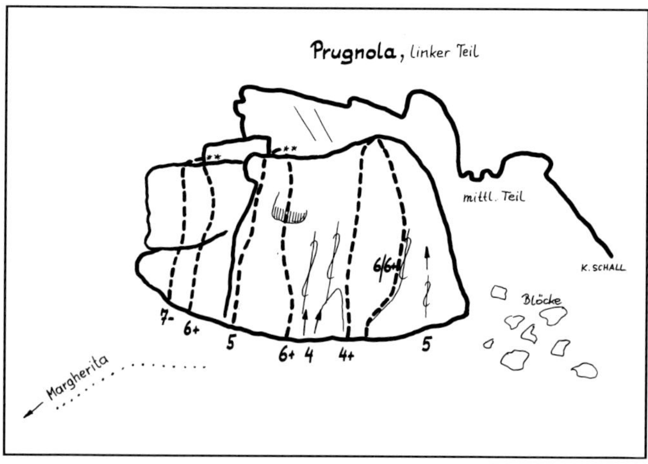

3/8 Croix Leccia, ca. 1300 m

Aussichtspunkt mit Kreuz nördlich der Murzella. Sehr lohnende, wenig anstrengende Wanderung, die mitten durch das Kletterzentrum führt. Vom Gipfel hervorragende Aussicht sowohl zur Süd- als auch zur Nordgruppe und ins Fornellu-Gebiet. Die Ersteigung kann jedoch auch über Kletterwege erfolgen. Hiebei begeht man einen der schönen Anstiege durch die roten Vorbauten (Margherita oder La Tarella), anschließend einen der Wege über den Plattenschild der Campanella (3/4/1, 2 oder 3), um über 3/8/3 die Hochfläche bzw. den Gipfel zu erreichen. Diese Kombination ergibt eine Kletterlänge von 6 bis 7 Seillängen und ist vor allem als Trainingstour sehr zu empfehlen.

3/8/1 Vom Col de Bavella durch das Kletterzentrum

1–1½ Stunden, unschwierig

Vom Col de Bavella dem markierten Weitwanderweg GR 20 folgend durch Wald bis zur Abzweigung der gelb markierten Alpinvariante. Dieser kurz folgen und rechts aufwärts an den Fuß der rötlichen Vorbauten. Weiter links aufwärts in eine breite, teilweise bewachsene Schluchtrinne. Durch diese entlang der steilen, gelben Westwände der Campanella und der Paterla Nera aufwärts in eine bewaldete Mulde. Diese wird rechts von der roten Steilwand der Murzella, links von grauen, im oberen Teil stark tafonierten Wänden begrenzt. Weiter durch die Schluchtrinne über Blockwerk und Schutt gerade empor bis knapp unter eine quer stehende niedere Wandstufe. Entlang dieser durch eine bewaldete steile Rinne rechts aufwärts auf eine Art Sattel etwas nördl. der höchsten Felsen der Murzella. Links aufwärts durch felsdurchsetztes Gelände auf die überraschend geräumige Hochfläche und auf den durch ein Kreuz gekennzeichneten Gipfel.

3/8/2 Vom Col de Bavella über den GR 20

1–1½ Stunden, unschwierig

Vom Col de Bavella der rotweißen Markierung des GR 20 folgend durch lichten Wald zu einer Wegtafel. Nun der gelb bezeichneten »Alpinvariante« des GR 20 folgen. Der mit gelben Farbzeichen und Steinmännern markierte Steig leitet über locker bewachsene Schutthänge in nordwestl. Richtung empor. Man erreicht bald einen schwach ausgeprägten Rücken, quert eine plattige, breite Rinne und steigt durch

steilen, lichten Wald an. Hier verläßt man den markierten Weg und hält sich, Steigspuren und einzelnen Steinmännern folgend, rechts aufwärts. Man quert die unten überschrittene breite, plattige Rinne rechts aufwärts und erreicht den hier plateauartig verbreiterten Kamm östl. der Punta Bigornu. Über diesen nach E auf den durch ein Kreuz kenntlichen Gipfel.
Im Abstieg schwer zu finden, vor allem, wenn 3/8/1 als Aufstieg gewählt wurde.

3/8/3 »Rampenweg«

1 Stunde (+III)
Erstbegeher unbekannt
Dieser Anstieg führt durch die Wandzone links der Murzella. Meist im Rahmen der unter 3/8 beschriebenen Kombination begangen. Der Einstieg befindet sich am oberen Ende der Schluchtrinne, welche links der Murzella emporleitet, am Beginn einer auffallenden, von Tafoniüberhängen überwölbten Plattenrampe.
Über die Rampe (Sicherung an Tafonilöchern des Dachüberhanges) links aufwärts und um die Kante zu Stand (35 m, +III). Weiter etwas linkshaltend über plattige Stufen und durch Rinnen 2 Seillängen aufwärts zum Ausstieg auf einem Vorbau des kammartigen Rückens (2mal 30 m, III und +III). Vom Vorbau einige Meter absteigend auf den Rücken und in östl. Richtung zum Gipfel.
In der unter 3/8 erwähnten Kombination sehr lohnend.

4. Nordgruppe

Die etwa 30 kühnen Felsgipfel der Nordgruppe bilden das Herzstück der Bavella. Sie bieten eine ungewöhnlich große Anzahl von sehr schönen und lohnenden Kletteranstiegen aller Schwierigkeitsgrade, wobei die höheren Schwierigkeitsgrade überwiegen. Besonders bei den von A. Precht erstbegangenen Anstiegen handelt es sich um ausgesprochen moderne, sehr anspruchsvolle Freiklettereien, welche durchwegs selbst abgesichert werden müssen und sehr hohe Anforderungen an das Können und die Moral stellen.

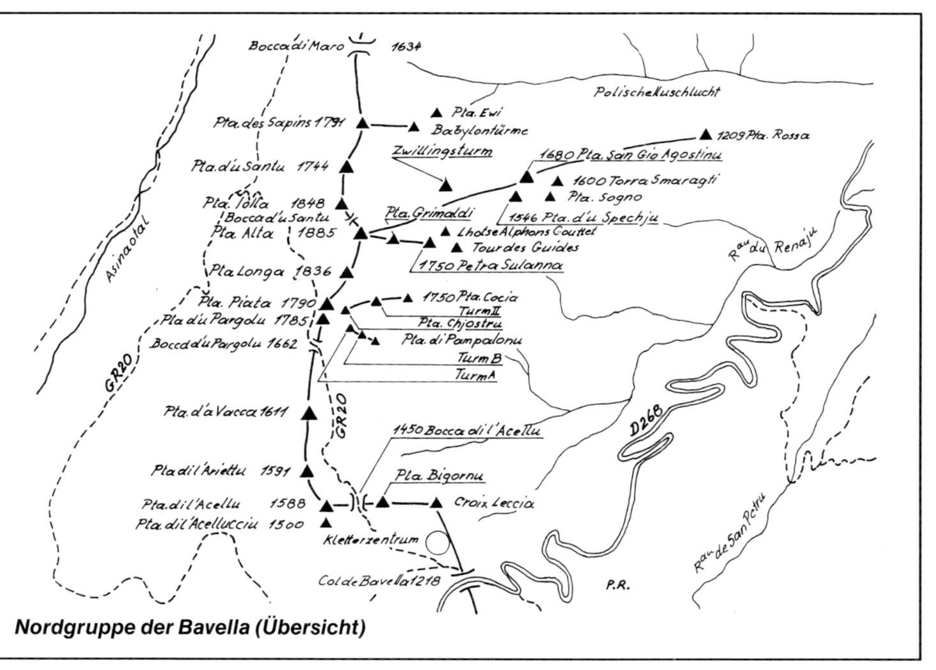

Nordgruppe der Bavella (Übersicht)

Die meisten Einstiege sind vom Col de Bavella bequem und rasch (1–2 Stunden) erreichbar, die Wandhöhen liegen zwischen 100 und 350 m. Eine Ausnahme bildet die Punta San Gio Agostino mit ihren verschiedenen Nebengipfeln. Dieser Gebietsteil ist ziemlich entlegen, es muß hier mit ca. 3 Stunden Zustieg gerechnet werden. Trotzdem zählen die Anstiege hier zu den schönsten und lohnendsten der Bavella.
Die ganze Nordgruppe ist landschaftlich außergewöhnlich reizvoll, die Klettereien führen in Felslandschaften von einmaliger Wildheit. Aber auch für den Bergwanderer gibt es eine Reihe lohnender Ziele. Die Punta d'a Vacca z. B. ist leicht und bequem erreichbar.
Eine der großartigsten Wanderungen der Bavella ist die »Punta-Alta-Rundtour« (s. 4/23/3).

4/1 Punta Bigornu, ca. 1500 m
Unbedeutender, zweigipfeliger Felsberg östl. über der Bocca di l'Acellu. Sehr selten erstiegen und im Vergleich zu den anderen Gipfeln der Nordgruppe trotz der schönen Aussicht nicht besonders lohnend.

4/1/1 Normalweg von Westen
½ Stunde (III, eine Stelle +III).
Erstersteiger unbekannt
Wie unter 4/2/1 beschrieben in die rechte (östl.) Scharte der Bocca di l'Acellu. Nun nach rechts (östl.), einen kleinen Felsaufbau umgehend, in die kleine Scharte vor dem Gipfelaufbau. Links eines auffallenden Kamins über steile, plattige Stufen empor, über ein bewachsenes Band nach links und durch eine Einbuchtung hinauf in die Scharte zwischen den beiden Gipfelzacken. Von hier unschwierig nach rechts auf den höheren Zacken. Auch bester und schnellster Abstieg.

4/1/2 Nordpfeiler
3–3½ Stunden (frz. IV, V, stellenweise +V); 220 m
J. C. Calendini, G. P. Quilici, 19. Juni 1982
Überraschend großzügiger, landschaftlich sehr schöner Anstieg, zu Unrecht sehr selten begangen. Beschreibung und Skizze s. L. M. d. B.

4/2 Bocca di l'Acellu, 1450 m (Col de l'Oiseau)
Breiter Sattel in dem felsigen Rücken, der von der Punta di l'Acellu nach

E zur Punta Bigornu zieht. Auf dem Sattel eine felsige Erhebung, links und rechts von dieser zwei ausgeprägte Scharten. Zu beiden Scharten führen vom Col de Bavella gut ausgeprägte und markierte Steige. Will man zu den Einstiegen an der SE-Seite der Punta di l'Acellucciu und der Punta di l'Acellu, ist es besser, zur eigentlichen Bocca di l'Acellu, also zur linken (westl.) Scharte anzusteigen. Will man zur Bocca d'u Pargolu oder zu den Einstiegen der Punta di l'Ariettu, geht man besser zur rechten Scharte. Dieser Anstieg folgt der gelb markierten »Alpinvariante« des GR 20.

4/2/1 Vom Col de Bavella

¾–1 Stunde (unschwierig), gelb bezeichnet

Vom Col der rot-weißen Markierung des GR 20 folgend durch lichten Wald zu einer Wegtafel. Von hier weg folgt man der gelb bezeichneten »Alpinvariante« des GR 20. Der mit gelben Farbzeichen und vielen Steinmännern markierte Weg leitet über locker bewachsene Schutthänge in nordwestl. Richtung empor. Man erreicht bald einen schwach ausgeprägten Rücken, quert sodann eine plattige, breite Rinne und steigt durch steilen, lichten Wald an bis unter eine große rötliche Wand. Hier Wegteilung.

Links aufwärts auf einen Sattel und weiter etwas linkshaltend, dann über steiles Schuttgelände ansteigend, erreicht man die linke (westl.) Scharte, die eigentliche Bocca di l'Acellu.

Folgt man unter der großen rötlichen Wand dem rechts aufwärtsziehenden, ebenfalls gelb markierten Steig, gelangt man etwas weniger anstrengend in die rechte (östl.) Scharte.

4/3 Punta di l'Acellucciu, ca. 1500 m (Petit Oiseau)

Südwestl. Nebengipfel der Punta di l'Acellu. Von dieser durch eine markante Scharte, die »Brêche des Genevois« getrennt. Durch die steile, von Rissen und Verschneidungen reich gegliederte Ostwand führen mehrere sehr schöne, aber auch sehr schwierige Durchstiege. Der Gipfel ist nur über Kletterwege erreichbar.

4/3/1 Südgrat, »Arête de Zonza«

1½–2 Stunden (III bis +IV)

Erstbegeher unbekannt

Der Grat ist nicht sehr scharf ausgeprägt und hat eher wandartigen Charakter. Das Gelände ist reich gegliedert und gestattet viele Wegänderungen, wobei die schwierigeren Varianten meist rechts des beschriebenen Durchstieges führen. Sehr schöne, relativ lange Kletterei, vor allem in Verbindung mit der Punta di l'Acellu (4/4/1) äußerst lohnend.
Zugang: Von der Bocca di l'Acellu über den breiten, felsigen Rücken an den Fuß der SE-Wand der Punta di l'Acellu. Unter der Wand links abwärts, vorbei an der von der Brêche des Genevois herabziehenden Kaminschlucht (SE-Kamin 4/4/2) und weiter entlang der Ostwand der Punta di l'Acellucciu absteigen zu einem kleinen Schartel zwischen dem Wandfuß und einem vorgelagerten Zacken (Steinmann). Hier der E. Über eine Rampe kurz nach rechts, über einen Überhang links aufwärts und durch runde Risse leicht linkshaltend empor in begrüntes Gelände. Über dieses zu Stand in einer Scharte (45 m, +IV, eine Stelle –V). Linkshaltend auf ein Band, über dieses zu Blöcken und weiter über die plattige Wand gerade empor auf einen firstartigen Grat. Über diesen zu Stand unter einem Steilaufschwung (35 m, III und IV). An der Kante steil und ausgesetzt hinauf in eine Tafoninische, links heraus und gerade empor auf eine ebene Stufe (35 m, IV und III). Links abwärts auf eine schräge Platte und über diese in eine Scharte (12 m, –III). Durch einen schmalen Riß (H) gerade empor und weiter über ein plattiges Wandstück (H) hinauf zu Stand unter Überhängen (35 m, IV, +IV, III). Linkshaltend in einen Riß (H), nach diesem rechts aufwärts über schöne Tafonis zu Stand (40 m, III und IV). Über leichte Stufen links aufwärts auf einen Absatz (20 m, II). Weiter über Platten rechts aufwärts auf eine Stufe unter der steilen Gipfelwand (25 m, –III). An der Kante über plattige Stufen leicht rechtshaltend hinauf und an der plattigen Gratschneide zum Gipfel (20 m, +III).

4/3/2 Ostwand – Allgemeines
Die steile, ca. 140 m hohe Ostwand wird durch senkrechte Risse und Verschneidungen reich gegliedert. Es wurden verschiedene Durchstiege begangen, die jedoch sicherlich zumindest teilweise identisch sind bzw. nur unwesentlich voneinander abweichen. Da zur Sicherung ausschließlich Klemmkeile und Sanduhrschlingen verwendet wurden, sind kaum Begehungsspuren vorhanden.

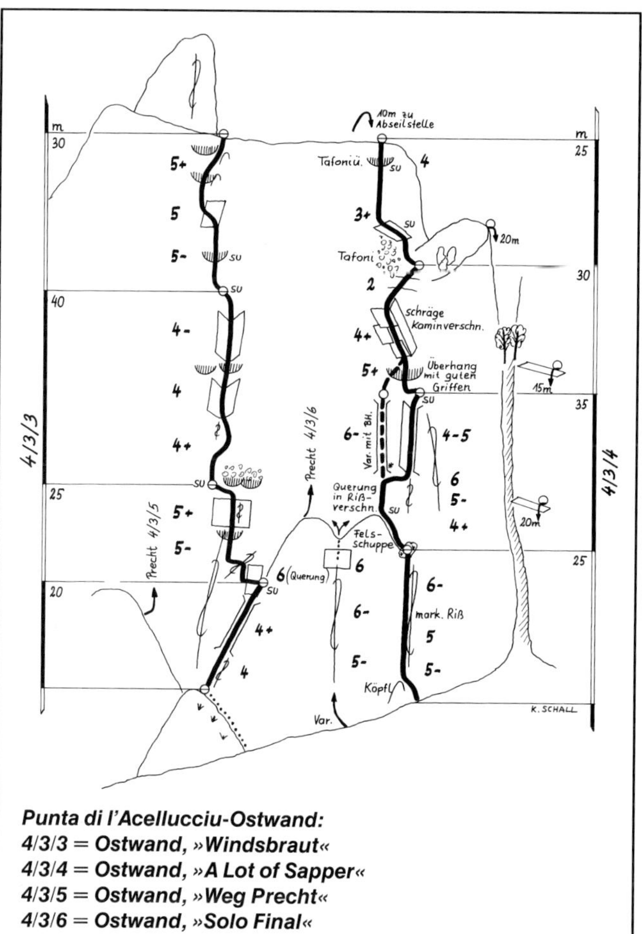

Punta di l'Acellucciu-Ostwand:
4/3/3 = Ostwand, »Windsbraut«
4/3/4 = Ostwand, »A Lot of Sapper«
4/3/5 = Ostwand, »Weg Precht«
4/3/6 = Ostwand, »Solo Final«

4/3/3 Ostwand, »Windsbraut«

1½–2 Stunden (IV bis +V, eine Stelle VI)

K. Schall, Ingrid Ring, E. Löffler, 17. Juni 1987

Sehr schöne Kletterei durch den zentralen, stellenweise überhängenden Wandbereich der Ostwand. Sicherung ausschließlich mit Klemmkeilen mittlerer Größen, ein Friend Nr. 3 von Vorteil. Skizze S. 159.

Am Fuße des zentralen Wandbereiches befindet sich ein kleiner Vorbau, von dessen Kopf zwei markante, durch große Schuppen gebildete Kamine V-förmig emporführen.

1. SL: Man folgt dem rechten, anfangs rißartigen Kamin bis kurz vor sein Ende (große Sanduhr, 20 m, IV, +IV).

2. SL: Kurze Querung über eine Wandstelle waagrecht nach links (VI) und weiter nach links in einen tiefen Riß. Durch diesen, zuletzt schmäleren Riß empor unter Tafoniüberhänge und nach links zu gutem Stand (2 SU, 25 m, VI, –V, +V).

3. SL: Gerade aufwärts in eine Verschneidung, über einen Tafoniüberhang hinweg und in einer weiteren Verschneidung zu Stand (SU, 40 m, +IV, IV, –IV).

4. SL: Etwas links vom Stand gerade empor zu kleinem Überhang. Über diesen hinweg und in der folgenden Platte linkshaltend aufwärts unter die überhängende Schlußwand. An überraschend guten Griffen direkt empor zum Ausstieg (30 m, –V, +V).

4/3/4 Ostwand, »A Lot of Sapper«

1½–2 Stunden (V, –VI, eine Stelle +VI)

K. Schall, E. Löffler, 17. Juni 1987

Der Anstieg verläuft entlang des markanten Rißsystems im rechten Wandteil, etwas links der von der Brêche des Genevois herabziehenden Kaminschlucht. Sicherung ausschließlich mit Klemmkeilen mittlerer Größe. Skizze S. 159.

1. SL: Ein feiner Riß, an dessen unterem Beginn sich ein markantes, vorspringendes Felsköpfel befindet, bildet die 1. SL (20 m, +IV, –VI).

2. SL: Man verfolgt nun einen von einer Schuppe gebildeten Kamin bis an sein Ende. Wenige Meter gerade empor zum Beginn eines engen Rißkamins, kurze Querung nach rechts und schwierig in eine Rißverschneidung, die bis zum Stand unter Überhängen verfolgt wird (35 m, IV, V, eine Stelle +VI).

Punta di l'Acellucciu:
4/3/5 = Ostwand, »Weg Precht«
4/3/6 = Ostwand, »Solo Final«

3. SL: Links vom Stand an guten Griffen über einen Überhang hinweg in eine schräge, kaminartige Verschneidung und entlang dieser, zuletzt in leichtem Gelände, zu Stand auf großem Absatz (30 m, +V, +IV).
4. SL: Entlang von Tafonibildungen schräg links aufwärts an die Kante und an dieser gerade empor zum Ausstieg (25 m, III und IV).
Vermutlich mit dem von A. und H. P. Reber am 10. April 1983 begangenen Anstieg identisch.

4/3/5 Ostwand, »Weg Precht«
1½–2 Stunden (V, +V)
A. Grugger, A. Precht, 1969
Zugang wie unter 4/3/1 beschrieben, Wegführung s. Skizze S. 161.

4/3/6 Ostwand, »Solo Final«
1½–2 Stunden (IV und V)
A. Precht, 1969
Wegführung s. Skizze S. 162.

4/3/7 Abstieg
½ Stunde (–III)
Vom Gipfel nach E über eine steile Wandstelle ca. 8 m abklettern (III) oder besser abseilen auf eine breite, begrünte Stufe. Über diese nach N und linkshaltend über leichte Platten zu einem Abseilhaken. Von diesem ca. 10 m abseilen in die Brêche des Genevois. Durch den schluchtartigen SO-Kamin (steil und unangenehm, jedoch unschwierig) absteigen zu kleinem Baum über dem Steilabbruch des Kamins. Vom Baum ca. 20 m abseilen auf eine begrünte Stufe. Im Kamin abklettern (ca. 15 m, –III) auf eine plattige Stufe und nach links zu Abseilhaken. Über steile Platten 25 m abseilen an den Wandfuß.

4/4 Punta di l'Acellu (Turm I, Pointe de l'Oiseau)
Außergewöhnlich schöner, allseits steil abstürzender Felsgipfel unmittelbar über dem Col de Bavella. Einer der beliebtesten und am häufigsten erstiegenen Klettergipfel ganz Korsikas. Durch seine Wände führt eine große Anzahl von Durchstiegen aller Schwierigkeitsgrade. Der Fels ist praktisch überall fest, rauh und gut kletterbar, die Zustiege sind relativ kurz und bequem, und auch der Abstieg ist problemlos. Da der

Gipfel nur über schwierige Kletterwege erreichbar ist, ist er auch nicht überlaufen. Seine Ersteigung ist praktisch auf allen Wegen sowohl klettertechnisch als auch landschaftlich sehr lohnend.

4/4/1 Normalweg

1–1½ Stunden (+III, stellenweise –IV)

L. van Hege, P. Solvay, J. Delwart und L. Ganshofer, 16. April 1927

Zugang: Wie bei 4/2/1 zur Bocca di l'Acellu. Weiter dem markierten Weg (GR 20) folgend, erst ab- dann wieder ansteigend bis in die Fallinie der Scharte zwischen Punta di l'Acellu links und Punta di l'Ariettu rechts. Über Geröll und steiles Gras hinauf in diese Scharte. Nun wendet man sich nach links. Über leichte Felsstufen erreicht man, Steigspuren und Steinmännern folgend, ein System von bandartigen Absätzen unter der NW-Wand des Gipfels. Diesem folgt man in südl. Richtung bis in die von der Scharte südl. des Gipfels (Brêche des Genevois) herabziehende, kaminartige Rinne. Hier der E (1½–2 Stunden vom Col de Bavella).

Durch die kaminartige Rinne über eine glatte Blockstufe (–IV) hinauf in die Brêche des Genevois (40 m, +II, eine Stelle –IV). Über eine kurze, plattige Rampe rechts aufwärts, weiter durch einen kurzen Riß und in einer Tafonieinbuchtung bis unter Überhänge. Unter diesen über Tafonis links aufwärts zu Stand (35 m, +III). Weiter über Tafonis links aufwärts auf eine steile Platte zu einem H. Schräg links abwärts querend an den Rand der Platte 1½ m absteigen in eine Rinne und durch diese einige Meter hinauf zu Stand etwas links der Rinne (35 m, +III). Weiter erst durch die Rinne, dann über Bänder links aufwärts, bis man über leichte, begrünte Stufen rechts aufwärtssteigend zum Gipfel gelangt.

Schöne Kletterei in festem Fels. Zu diesem Anstieg wurden im oberen Teil mehrere Wegänderungen begangen. Sie sind durchwegs schwieriger.

4/4/2 Südostkamin

Weg der Erstersteiger

Der SE-Kamin ist jener auffallende, schluchtartige Kamin, der von der Brêche des Genevois nach SE abfällt. Im Aufstieg keinesfalls lohnend. Größtenteils unangenehme, steile Grasrinne mit unschönen, teilweise gefährlichen und schwierigen Kletterstellen (+IV bzw. –V), jedoch häufig als Abstieg benützt (siehe 4/3/7).

4/4/3 Abstieg nach NW (»Schweizerkamin«)

1 Stunde (–II)
Vom Gipfel in nördl. Richtung über bewachsene, bandartige Stufen (Steigspuren und vereinzelte Steinmänner), im allgemeinen etwas rechtshaltend hinunter. Über eine breite Stufe unter einer steilen, niedrigen Wand scharf nach links auf einen plattigen Absatz über der senkrecht abbrechenden NW-Wand. Im Überhang oberhalb des Absatzes großes Felsenfenster mit Abseilschlingen. Durch den senkrechten Kamin zweimal 20 m abseilen auf eine Blockstufe. Von hier über leichte Felsstufen rechts abwärts in die Scharte zwischen Punta di l'Acellu und Punta di l'Ariettu. Nach E hinunter zum markierten GR 20 und diesen nach rechts verfolgend zur Bocca di l'Acellu und hinunter zum Col de Bavella.

4/4/4 Abstieg nach NO

½ Stunde (II); Abseilhöhe 25 m
Besser und kürzer als 4/4/3!
Vom Gipfel wie unter 4/4/3 beschrieben hinunter, jedoch nicht nach links zum »Schweizerkamin«, sondern weiter rechtshaltend zu eingerichteter Abseilstelle in einer Nische. 25 m meist frei hängend über den großen Überhang abseilen auf eine Stufe. In südl. Richtung durch die rampenartige Schlucht absteigen (teilweise II) an den Fuß der SE-Wand.

4/4/5 Nordwestwand, »Werner-Bergmann-Weg«

1–1½ Stunden (IV, zwei Stellen +IV)
W. Bergmann, J. Krumpschmied, F. Pretsch, Th. Mayer und G. Schirmer, 28. August 1969
Schöne, lohnende Kletterei in bestem Fels. Relativ viel begangen. Skizze S. 165.
Der E befindet sich etwa 15 m vor (nördl.) dem kleinen Baum, der auf dem Zustiegsband des Normalweges steht (Steinmann). Über eine plattige Stufe rechts aufwärts an den unteren Rand einer großen Platte und an dieser links hinauf zu einem Köpfel. Weiter in gleicher Richtung

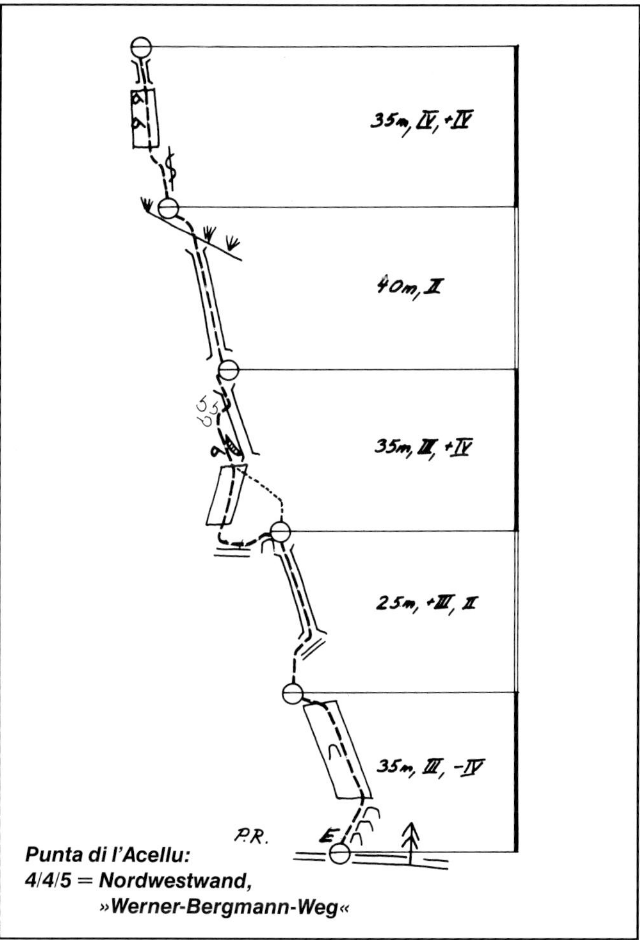

Punta di l'Acellu:
4/4/5 = Nordwestwand,
»Werner-Bergmann-Weg«

über die Platte, zum Schluß querend zu Stand bei großen Blöcken (35 m, III, eine Stelle –IV). Rechtshaltend über eine überhängende Wandstufe auf ein Band, über dieses nach rechts zu einem Kamin und durch ihn zu Stand hinter großem Block (25 m, +III und II). Über ein Band nach links, bis man über eine glatte Platte rechts aufwärts unter einem Überhang queren kann (H). Links des Überhanges über eine glatte, steile Wand (+IV) hinauf unter einen Tafoniüberhang, über diesen rechts aufwärts in einen tiefen Riß und zu gutem Stand (35 m, IV, eine Stelle +IV). Durch eine teilweise begrünte Rinne links aufwärts auf die grasigen Bänder des Normalweges und nach links zu Stand unter einem überhängenden Riß (40 m, II). Durch den Riß hinauf (H), dann über steile Platten links des Risses gerade hinauf (2 H) und durch eine kaminartige Rinne zum Gipfel (35 m, +IV, III).

4/4/6 Nordwestwand, »Schweizerkamin«

1 Stunde (IV)

Schöne Kletterei in gutem Fels.

Der Schweizerkamin ist jener auffallende senkrechte Spalt, der in der NW-Wand nahe der linken Begrenzungskante emporzieht.

E bei einem blockigen Absatz am Fuße des Kamins. Durch den glatten, rißartigen unteren Teil des Kamins gerade hinauf zu Stand auf einem Absatz (20 m, IV). Weiter durch den Kamin steil und schwierig hinauf bis ganz unter den Überhang (teilweise Tafonis) und linkshaltend durch einen engen Spalt auf einen plattigen Absatz (20 m, –IV). Nun im leichten Gelände erst links, dann scharf rechtshaltend, zum Gipfel (II).

Punta di l'Acellucciu:
4/3/1 = Südgrat
4/3/7 = Abstieg
4/3/3 = Ostwand, »Windsbraut«
4/3/4 = Ostwand, »A Lot of Sapper«
4/3/6 = Ostwand, »Solo Final«
Punta di l'Acellu:
4/4/9 = Südostverschneidung
4/4/10 = Südostwand, »Kyrn«
4/4/15 = Südostwand, »Belluno«

Pta. di l'Acellucciu
4/3/1
4/3/7
4/3/3
4/4/10
4/4/9
4/4/15
4/3/4
4/3/6

4/4/7 Nordostüberhang

¾ Stunden (vermutlich +IV)

Erstbegeher vermutlich W. Krah um 1960

Die NE-Kante bildet die äußerste rechte Begrenzung der SE-Wand. Zugang über eine auffallende Schluchtrampe, welche am Fuße der SE-Wand aufwärtsleitet. Vom oberen Ende der Rampe über steilen Tafonifels gerade empor und über leichtes Gelände zum Gipfel.

Kurze Kletterei – kaum lohnend.

4/4/8 Südostwand – Allgemeines

Die plattige, ca. 150 m hohe SE-Wand der Punta di l'Acellu ist schon vom Col de Bavella sichtbar, der Zugang ist kurz und bequem, der Fels ist durchwegs erstklassig. Kein Wunder, daß sie zu den beliebtesten und meistbegangenen Wänden der Bavella zählt. Ähnlich wie in der E-Wand der Punta di l'Acellucciu (s. 4/3/2) wurde auch in der SE-Wand eine ganze Reihe von Durchstiegen eröffnet, welche ebenfalls teilweise identisch sind bzw. nur unwesentlich voneinander abweichen.

4/4/9 Südostverschneidung

1–1½ Stunden (+IV, eine Stelle VA0 bzw. –VI)

Leider sehr kurze, jedoch sehr schöne Kletterei, viel begangen. Skizze S. 169.

Die etwas schräg rechts geneigte, plattige SE-Verschneidung bildet die rechte Begrenzung der SE-Wand. Vom Sattel unter der SE-Wand durch eine schräg rechts aufwärtsführende, rampenartige Schlucht empor zum Beginn der Verschneidung (teilweise +II).

Über eine plattige, leicht überhängende Stufe und die folgenden, den Verschneidungsgrund bildenden Risse über einen Blocküberhang empor zu kleinem Stand mit H (35 m, +IV, 2 H). Rechtshaltend durch steile, runde Risse aufwärts in einen sehr engen Rißkamin und durch diesen zu Stand auf einer Stufe unter einem überhängenden Block (35 m, –V, eine Stelle VA0 bzw. –VI, 4 H). Weiter im leichten Gelände rechtshaltend zum Gipfel.

4/4/10 Südostwand, »Kyrn«

2–3 Stunden (+IV, teilweise V)

M. Controu, G. Vulliez, 21. August 1962

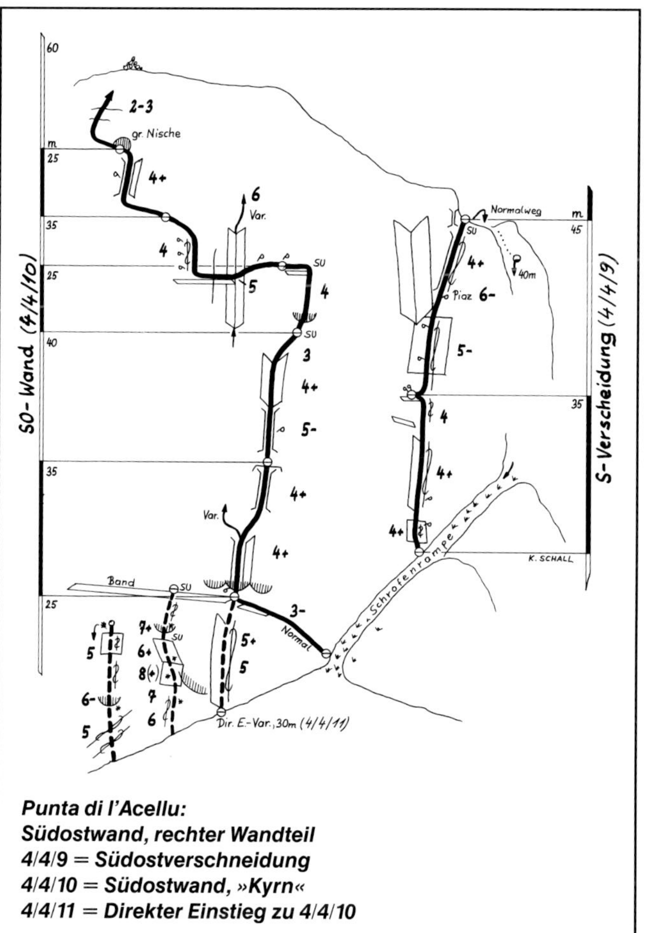

Punta di l'Acellu:
Südostwand, rechter Wandteil
4/4/9 = Südostverschneidung
4/4/10 = Südostwand, »Kyrn«
4/4/11 = Direkter Einstieg zu 4/4/10

Hervorragend schöne Kletterei in bestem Fels. Äußerst lohnend und viel begangen. Skizze S. 169. Der unterste Wandteil wird in seiner ganzen Breite von einem breiten Plattenband durchzogen, das an seinem rechten Ende mit einer Blockstufe abbricht.

E unter dem rechten Bandende, über die Blockstufe empor auf das Band und über dieses nach links zu SH (25 m, –III). Über einen kleinen Überhang (2 H) empor in einen Kamin und durch Risse und Kamine hinauf zu Stand in einer Nische am Beginn eines tiefen Kamines (35 m, 2 H, +IV). Durch den tiefen Kamin (H) hinauf und weiter durch eine Rißverschneidung auf große, abgesprengte Blöcke. Etwas nach rechts queren und zu Stand bei einer großen Sanduhr an der rechten Kante (38 m, 1 H, +IV und V). Über überhängende Tafonis gerade hinauf in eine Nische (Schlinge). Über ein Band nach links zu SH (25 m, IV). Absteigender Quergang nach links (eventuell mit Seilzug) in eine Verschneidung (KK) und weiter querend (H) um eine runde Kante herum bis in einen schmalen Riß. Durch diesen (3 H) empor auf eine Terrasse (35 m, 4 H, V und +IV). Vom linken Ende der Terrasse durch steile, tiefe Risse hinauf in eine große Nische mit riesigen Tafonis (25 m, 1 H, +IV). Links aufwärts über Platten zum Gipfelgrat (30 m, III). Über den Grat nach rechts zum Gipfel (25 m, III).

4/4/11 Direkter Einstieg

(V und +V)

Erstbegeher unbekannt

Die steile, plattige Wandstufe unter dem Plattenband wird etwa in der Fallinie des ersten Standplatzes von 4/4/10 von einem auffallenden, engen Riß durchzogen.

E am Fuße des Risses und durch ihn, im oberen Teil über einen Klemmblock hinweg gerade hinauf auf das Plattenband (30 m, +V). Sicherung mit Klemmkeilen.

4/4/12 Gerade Südostwand, »Masino«

2–3 Stunden (frz. +V)

Dieser Anstieg stellt eine Direktvariante zu 4/4/10 dar. Er benützt den direkten Einstieg (4/4/11) und leitet ab der Wandmitte durch Risse und Verschneidungen gerade empor zum Ausstieg.

Wegführung s. Beschreibung und Skizze L. M. d. B.

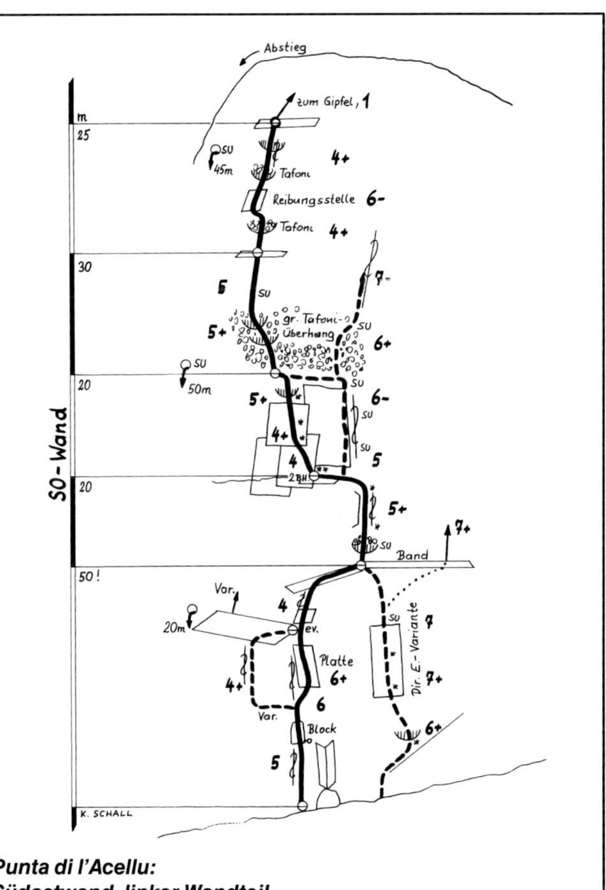

Punta di l'Acellu:
Südostwand, linker Wandteil
4/4/15 = Südostwand, »Weg Belluno«

4/4/13 Direkte Südostwand, »Weg Afanasieff«
(frz. VIa bis VIIa)
M. Afanasieff, F. Franceschi, August 1987
Sicher der schwierigste Anstieg in der SE-Wand. Beschreibung und Skizze s. L. M. d. B.

4/4/14 Linke Südostwand, »Weg G. P. Q.«
(frz. +V bis VIb)
G. P. Quilici, August 1987
Beschreibung und Skizze s. L. M. d. B.

4/4/15 Linke Südostwand, »Weg Belluno«
2–3 Stunden (+IV bis +V); 150 m
S. Dorotei, Giammselli, September 1981
Schöner, teilweise mit BH abgesicherter Anstieg im linken Teil der SE-Wand. Wegverlauf s. Skizze S. 171.

4/5 Punta di l'Ariettu, 1591 m (Turm II, Turm der Österreicher, Point du Mouflon)
Sehr schöner, allseits steil aufstrebender Felsberg. Reiner Kletterberg, auf den eine große Anzahl von lohnenden Anstiegen führt. Der Punta di l'Acellu durchaus ebenbürtig und fast so beliebt wie diese.

4/5/1 Von Norden (Normalweg)
½–¾ Stunden (III, eine Stelle +III)
F. Kräftner, Dr. L. Obersteiner, 9. Juni 1927
Hübsche Kletterei in meist gutem Fels. Auch gut für den Abstieg geeignet.
Zugang: Wie bei 4/2/1 zur Bocca di l'Acellu. Weiter dem markierten Weg (GR 20) folgend, erst ab- dann ansteigend, unter der E-Wand der Punta di l'Ariettu vorbei, bis man über grasiges Gelände nach links ansteigend den Sattel nördl. des Gipfelaufbaues erreichen kann (¾–1 Stunde vom Col de Bavella).

I = Punta di l'Acellu
II = Punta di l'Ariettu
4/5/1 = von Norden, Normalweg

II
I
4/5/1

Über Schutt und Schrofen zum Beginn einer breiten, bewachsenen Rinne. Erst in der Rinne, dann etwas links von ihr über leichte, plattige Felsen bis unter eine steile Wandstufe. Durch einen steilen Riß (+III) linkshaltend hinauf auf einen Absatz (Umgehung des Risses durch einen etwas weiter links gelegenen Kamin möglich). Weiter rechts aufwärts zu einem auffallenden Kamin. Durch diesen, im oberen Teil höhlenartigen Kamin empor und über teilweise bewachsene Absätze zum Gipfel.

4/5/2 Abstieg nach Norden

½ Stunde (II, eine Stelle +III)

Vom Gipfel über teilweise bewachsene Absätze (Steigspuren und vereinzelte Steinmänner) in nördl. Richtung hinunter zum höhlenartigen Beginn eines Kamins. Durch ein enges Loch in den Kamin und durch diesen abklettern (+II). Weiter über Schrofen rechts abwärts zu einem Absatz am Rande einer kurzen Steilstufe. Durch einen steilen, glatten Riß (+III) abklettern oder abseilen zu Stand unter der Steilstufe. Weiter linkshaltend hinunter in eine breite, teilweise bewachsene Rinne und durch diese auf den Sattel nördl. des Gipfels.

4/5/3 Abseilweg über die Südwand

Rasche Abstiegsmöglichkeit, jedoch zwei Seile à 50 m erforderlich. Vom Gipfel über begrünte Stufen in südwestl. Richtung kurz absteigen. 1. Abseilstelle von Sanduhrschlingen in Tafonilöchern an der Kante. 2. Abseilstelle von einer Abseilkette. Von hier durch die kaminartige Einbuchtung abseilen auf ein großes Band. 3. Abseilstelle vom Band über die plattige Wand zum Sattel.

4/5/4 Südwand – Allgemeines

Die fast 250 m hohe Südwand erhebt sich direkt über dem weiten Sattel zwischen Punta di l'Acellu und Punta di l'Ariettu. Im unteren Teil ist der Wand ein gedrungener Vorbau angegliedert. Die linke Begrenzung dieses Vorbaues ist der SW-Grat (4/5/5). Gegen rechts bildet der Vorbau einen großen, von rechts nach links ansteigenden, rampenartigen Plattenschuß. Von der Gipfelwand ist der Vorbau durch eine markante Scharte getrennt. Die Anstiege 4/5/5 bis 4/5/8 führen auf den Vorbau bzw. in die erwähnte Scharte und durch die obere Gipfelwand. Die Anstiege 4/5/9 und 4/5/10 führen rechts des Vorbaues durch den rechten Teil der S-Wand empor. Alle Anstiege bieten schöne, lohnende Klettereien in bestem Fels. Sie lassen sich gut mit einer Ersteigung der Punta di l'Acellu verbinden, da der Abstieg durch den Schweizerkamin (4/4/3) fast direkt zu den Einstiegen führt.

4/5/5 Südwestgrat, »Arête de Quenza«
2–3 Stunden (IV und +IV, eine Stelle –V); ca. 250 m
G. Charlet und Gefährten, 15. August 1969
Der SW-Grat bildet die scharf ausgeprägte linke Kante des oben erwähnten Vorbaues.
Zugang: Vom Sattel zwischen Punta di l'Acellu und Punta di l'Ariettu (hierher s. 4/4/1 und 4/4/3) in westl. Richtung über bewachsenes Gelände unter der S-Wand absteigen und über ein Band in eine Scharte hinter einem auffallenden Felszacken. Hier der E.
Über Blockstufen rechts aufwärts in eine kaminartige Rinne. Rechtshaltend über steile, plattige Wandstufen in einen Kamin und durch diesen zu Stand unter einer plattigen Verschneidung (40 m, +IV). Durch die Verschneidung und den anschließenden Kamin leicht linkshaltend zu Stand auf der Kante (20 m, +IV und –IV). An, teilweise auch knapp links der Kante, an überhängenden Tafonis und über Platten zu Stand an der linken Kante (40 m, +IV, IV). Unter Tafoniüberhängen plattiger Quergang nach rechts an die Kante zu Stand bei Absatz (12 m, +III). Über ein Band nach rechts, etwas absteigend in einen Rißkamin und durch diesen gerade hinauf zu Stand an der Kante (35 m, –IV). Über die nun etwas weniger steile, plattige Kante zum Gipfel des Vorbaues (45 m, III). Von hier ca. 30 m (erst III, dann leicht) absteigen in die Scharte (Vereinigung mit 4/5/6).
Durch einen steilen Riß hinauf auf ein Grasband und nach links zu Stand am Beginn eines Kamins (20 m, III). Durch diesen (H) bis unter einen Überhang. Linkshaltend über diesen empor (H) und weiter im Kamin zu Stand auf einer Plattenkanzel (40 m, IV und +IV, eine Stelle –V). Absteigender Quergang nach rechts in eine Einbuchtung und rechts aufwärts zu Stand an der Kante (15 m, III). Rechts der Kante steil und ausgesetzt hinauf zu einem Köpfel und rechts aufwärts auf eine begrünte Stufe knapp unter dem Gipfel (30 m, +III).
Sehr schöne, ausgesetzte Kletterei in bestem Fels. Äußerst lohnend.
Skizze S. 176.

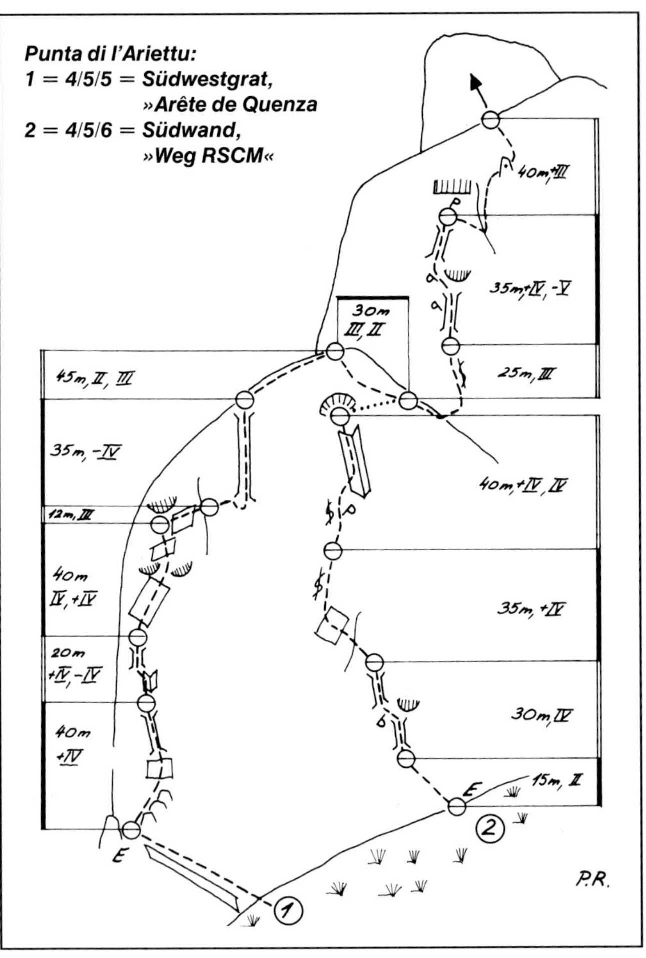

Punta di l'Ariettu:
1 = 4/5/5 = Südwestgrat,
»Arête de Quenza
2 = 4/5/6 = Südwand,
»Weg RSCM«
40m, +III
35m, +IV, -V
30m
III, II
25m, III
45m, II, III
35m, -IV
40m, +IV, IV
12m, III
40m
IV, +IV
35m, +IV
20m
+IV, -IV
30m, IV
40m
+IV
15m, II
E
E
2
1
P.R.

4/5/6 Südwand, »Weg RSCM«

2–3 Stunden (+IV, –V); ca. 200 m
Erstbegeher unbekannt
Der E befindet sich ca. 50 m westl. unter der Scharte zwischen Punta di l'Acellu und Punta di l'Ariettu, bei drei großen Blöcken am Fuße der Wand. Etwas höher oben rechts eine große Tafonihöhle.
Über eine plattige Wandstufe links aufwärts in eine bewachsene Nische am Beginn eines Kamines (15 m, III). Durch den Kamin aufwärts bis unter steile Tafonis, hier etwas nach links und durch einen Tafonikamin empor zu Stand bei großen Tafonis (35 m, +IV). Links aufwärts um eine Kante herum und über steile Platten nach links, dann durch einen Riß zu Stand auf einem Absatz (35 m, +IV). Etwas nach rechts und durch einen Riß ca. 8 m empor, dann nach rechts in die große, schon von unten sichtbare Verschneidung. Durch diese zu Stand bei einem Durchschlupf (38 m, +IV und IV). Durch diesen durch und absteigen in die Scharte hinter dem Vorbau (20 m, +I). Weiter wie unter 4/5/5 beschrieben zum Gipfel. Ebenfalls sehr schöne, ausgesetzte Kletterei, dem SW-Grat durchaus ebenbürtig. Skizze S. 176.

4/5/7 Direkte Südwand, »Rispondi«

2–3 Stunden (IV und +IV, eine Stelle VA1); 150 m
F. Audibert, F. de Sieyés, 20. Mai 1967
Schöne Kletterei in eindrucksvoller Felslandschaft. Skizze S. 178.
Knapp westl. unterhalb der Scharte zwischen Punta di l'Acellu und Punta di l'Ariettu sieht man im untersten Teil der S-Wand eine auffallende Tafonihöhle. Rechts davon ziehen zwei Kamine empor. Hier der E. Durch den rechten Kamin ca. 20 m hinauf, plattiger Quergang nach links in den linken Kamin und durch diesen zu Stand bei Busch am Fuße einer auffallenden, rechtwinkeligen Verschneidung (40 m, III und –IV). Durch die Verschneidung zu Stand (15 m, VA1 – KK und Friends). Weiter über schönen, plattigen Fels im allgemeinen gerade hinauf auf ein großes Band (30 m, –III). Etwas rechts des Standplatzes steil rechts aufwärts in eine kaminartige Einbuchtung und durch diese empor zu Stand bei einer Abseilkette (35 m, IV, stellenweise +IV). Durch den rechten von mehreren Rissen kurz hinauf, dann plattiger Quergang nach rechts zu Stand auf großem Absatz (25 m, –IV). Linkshaltend an die Kante und über diese zum Ausstieg (35 m, III und IV). Über begrünte Stufen zum Gipfel.

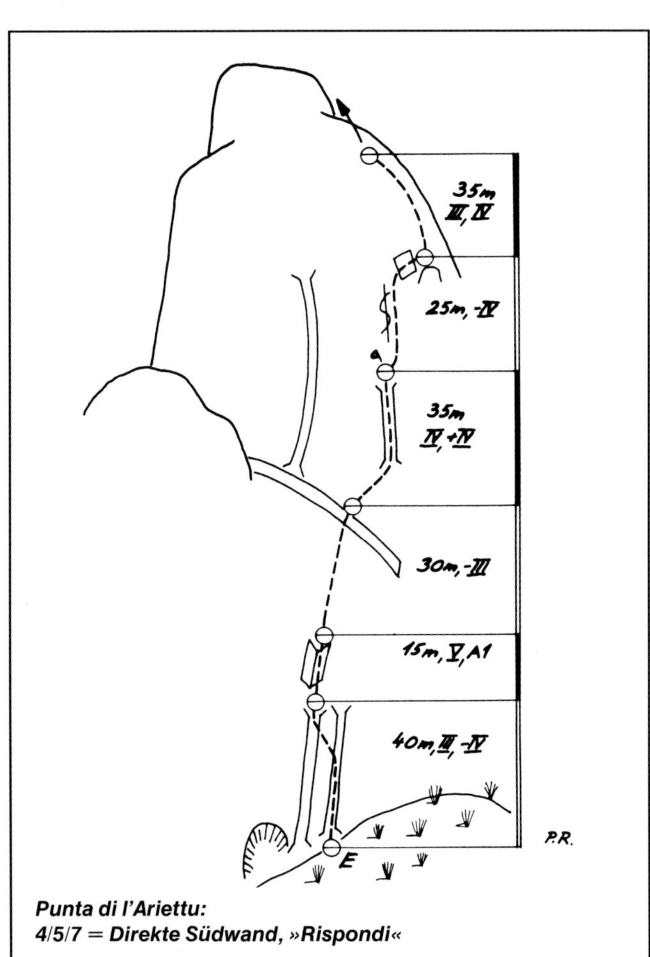

Punta di l'Ariettu:
4/5/7 = Direkte Südwand, »Rispondi«

4/5 Punta di l'Ariettu von Süden:
4/5/7 = Direkte Südwand, »Rispondi«

4/5/8 Direkter Ausstieg

(+V und +IV)
Vom großen Band (nach der 3. SL des Weges 4/5/7) kurz nach links und durch einen engen Kaminspalt sowie die anschließende Verschneidung 2 SL empor zu Stand an der Kante und wie unter 4/5/5 beschrieben zum Gipfel.

4/5/9 Südwand, Rechter Teil

Auch im rechten Teil der S-Wand wurden mehrere sehr schöne Anstiege eröffnet. Siehe L. M. d. B.

4/5/10 Ostwand, »Caniveau vertical«

2–3 Stunden (frz. +V und VIa)

Marie-Hélène Richier, Jean-Marie Arcurry, Serge Houlière, September 1987
Beschreibung und Skizze s. L. M. d. B.

4/5/11 Westkante, »Auf Messers Schneide«

4–5 Stunden (+V bis VII, eine Stelle VIII); 200 m
A. Precht, E. Rudorfer, 26. Mai 1989

Alle H und Sanduhrschlingen belassen. In der Schlüsselstelle ist das Anbringen von weiteren Zwischensicherungen nicht möglich, deshalb moralisch sehr anspruchsvoll!

Zugang: Vom Sattel zwischen Punta di l'Acellu und Punta di l'Ariettu (siehe 4/4/1) in westl. Richtung über bewachsenes Gelände entlang der Südwand absteigen, um den SW-Grat herum nach rechts querend in die Schlucht und durch diese zum Ansatz der Kante.

Die Westkante ragt zwischen zwei Schluchten auf, welche durch zwei pfeilerartige Vorbauten gebildet werden. Sie beginnt bei der Schluchtgabelung mit sehr kompakten Platten. Der Anstieg führt über diese und die folgende Tafonizone zur im oberen Teil messerscharfen Kante, über die man einen Absatz erreicht. Von hier in etwas leichterer Kletterei zum Gipfel.
Genauer Routenverlauf s. Skizze S. 181.

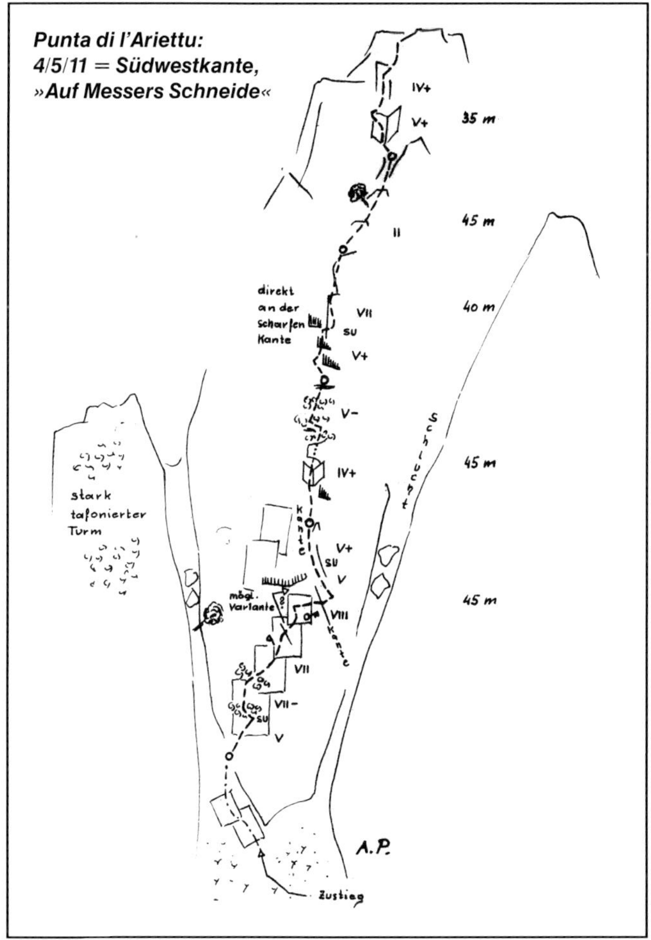
Punta di l'Ariettu:
4/5/11 = Südwestkante,
»Auf Messers Schneide«
IV+
V+
35 m
45 m
II
direkt
an der
scharfen
Kante
VII
40 m
SU
V+
V-
Schlucht
IV+
45 m
stark
tafonierter
Turm
Kante
V+
SU
V
mögl.
Variante
VIII
45 m
Kante
VII
VII-
SU
V
A.P.
Zustieg

4/6 Punta d'a Vacca, 1611 m (Turm III)

Leicht ersteigbarer Felsgipfel nördl. der Punta di l'Ariettu.

Trotz seines markanten Aussehens weist der Gipfel keine nennenswerten Felsbildungen auf. An der E-Seite leitet unter dem eigentlichen Gipfelaufbau ein breiter Streifen mäßig steilen, bewachsenen Geländes aufwärts; über diesen Streifen führt der markierte GR 20. Unterhalb dieses Streifens befindet sich eine schöne, 200 bis 250 m hohe Plattenwand. In dieser als SE-Wand bezeichneten Wand wurden in den letzten Jahren mehrere lohnende Kletterwege eröffnet, die jedoch nicht am Gipfel, sondern praktisch am markierten GR 20 enden.

4/6/1 Von Norden (Normalweg)

10–15 Minuten (I)

Von dem zur Bocca d'u Pargolu führenden Steig (Alpinvariante GR 20, 4/7/1) links abzweigend und über bewachsenes Gelände auf den breiten Kamm nördl. des niedrigen Gipfelaufbaues. Über Blockwerk und unschwierige Stufen zum Gipfel. Landschaftlich sehr lohnende leichte Tour. Vom Gipfel hervorragende Aussicht.

4/6/2 Südostwand – Allgemeines

Wie bereits erwähnt, wird die SE-Wand vom eigentlichen Gipfelaufbau durch einen breiten, mäßig steilen, bewachsenen Geländestreifen getrennt. Die etwa 200 bis 250 m hohe, gewölbte Plattenwand wird links von einem schwach ausgeprägten Pfeiler begrenzt. Über diesen leitet 4/6/3. Im Mittelteil der Wand ein auffallendes Dachl, links davon eine Tafonizone. 4/6/4 leitet durch die Tafonizone, 4/6/5 führt unmittelbar an der linken Dachkante empor, während 4/6/6 knapp rechts am Dachl vorbeileitet. Die Route 4/6/7 leitet über das auffallende Türml rechts des Daches und sodann gerade empor.

Punta d'a Vacca von Südosten:
4/6/3 = »Dorsika«
4/6/4 = Südostwand
4/6/5 = Direkte Südostwand
4/6/6 = »Voie de la cheminée Andalouse«
4/6/7 = »Weg über das Türml«

Pta. d'a
Vacca
Pta. d'u Pargolu
Zustieg
4/6/5
4/6/6
4/6/7
4/6/4

Alle Durchstiege weisen besten Fels auf, die Zustiege sind kurz und einfach. Der Ausstieg erfolgt praktisch direkt am markierten GR 20. Trotz dieser Vorzüge selten begangen, jedoch sehr lohnend, besonders im Anschluß an eine andere Tour, etwa auf die Punta di l'Acellu oder die Punta di l'Ariettu.

4/6/3 Südostpfeiler, »Dorsika«

1–1½ Stunden (III und IV je nach Wegwahl); 200 m
Doris und E. Rudorfer, 1986
Sehr schöne, mittelschwere Kletterei mit kurzem Zustieg und problemlosem Abstieg über den markierten GR 20. Besonders lohnend in Verbindung mit einem Anstieg auf die Punta di l'Ariettu.
Den linken (südl.) Abschluß der SE-Wand bildet ein gestufter, stark gegliederter Pfeiler, der die Anstiegslinie bildet. Das Anstiegsgelände bietet viele Durchstiegsmöglichkeiten. Siehe Foto.

4/6/4 Südostwand (Linker Durchstieg)

Nähere Angaben über Schwierigkeiten, Erstbegeher und die genaue Wegführung fehlen. Ungefähre Wegführung s. Foto.

4/6/5 Direkte Südostwand

2 Stunden (IV und V, je eine Stelle –VI und VI); 200 m
E. Rudorfer, A. Precht, 21. Mai 1990
Sehr schöne, abwechslungsreiche Kletterei in sehr gutem Fels. Vorwiegend Plattenkletterei.
Zugang: Man verläßt den GR 20 (s. 4/7/1) dort, wo er unter der E-Wand der Punta di l'Ariettu vorbeiführt und steigt über bewachsenes Blockgelände rechts abwärts zum Fuße des SE-Pfeilers der Punta d'a Vacca. Weiter über plattige, bandartige Stufen entlang der plattigen SE-Wand auf eine Terrasse unter dem auffallenden Dach im zentralen Wandbereich. Hier der E. Routenverlauf s. Skizze S. 185.

4/6/6 Südostwand, »Voie de la cheminée Andalouse«

2–3 Stunden (frz. bis +V); 250 m
B. Gorgeon, G. Daniel, September 1977
Beschreibung und Skizze s. L. M. d. B.

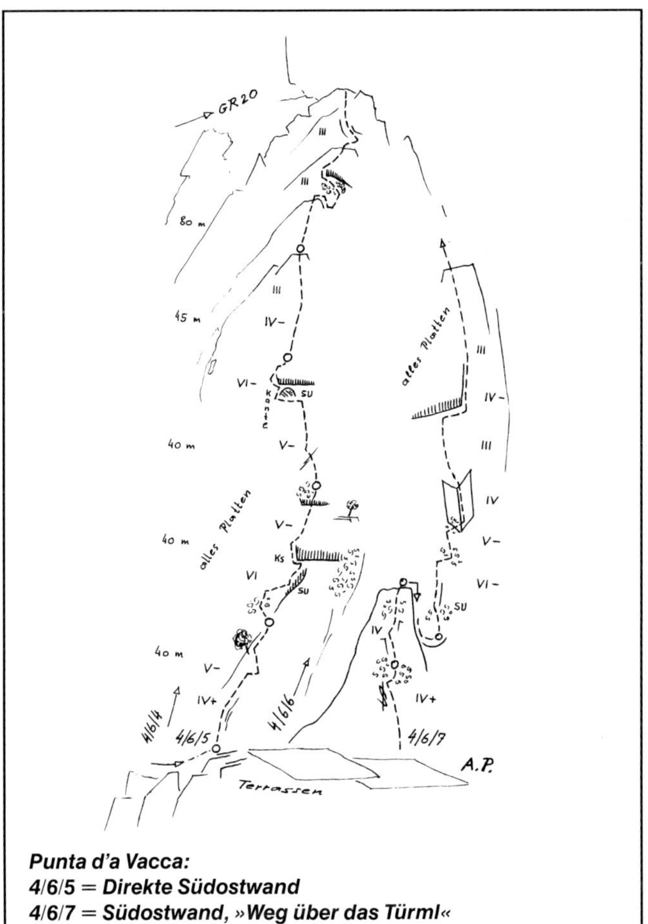

Punta d'a Vacca:
4/6/5 = Direkte Südostwand
4/6/7 = Südostwand, »Weg über das Türml«

4/6/7 Südostwand, »Weg über das Türml«
2 Stunden (IV und –V, eine Stelle –VII); 200 m
A. Precht, E. Rudorfer, 1. Juni 1990
Schöne Plattenkletterei in bestem Fels.
Zugang s. 4/6/5, Routenverlauf s. Skizze S. 185.

4/7 Bocca d'u Pargolu (1662 m)
Keine ausgeprägte Scharte, eher eine breite Schulter in dem von der Punta d'u Pargolu nach SW ziehenden Rücken. Über die Bocca d'u Pargolu führt die gelb markierte »Alpinvariante« des GR 20, sie wird aber auch bei den Zugängen zu den meisten Gipfeln der Nordgruppe betreten.

4/7/1 Vom Col de Bavella
1½–1¾ Stunden (unschwierig), gelb bezeichnet
Wie unter 4/2/1 beschrieben in die rechte Scharte der Bocca di l'Acellu (¾–1 Stunde). Jenseits der Scharte absteigen, einen von der Punta di l'Acellu abstreichenden Felsrücken umgehen und diesen entlang durch eine felsige Rinne ansteigen bis knapp unter die Scharte zwischen Punta di l'Acellu und Punta di l'Ariettu. Unter der E-Wand der Punta di l'Ariettu schräg ansteigen auf eine vorspringende Felskanzel. Jenseits über eine versicherte Platte absteigen. Sodann schräg rechts ansteigend bis knapp unter den Sattel nördl. der Punta di l'Ariettu. Weiter schräg rechts durch den oberen Teil der E-Flanke der Punta d'a Vacca auf einer breiten bewachsenen Stufe ansteigen, schließlich über wenig bewachsenes Schuttgelände zu einem markanten, riesigen Felsblock, der von einem großen Loch durchbrochen wird. In gleicher Richtung weiter hinauf auf den Kamm und damit zur Bocca d'u Pargolu.

4/8 Punta d'u Pargolu, 1785 m (Turm IV, Turm der Deutschen)
Sehr schöner, allseits mit steilen Wänden abbrechender Felsturm. Mehrere, zum Teil sehr schwierige, durchwegs lohnende Anstiege. Zu Unrecht verhältnismäßig selten erstiegen.
Von der Bocca d'u Pargolu (s. 4/7/1) sind sämtliche Einstiege in wenigen Minuten erreichbar.

4/8/1 Südwestwand, »Weg Wonisch«

1½ Stunden (III und IV, eine Stelle +IV)
J. Wonisch, E. Schinnerl, Ingrid Aigner, 27. Juli 1964
Sehr schöne Kletterei in gutem Fels, sehr lohnend. Skizze S. 190.
Allgemeines: Links der steilen S-Wand ist eine teilweise schluchtartige tiefe Kaminverschneidung in die Wand eingerissen. Durch diese führt der Anstieg.
E am Fuße der Schlucht. An der rechten Seite der Schlucht über hohe Blockstufen zu Stand bei großen Blöcken an der rechten Seite der Schlucht (30 m, –III). Nach links in die Schlucht und durch einen kurzen, glatten Riß (Strauch) auf einen breiten, plattigen Absatz im Schluchtgrund. Stand an der linken Seite (15 m, +III).
Durch den linken, glatten Riß einige Meter hinauf, bei einem auffallenden Tafoni Quergang nach rechts in den rechten Riß und durch diesen hinauf zu Stand unter großen Tafoniüberhängen (40 m, +IV und IV). Quergang nach links in den Grund der hier breiten Schlucht und an ihrer linken Seite durch einen Riß (IV) auf eine begrünte Stufe (SH, 35 m, III und IV). Von hier leicht zum Gipfel.

4/8/2 Abstieg nach Nordwesten

½ Stunde (–III, eine Abseilstelle von ca. 20 m)
Vom Gipfel über den Grat nach N zu AH, 20 m abseilen auf einen Gratabsatz. Links ein großer abgesprengter Block mit Steinmann. Auf den Block hinauf und durch den Riß zwischen Block und Wand hinunter zu Stand auf einer Blockstufe (30 m, –III). Weiter über plattige Stufen schräg rechts absteigen bis in die Schlucht, welche von der Scharte zwischen Punta d'u Pargolu und Punta Piata nach N abfällt. Durch die Schlucht unschwierig an den Wandfuß.

4/8/3 Von Nordwesten

1 Stunde (IV, teilweise V)
Erstbegeher unbekannt
Der Anstieg ist im unteren Teil identisch mit 4/8/2, vom Block mit dem Steinmann ziemlich gerade zum Gipfel. S. Skizze und Beschreibung L. M. d. B.

4/8/4 Westwand

2–3 Stunden (V und VI, eine Stelle +VI); 150 m

E. Rudorfer, A. Precht

Die W-Wand wird in der Mitte von einem auffallenden Riß zergliedert, welcher sich oben in Tafonizonen verliert. Diese Möglichkeiten benützt der Anstieg. Ausgesprochen schöne Freikletterei in bestem Fels. Routenverlauf s. Foto und Skizze S. 191.

4/8/5 Südwestkante

1–1½ Stunden (+IV, eine Stelle +V)

A. Precht, A. Gugger, 1989

Der Gipfel fällt nach SW mit einer Kante senkrecht ab. Über diese führt der Anstieg. Schöne Kletterei in abenteuerlichen Tafonizonen. Wegführung s. Skizze S. 192. Wahrscheinlich mit 4/8/7 identisch und bereits 1969 durch G. Carpentier und J. L. Lachasse begangen.

4/8/6 Südwand, »Gargouille« (Wasserspeier)

1½–2 Stunden (teilweise +V); 110 m

W. Hertrampf, W. Krah, G. Winkler, 13. Juni 1960

Der Weg der Erstbegeher war die erste Kletterei im VI. Grad in der Bavella; die seinerzeitige Schlüsselstelle wird heute kaum mehr begangen.

E bei einem kleinen Pfeiler an der linken Kante der S-Wand. Gerade empor auf einen Absatz. Ca. 5 m nach rechts und durch einen schrägen Kamin hinauf. Weiter nach rechts über Platten und schmale Bänder zu einem auffallenden Tafonigebilde, das einem gotischen Wasserspeier ähnelt. An diesem vorbei und ansteigend nach rechts auf eine Terrasse mit Stechpalmen. Nicht durch den bewachsenen Kamin, sondern links davon über einen kleinen Pfeiler bis unter Überhänge. Hier nach rechts und durch den Kamin zum Ausstieg.

I = Punta Piata
II = Punta d'u Pargolu
4/8/4 = Westwand

I
II
4/8/4

Punta d'u Pargolu:
4/8/1 = Südwestwand, Weg Wonisch

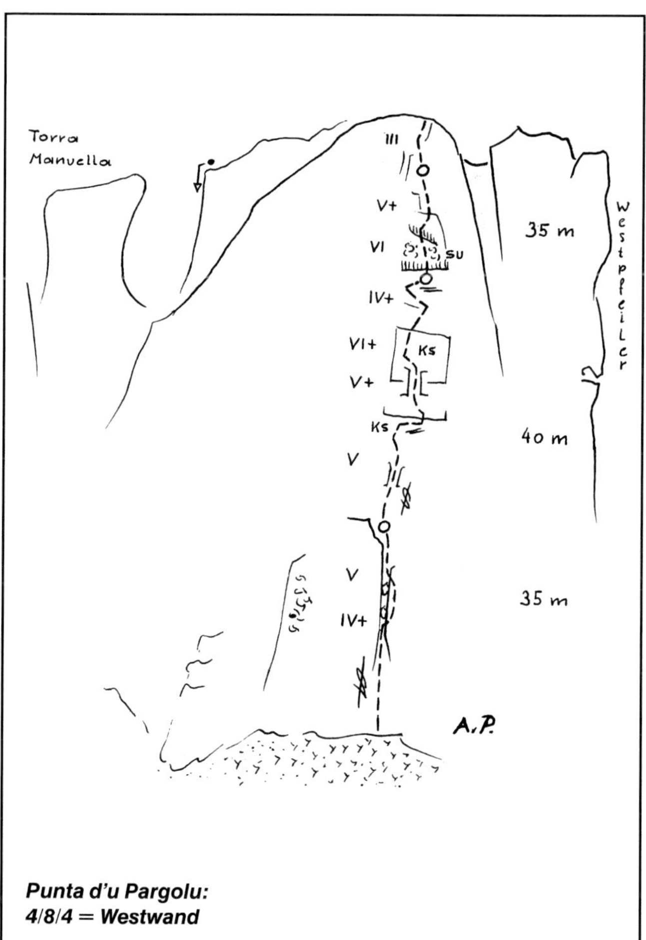

Punta d'u Pargolu:
4/8/4 = Westwand

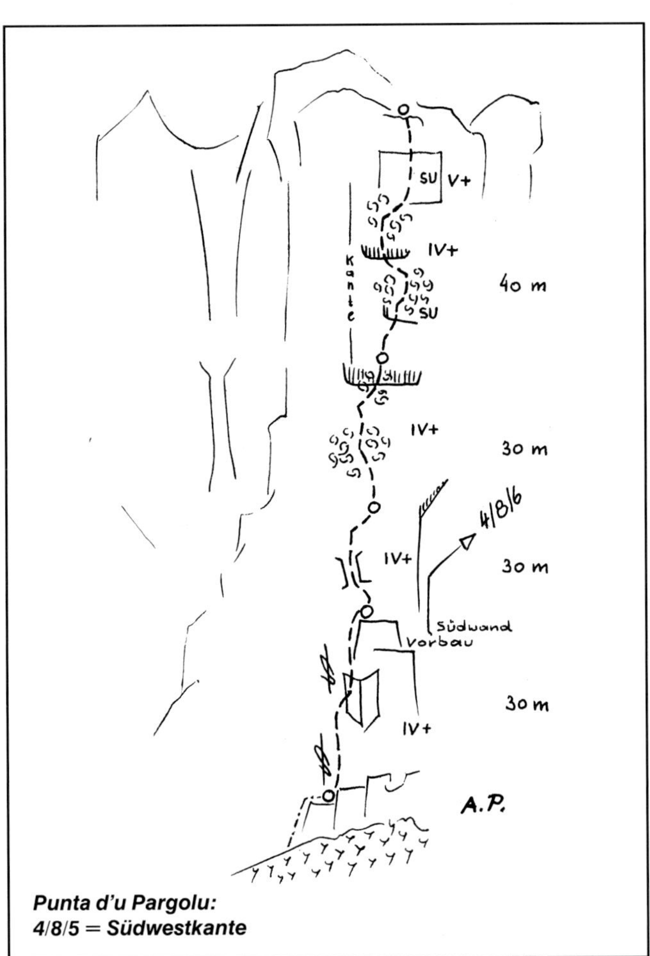

Punta d'u Pargolu:
4/8/5 = Südwestkante

Punta d'u Pargolu:
4/8/5 = Südwestkante
4/8/6 = Südwand, »Gargouille«

4/8/7 Südwand, »Weg Carpentier«

1½–2 Stunden (V, teilweise +V)

G. Carpentier, J. L. Lachasse, 11. August 1969

Siehe 4/8/5.

4/8/8 Ostwand, »Jazzkonzert«

2–2½ Stunden (+V, VI, eine Stelle +VI); 120 m

A. Precht, E. Rudorfer, 31. Mai 1986

Kurze, genußvolle Kletterei in bestem Fels, steil und sehr abwechslungsreich. Der mit Abstand schönste Anstieg auf die Punta d'u Pargolu. Sicherung ausschließlich mit SU-Schlingen sowie Keilen und Friends bis Größe 3.

Zugang: Vom Col de Bavella wie bei 4/7/1 beschrieben bis etwas unterhalb der Bocca d'u Pargolu. Über Schutt und bewachsenes Gelände unterhalb der S-Wand nach rechts unter die E-Wand (1–1½ Stunden).

Route: Dem Fuße der E-Wand ist ein steiler Felszahn vorgelagert. In dessen Scharte gelangt man am besten von rechts her. Hier der eigentliche E. Vorerst kurz nach rechts und eine feine Rißspur empor. Über Platten (SU-Schlingen) links ansteigend zu Tafoniüberhang und über diesen auf ein Band. Am Band links und über tafonierten Fels aufwärts. Um eine Kante nach rechts in eine große Runse. Diese empor, an ihrem oberen Ende Quergang links zurück in den nun kletterbaren Riß. Durch diesen (Schlüsselstelle) zu gutem Standplatz. Gerade weiter über den großen Tafoniüberhang (SU-Schlinge) empor und links in eine Art Ausstiegsschlucht. Über die Schluchtwand zum Gipfel. S. Skizze S. 196.

4/8/9 Ostwand, »Les mousquetaires de Baretous«

2–2½ Stunden (frz. V und +V); 130 m

P. Darius, J. Hourti, F. Lhoste, P. Superville, 21. Mai 1982

Beschreibung und Skizze s. L. M. d. B.

Punta d'u Pargolu von Osten:
4/8/8 = Ostwand, »Jazzkonzert«
4/8/10 = Ostpfeiler, »Power to Power«

4/8/10
8

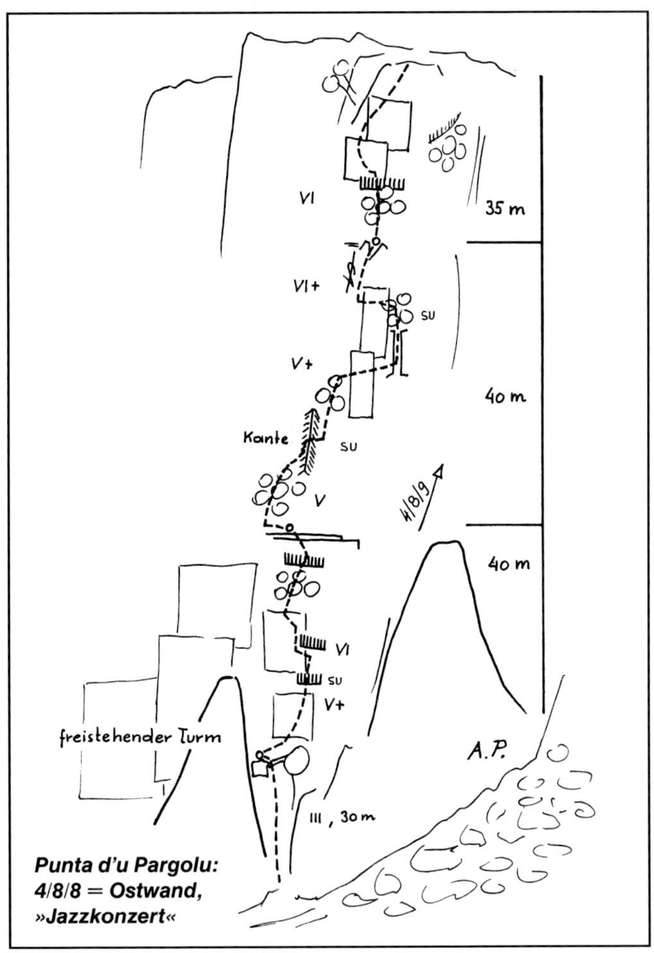

Punta d'u Pargolu: 4/8/8 = Ostwand, »Jazzkonzert«

4/8/10 Ostpfeiler, »Power to Power«
3 Stunden (+VI und +VII, eine Stelle –VIII); 120 m
A. Precht, Ch. Bogensberger, 17. Juni 1990
Kurze, sehr anspruchsvolle und abwechslungsreiche Kletterei.
H und SU-Schlingen belassen. Skizze S. 198.
Der Ostpfeiler bildet die rechte (nördl.) Begrenzung der E-Wand und wird von einer markanten Rißreihe durchzogen. Durch diese Rißreihe bzw. in den Platten knapp links und rechts von ihr erfolgt der Anstieg, der in direkter Linie zum Gipfel führt.
E knapp rechts einer kleinen Nische. An einer senkrechten Piazleiste empor zu Tafonizone (SU-Schlinge). Etwas nach links und über einen kleinen Wulst zum Rißbeginn. Nun in vorgegebener Linie zum Gipfel.

4/8/11 Ostkante
2 Stunden (V und VI); 120 m
A. Precht, E. Rudorfer, 21. Mai 1990
Rechts des E-Pfeilers ist eine tiefe Schlucht eingerissen. Die linke Begrenzung dieser Schlucht bildet eine Kante, welche links von einer Rißreihe durchzogen wird, die einen logischen Durchstieg ermöglicht. Durch die Schlucht über eine Unterbrechung empor zum eigentlichen E. Durch einen Riß zu kurzer, gelber Verschneidung, dann bei Tafonis linkshaltend einer Rißspur folgend zum Gipfel. Siehe Skizze S. 198.

4/9 Punta Piata, ca. 1790 m (Turm der Belgier)
Schöner, steilwandiger Felsberg von gedrungener Gestalt. Von N über den Grat leicht und mühelos erreichbar. Ansonsten allseitig steile Wandabbrüche. Besonders eindrucksvoll die von großen Tafonis gebildete Westwand. Selten erstiegen.

4/9/1 Nordgrat (Normalweg)
½ Stunde (II)
Bolle, De Schryver, 1927
Von dem breiten Sattel nördl. des Gipfels (dieser Sattel ist vom Steig, der zur Bocca d'u Santu führt, über leichtes Gelände in wenigen Minuten erreichbar) über den flachen breiten Gratrücken, teilweise über niedere, plattige Stufen bis in eine kleine Scharte knapp vor dem steilen Gipfelaufbau. Nun rechtshaltend in hübscher Kletterei (II) zum Gipfel. Auch bester und kürzester Abstiegsweg.

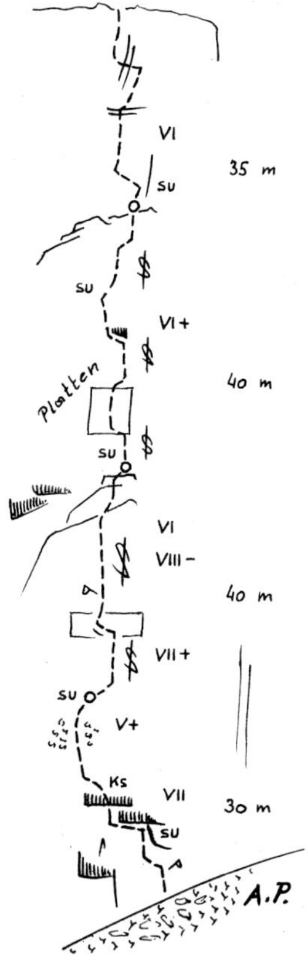

Punta d'u Pargolu:
4/8/10 = Ostpfeiler,
»Power to Power«

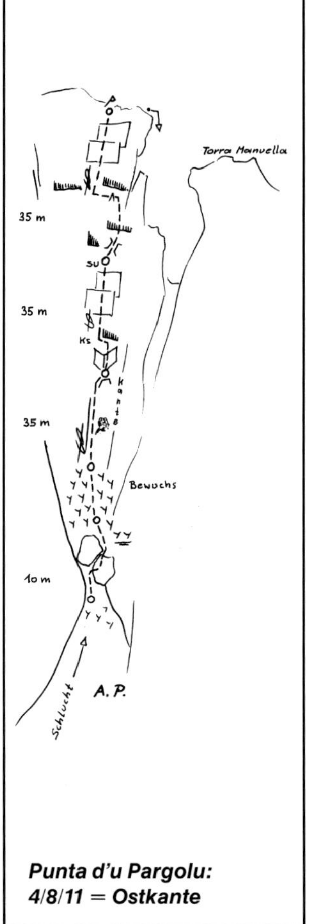

Punta d'u Pargolu:
4/8/11 = Ostkante

Punta d'u Pargolu von NE
4/8/10 = »Power to Power«

4/9/2 Zugangsvariante

½–¾ Stunden (II, stellenweise –III)

Vom Steig, der zur Bocca d'u Santu führt, durch eine unschwierige, schmale Schlucht hinauf in die schmale, tiefe Scharte zwischen Punta Piata und Punta d'u Pargolu.

Nach S durch die Schlucht absteigen (eine plattige Stufe II) an den S-Fuß des Gipfels. Schräg rechts ansteigend in eine breite, schräge Rinne und erst an ihrer linken Seite über Platten, dann durch einen plattigen steilen Riß (–III) auf eine Blockstufe mit Steinmann. Von hier gerade hinauf zum Nordgrat und über diesen (Normalweg) zum Gipfel.

Landschaftlich sehr schöner Anstieg.

4/9/3 Westgrat, »Figliola«

1–1½ Stunden (frz. IV, teilweise +V)

C. Bouygues, G. P. Quilici, 2. Juni 1985

Beschreibung und Skizze s. L. M. d. B.

4/10 Petites Aiguilles d'u Pargolu (Kleine Pargolutürme)

Östl. bzw. südöstl. der Punta d'u Pargolu stehen mehrere kühne Felstürme, die als Petites Aiguilles d'u Pargolu bezeichnet werden.

Drei dieser Türme bilden einen Gratzug, der in nordöstl. Richtung zieht. Die drei Türme werden als Kleiner Pargoluturm I, II und III bezeichnet. Der Turm I ist der höchste aller Kleinen Pargolutürme. Der Turm III wird heute von den Korsen Punta Cocia genannt.

Nach SE zieht ein ebenfalls aus drei Türmen bestehender Gratzug. Diese drei Türme werden als Kleiner Pargoluturm A, B und C bezeichnet. Der Turm C wird von den Korsen Punta di Pampalonu genannt.

Zwischen den beiden Turmreihen ist eine im oberen Teil schluchtartige Mulde eingelagert, die jedoch nur von unten problemlos zugängig ist. Die Türme A, B und C stürzen in diese mit hohen, steilen NE-Wänden ab, die Türme I, II und III mit ebensolchen SE-Wänden.

An den Kleinen Pargolutürmen wurde in den letzten 10 Jahren eine ganze Reihe von durchwegs sehr schwierigen Anstiegen eröffnet, die jedoch bisher fast unbekannt geblieben sind und kaum Wiederholungen aufweisen.

Kleine Pargolutürme (Übersicht):

A** = **Kleiner Pargoluturm A (4/11)

B** = **Kleiner Pargoluturm B (4/12)

1 = 4/12/3 — 2 = 4/12/4

C** = **Punta di Pampalonu (4/13)

1 = 4/13/1 — 3 = 4/13/4

2 = 4/13/3

I** = **Punta Chjostru (4/14)

1 = 4/14/3 — 3 = 4/14/5

2 = 4/14/4 — 4 = 4/14/6

II** = **Kleiner Pargoluturm II (4/15)

5 = 4/15/1

III** = **Punta Cocia (4/16)

6 = 4/16/2 — 9 = 4/16/5

7 = 4/16/3 — 10 = 4/16/6

8 = 4/16/4 — 11 = 4/16/7

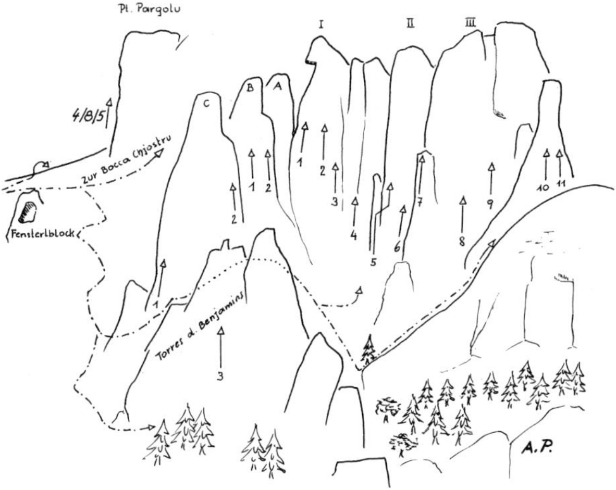

4/11 Kleiner Pargoluturm A, ca. 1680 m

Allseits steil abfallender Felsgipfel. Von der Punta d'u Pargolu durch eine breite, in westl. Richtung abstreichende Schuttrinne deutlich abgetrennt. Mit dem Kleinen Pargoluturm B durch einen zackigen Grat verbunden. Der Gipfel wird nur sehr selten erstiegen.

4/11/1 Von Westen

1½–2 Stunden (IV, stellenweise +IV)
Erstbegeher unbekannt
Schöne Kletterei, meist durch enge, rauhe Rißkamine.
Zugang:
Vom Weg zum Col d'u Pargolu etwas unterhalb des auffallenden, von einem Loch durchbrochenen Felsen nach rechts (östl.) etwas ansteigend queren bis in die zwischen Punta d'u Pargolu und dem Kleinen Pargoluturm A herabziehende, breite, begrünte Schuttrinne. Durch diese kurz empor und nach rechts an die Wand des Turmes A zu einem Absatz bei großen, losgelösten Blöcken (Steinmann). Hier der E (1¼–1½ Stunden vom Col de Bavella).
Links aufwärts über eine Platte, über große Blöcke rechts empor auf eine Stufe des Vorbaues. Vom rechten Ende der Stufe über große Blöcke auf einen Absatz (35 m, III und IV). Rechts aufwärts durch einen kurzen Riß und weiter rechtshaltend zu tiefem Rißkamin (an seinem Beginn kleiner Baum). Durch diesen Rißkamin hinauf zu Stand (35 m, +IV). Weiter durch den Rißkamin hinauf in die Scharte vor dem Gipfelaufbau (45 m, IV und +IV). Über eine breite Blockstufe nach links, um eine Kante herum und 2 m hinauf auf eine rasige Stufe (10 m, II). Durch einen überhängenden Riß empor kurz nach rechts zu großen Blöcken und durch einen engen Kamin zum Gipfel (25 m, +IV und IV).

4/11/2 Abstieg

1 Stunde (IV, Abseilstellen)
Vom Gipfel durch den engen Kamin abklettern zu den großen Blöcken.

Kleine Pargolutürme von Westen (vom GR 20):
4/11/1 = Kleiner Pargoluturm A von Westen
4/13/1 = Punta di Pampalonu-Südpfeiler

Pta. Chjostru
Kleiner Pargoluturm B
Kleiner
Pargoluturm A
Bocca
Chjostru
Pta. di Pampalon
4/13/1
4/11/1

Von hier durch ein Loch 10 m abseilen in die Scharte vor dem Gipfelaufbau. Rechtshaltend abklettern zu einem Baum am oberen Ende eines plattigen Rißkamins. Vom Baum 40 m über Platten abseilen auf eine Stufe. Von dieser Stufe links aufwärts zu dem beim Aufstieg erwähnten kleinen Baum am Beginn des tiefen Rißkamins. Von diesem kleinen Baum 40 m abseilen in eine Scharte. Durch eine Rinne nach W absteigen zu steilen Platten und von einem kleinen Baum 20 m abseilen in das Kar. Dieses nach W querend, erreicht man den Weg, der zum Col d'u Pargolu führt.

4/12 Kleiner Pargoluturm B, ca. 1700 m

Wenig selbständiger Gipfel, mit dem Kleinen Pargoluturm A durch einen zackigen Grat verbunden. Sehr selten erstiegen.

4/12/1 Von Westen

1½–2 Stunden (IV, stellenweise +IV)

Erstbegeher unbekannt

Wie bei 4/11/1 in die Scharte vor dem Gipfelaufbau des Kleinen Pargoluturmes A. Von dieser Scharte über ein überdachtes Kriechband rechts aufwärts zu einem Tafoniloch. Durch dieses durch und absteigend in eine Gratscharte mit Steinmann. Stand etwas höher bei einem großen Busch (30 m, IV und II). Steil rechts aufwärts auf einen Vorbau hinauf und Quergang nach rechts zu einem Busch am unteren Ende des tiefen Risses, welcher den Gipfelblock spaltet (30 m, IV und II). Durch den tiefen Riß auf den Gipfel (10 m, +IV).

4/12/2 Abstieg

1 Stunde (IV, Abseilstellen)

Über den Aufstiegsweg abklettern zurück in die Scharte vor dem Turm A. Weiter absteigen bzw. abseilen wie bei 4/11/2 beschrieben.

I = Punta di Pampalonu
4/13/3 = Nordostwand
II = Kleiner Pargoluturm B
4/12/3 = Ostwand
4/12/4 = »Sonntagskante«

II
I
4/13/3
4/12/3
4/12/4

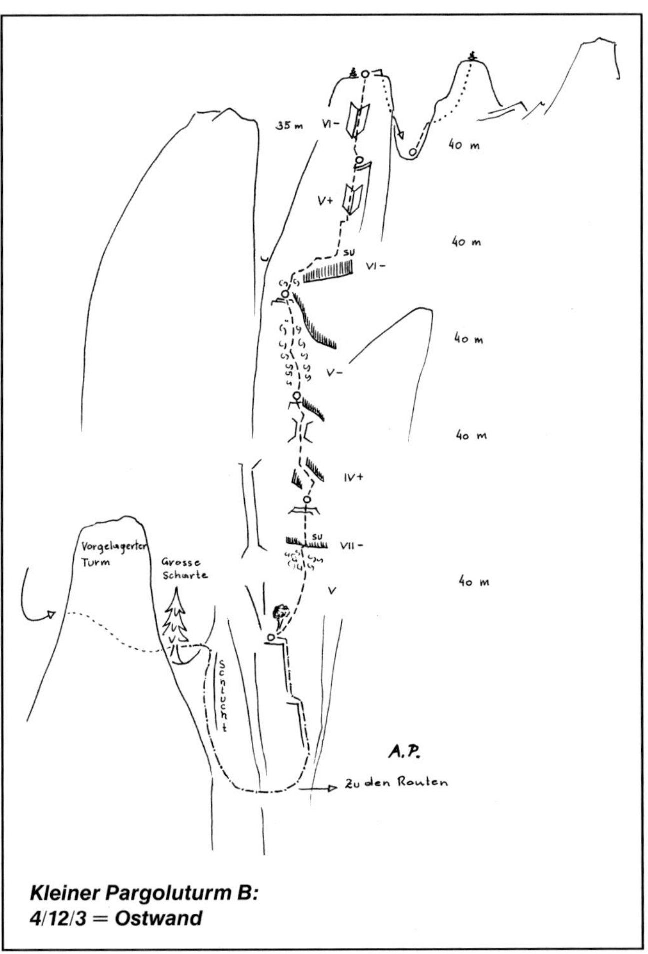

Kleiner Pargoluturm B:
4/12/3 = Ostwand

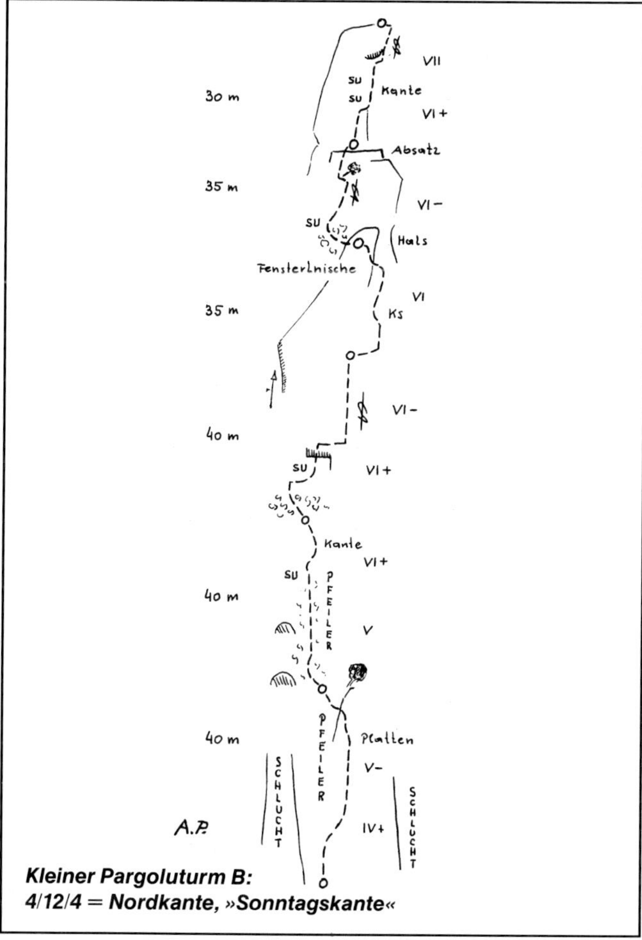

Kleiner Pargoluturm B:
4/12/4 = Nordkante, »Sonntagskante«

4/12/3 Ostwand

3 Stunden (+IV bis –VI, eine Stelle –VII); 200 m

A. Precht, E. Rudorfer, 1988

Sehr eindrucksvolle Kletterei in bestem Fels. Zwei SU-Schlingen belassen.

Zugang: Vom Col de Bavella über die markierte »Alpinvariante« des GR 20 (4/2/1 und 4/7/1) bis zu dem markanten, von einem Loch durchbrochenen Riesenblock. Von hier quert man absteigend nach E an den Fuß des S-Pfeilers der Punta di Pampalonu. Über eine kleine Stufe auf den Absatz eines Vorbaues (Steinmann). Von hier Quergang (III) nach rechts in eine Scharte hinter turmartigen Vorbauten. Jenseits der Scharte absteigen in die hier enge Schlucht und zum E.

Routenverlauf s. Skizze S. 206.

4/12/4 Nordkante, »Sonntagskante«

3–4 Stunden (V bis VII); 220 m

A. Precht, E. Rudorfer, 9. Juni 1991

Übersicht: Der mittlere Turm entsendet nach N einen Pfeiler, welcher im oberen Teil eine sehr beeindruckende scharfe Kante bildet. Die Route verläuft immer direkt am Pfeiler bzw. an der Kante. Skizze S. 207.

Zugang: Wie unter 4/12/3 beschrieben.

E am Fuße des Pfeilers. Über Platten ziemlich gerade empor zu einem markanten Riß. Diesem folgen und scharf links etwas absteigend in eine Nische (Fensterlnische). Weiter durch einen gut kletterbaren Riß auf einen Absatz. Nun an der scharfen Kante überraschend griffig aufwärts. Die letzten Meter bilden die Schlüsselstelle.

4/13 Punta di Pampalonu, ca. 1750 m (Kleiner Pargoluturm C)

Allseits mit steilen Wänden abbrechender schöner Felsturm. Vom nördl. stehenden »Kleinen Pargoluturm B« durch eine tiefe Scharte getrennt. Der ausgeprägte S-Pfeiler fußt auf einem plattigen, turmartigen Vorbau, welcher vom S-Pfeiler durch eine tiefe Scharte getrennt

I = Punta di Pampalonu
4/13/3 = Nordostwand
II = Kleiner Pargoluturm B
4/12/4 = »Sonntagskante«

I
II
4/13/3
4/12/4

wird. Der Vorbau stürzt nach E mit überraschend hohen, eindrucksvollen Wänden ab, in welchen ebenfalls mehrere Anstiege eröffnet wurden.

4/13/1 Südpfeiler

3–4 Stunden (+IV, stellenweise –V); 220 m

K. und G. Harder, 21. August 1968

Sehr schöne, ausgesetzte Kletterei in bestem Fels. Zur Sicherung Klemmkeile. Selten begangen, jedoch sehr lohnend.

Den E erreicht man am besten, indem man vom Weg 4/12/3 zur Bocca d'u Pargolu etwas unterhalb des auffallenden, von einem Loch durchbrochenen Felsen absteigend nach E an den Fuß des tief herabreichenden S-Pfeilers quert. E bei einer Stufe über einem kleinen Vorbau (Steinmann).

Über eine plattige Wandstufe empor in einen glatten Rißkamin. Nicht durch diesen, sondern links aufwärts durch einen schräg links ansteigenden, glatten Riß zu Stand in einer Nische unter Tafonis (30 m, –V). Quergang nach links in einen Kamin (H) und weiter querend nach links zu einer Einbuchtung mit überhängenden Tafonis. Über diese gerade hinauf zu Stand in einer großen Tafoninische (30 m, +IV und IV). Durch ein Tafoniloch rechts aus der Nische heraus, durch einen Riß und über eine überhängende Wandstelle auf einen Absatz. Weiter über Bänder und Platten rechts aufwärts zu Stand unter einem überhängenden Kamin (42 m, IV). Links des Kamines ca. 8 m empor, unter Tafonis nach rechts in den Kamin und durch diesen, später den linken Ast benützend, zu Stand auf einem Absatz (35 m, +IV und IV). Nach links 3 m absteigen und durch einen plattigen Riß bis unter einen großen Überhang. Unter diesem kurz rechts aufwärts und über den Überhang hinauf. Über steile Platten links aufwärts zu H und durch eine kurze Verschneidung auf einen Absatz zu Stand (25 m, –V und +IV). Durch einen schrägen Riß rechts aufwärts auf eine kleine Terrasse und linkshaltend empor zu Stand bei großer Sanduhr (20 m, IV). Über eine Rißrampe rechts aufwärts, vor ihrem Ende nach links zu Stand auf einem Absatz (38 m, –IV). Einige Meter gerade empor und über Bänder nach rechts zu Stand (30 m, +III). Durch Risse und über Blockstufen im allgemeinen gerade aufwärts mit zwei kurzen Seillängen zum Gipfel (III und IV).

4/13/2 Abstieg

1 Stunde (III, eine Abseilstelle 35 m)

Knapp nördl. unter dem Gipfel Abseilschlinge. Von hier 35 m abseilen in die Scharte nördl. des Gipfels. Von hier kurz abseilen oder abklettern (III) in die nach W hinunterziehende begrünte Schlucht. Durch diese hinunter, an einem kleinen, kühnen Felsturm (Kleinster Pargoluturm) rechts vorbei zu einem plattigen Steilabbruch. Von einem kleinen Baum 20 m abseilen in das Kar. Dieses nach Westen querend, erreicht man den Weg, der zur Bocca d'u Pargolu führt.

4/13/3 Nordostwand

2–3 Stunden (+IV und +V, stellenweise VI); 180 m

A. Precht, E. Rudorfer, 9. Juni 1991

Hervorragende Kletterei in sehr gutem Fels. Vier SU-Schlingen belassen.

Wie unter 4/12/3 in die Scharte hinter den turmartigen Vorbauten und nach rechts zur NE-Seite des Turmes. Nun durch eine kleine Schlucht rechtshaltend in die Wand. Als Richtpunkt dient eine kurze, sehr markante Verschneidung, die auf eine Blockterrasse führt. Von hier durch einen senkrechten Piazriß zu Überhang, diesem nach links ausweichen und durch versteckte Risse weiter zu großem Tafoniüberhang. Wieder links ausweichen und über eine Tafonizone zu großem Absatz. Rechts von einigen Bäumen über eine versteckte Kante empor zu zwei kurzen, gelblichen Verschneidungen. Die nun ansetzende Schlüsselstelle (kann links leichter umgangen werden) führt in eine kleine Scharte. Von hier über die Südpfeilerroute zum Gipfel. Skizze S. 212.

4/13/4 Vorbau (Torres des Benjamines) – Ostwand

2–2½ Stunden (V, teilweise VI); 190 m

A. Precht, E. Rudorfer, 11. Juni 1991

Ausgesprochen schöne Kletterei in bestem Fels. Gut geeignet als Eingehtour. Da der Anstieg in der unter 4/12/3 erwähnten Scharte hinter den Vorbauten endet, gute Kombinationsmöglichkeiten mit allen Anstiegen, deren Zugang über diese Scharte führt.

Zugang: Wie unter 4/12/3 zu dem markanten durchlöcherten Block. Von hier erst querend, dann absteigend nach E, am S-Pfeilerfuß vorbei

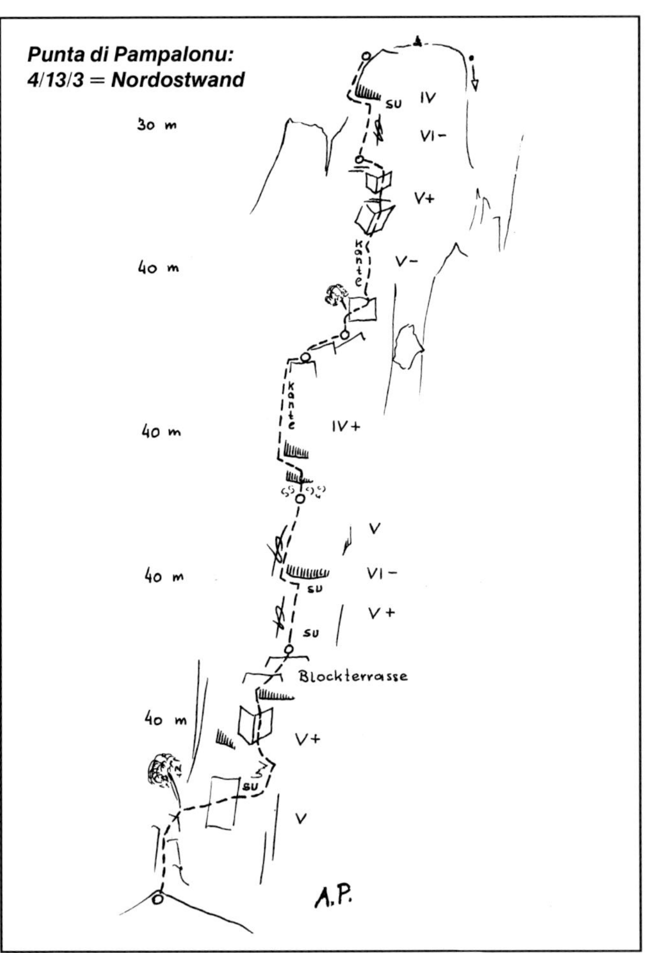
Punta di Pampalonu:
4/13/3 = Nordostwand
30 m
40 m
40 m
40 m
40 m
su
IV
VI-
V+
Kante
V-
Kante
IV+
V
VI-
su
V+
su
Blockterrasse
V+
su
V
A.P.

Vorbau (Torres des Benjamines):
4/13/4 = Ostwand

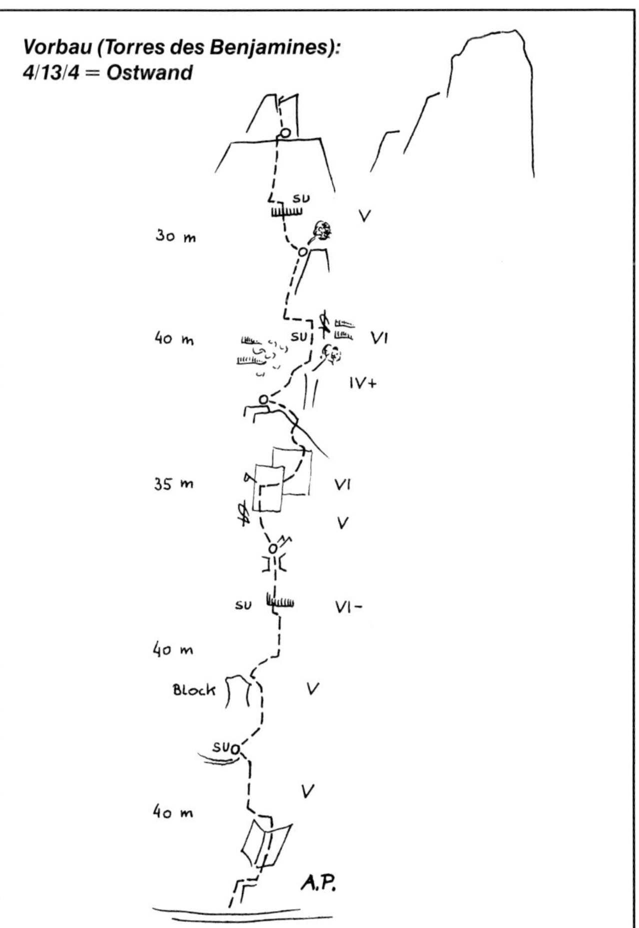

weiter absteigend an den Fuß der Steilwand, mit welcher die Vorbauten abbrechen. Eine im Wandzentrum sich anbietende Möglichkeit ergibt den E.
Eine kleine Verschneidung leitet zu griffigen Platten und weiter zu einem angewachsenen Block. Nach rechts zu einem Riß. Wo dieser sich schließt, über Platten nach rechts und empor zu kleinem Absatz. Von hier durch eine Tafonizone rechtshaltend zu einer Rißverschneidung und in ziemlich gerader Linie hinauf zum höchsten Punkt. Skizze S. 213.

4/14 Punta Chjostru (Kleiner Pargoluturm I)
Schöner, steil aufragender Felsturm südöstl. der Punta Piata, von dieser durch eine breite Scharte getrennt. Ersteigung von allen Seiten sehr schwierig und selten durchgeführt. Besonders auffallend das große Dach (Tafonidachl) im obersten Teil der SE-Wand, dessen Überkletterung eine der spektakulärsten Klettereien der Bavella bietet.

4/14/1 Von Norden (Normalweg)
1 Stunde (III, eine SL +IV)
Erstbegeher unbekannt
Von der Bocca d'u Pargolu unter der S-Wand der Punta d'u Pargolu über Schutt schräg rechts aufwärts auf die bewachsene Stufe zwischen Punta Piata und Punta Chjostru (Bocca Chjostru). Hierher auch wie unter 4/9/2 beschrieben. Über plattige Stufen auf ein bequemes, schräg nach links ansteigendes Band (–III) und über dieses (leichte Unterbrechungsstelle) links aufwärts, zum Schluß über plattige Stufen hinauf auf den N-Grat (II, stellenweise III). Über den teilweise plattigen Grat rechts aufwärts zu Stand in einem kleinen Schartel vor dem steilen, plattigen Gipfelaufbau (–III). Durch einen etwas nach rechts geneigten Riß, teilweise auch in den Platten rechts des Risses aufwärts in eine Nische, von der zwei Risse weiterführen. Aus der Nische sehr schwieriger Quergang (+IV) nach links zu blockigem Absatz an der Kante, ein Stück über diese hinauf und weiter rechts der Kante zum Gipfel (IV, teilweise +IV).

4/14/2 Abstieg
Über den W-Pfeiler einmal 45 m abseilen in die Bocca Chjostru (siehe Foto) oder wie folgt:
Vom Gipfel an der N-Seite 40 m abseilen in die bei 4/14/1 erwähnte

Nische. Durch den schrägen Riß hinunter in ein Schartl des N-Grates. Kurz über den Grat abklettern auf einen Absatz. Von hier links absteigend auf ein Band und über dieses nach links, zum Schluß über plattige Stufen auf die bewachsene Stufe am Fuße des Turmes (¾ Stunden, +III).

4/14/3 Südostwand, »Tafonidachl«

3–4 Stunden (+IV und +V, je eine Stelle VII bzw. VIII, zwei Stellen A0); 300 m

A. Precht, E. Rudorfer, 31. Mai 1986

Ein ZH, mehrere SU-Schlingen belassen.

Die SE-Wand der Punta Chjostru wird im Gipfelbereich von einem weit ausladenden Dach abgeschlossen. Dieses wird direkt überklettert.

Unverschämt erregende Kletterei in einer Felslandschaft, wie sie anderswo kaum anzutreffen ist. Siehe Skizze S. 216.

Zugang: Wie unter 4/13/1 beschrieben auf die Stufe über dem kleinen Vorbau (Steinmann). Quergang in die rechts gelegene, bewachsene Scharte. Von hier abwärts, den Sporn des Turmes B umgehend oder direkt überkletternd in die enge Schlucht, welche zum Fuße einer Verschneidung führt (III). Hier der E.

Durch diese Verschneidung zum oberen Schluchtabsatz. Rechts des Schluchtgrundes zieht eine schwach ausgeprägte Verschneidung über rötlich gefärbten Fels empor. Weiter immer in Fallinie des markanten Daches aufwärts. Das Dach erreicht man von links her in äußerst interessanter Kletterei. Über das Dach (einige SU-Schlingen) sehr ausgesetzt empor zu Stand unmittelbar an der Dachkante. Weiter über pfeilerartige Platten zum höchsten Punkt.

4/14/4 Ostverschneidung

3–4 Stunden (+IV bis –VI, stellenweise VII); 250 m

A. Precht, E. Rudorfer, 5. Juni 1989

Großartige Kletterei in sehr steilem, festem Fels. Mehrere SU-Schlingen und 2 H belassen. Skizze S. 217.

Die ins Schluchtdelta abstürzende Wand wird durch zwei Verschneidungsreihen sowie den dazwischenliegenden Pfeiler gegliedert. Die Route führt durch die markante linke Verschneidung.

Zugang s. 4/14/3.

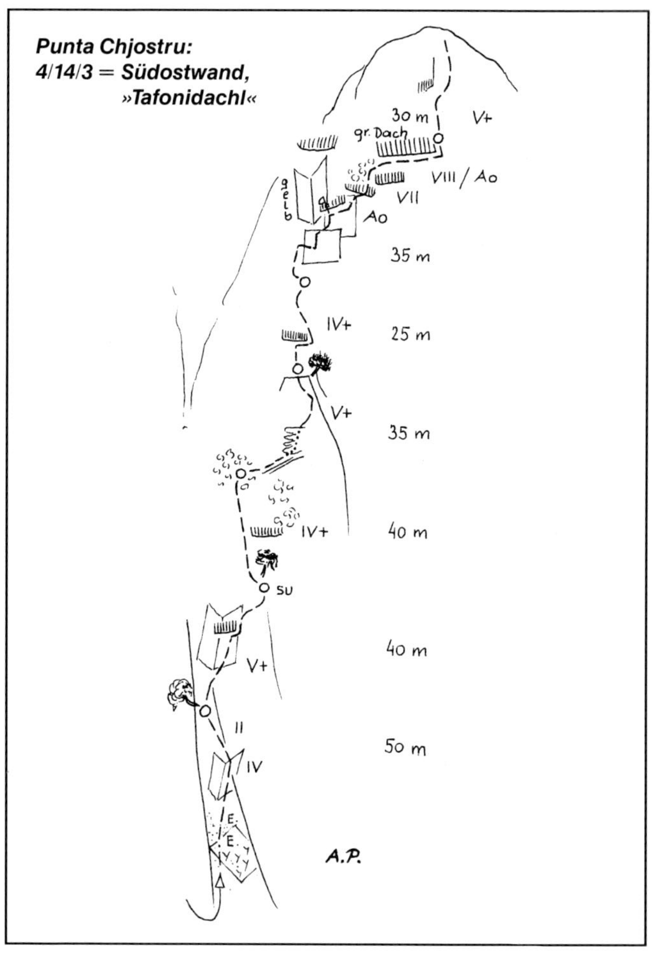
Punta Chjostru:
4/14/3 = Südostwand,
»Tafonidachl«
30 m
V+
gr. Dach
VIII / Ao
VII
Ao
gelb
35 m
IV+
25 m
V+
35 m
IV+
40 m
SU
40 m
V+
II
50 m
IV
E.
E.
A.P.

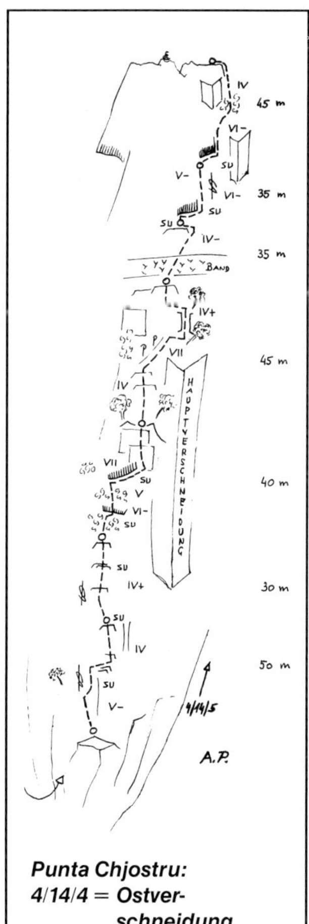

Punta Chjostru:
4/14/4 = Ostverschneidung

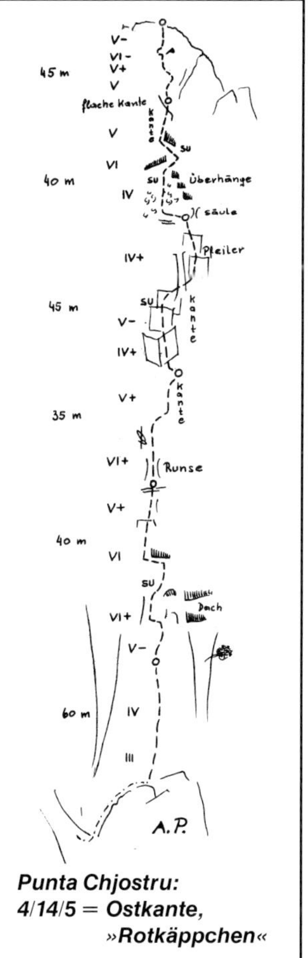

Punta Chjostru:
4/14/5 = Ostkante, »Rotkäppchen«

In der unteren Wandhälfte klettert man an der linken Verschneidungswand bis zu einem Querband. Von hier in der markanten Verschneidung zum Gipfel.

4/14/5 Ostkante, »Rotkäppchen«

4 Stunden (+IV bis +VI); 250 m
A. Precht, E. Rudorfer, 11. Juni 1991
Abwechslungsreiche, interessante Kletterei in gutem Fels. Vier SU-Schlingen und 1 H belassen. Skizze S. 217.
Vom Gipfel des Vorbaues zieht eine ausgeprägte Kante nach E in den Schluchtkessel zwischen Punta di Pompalonu und Punta Cocia. Zugang siehe 4/14/3.
Als E dient der linke Ast der Kante. Der Anstieg erfolgt überwiegend direkt an der Kante zum höchsten Punkt.

4/14/6 Ostpfeiler

2 Stunden (V bis –VI); 250 m
A. Precht, Chr. Bogensberger und U. Kaltenböck, 17. Juni 1990
Schöne, abwechslungsreiche Kletterei in gutem Fels.
Übersicht: Der kleine, nördl. Nebengipfel der Punta Chjostru fällt mit einem markanten, im oberen Teil tafonierten Pfeiler nach E ab. Über diesen führt der Anstieg.
Zugang s. 4/14/3, Routenverlauf lt. Skizze S. 222.

Kleine Pargolutürme von Südosten:
I = Punta Chjostru
4/14/3 = Südostwand, »Tafonidachl«
4/14/4 = Ostverschneidung
4/14/5 = Ostkante, »Rotkäppchen«
4/14/6 = Ostpfeiler
II = Kleiner Pargoluturm II
III = Punta Cocia
4/16/4 = Südostwand
4/16/5 = Südostwand, »Salzburger Festspiele«
4/16/6 = Ostkante, »Weg über den verrückten Turm«
4/16/7 = Ostkante, »Le Bateau Ivre«
IV = Punta Longa

I
II
III
IV
4/14/5
4/16/6
4/17/7
14/3
4/14/6
4/16/4
4/16/5
4/14/4

I
II
45 m
4/14/3
A

4/15 Kleiner Pargoluturm II
Wenig ausgeprägter, gratartiger Gipfel zwischen Punta Chjostru und Punta Cocia. Sehr selten erstiegen.

4/15/1 Ostkante
3 Stunden (V bis VI); 220 m
A. Precht, E. Rudorfer, 5. Juni 1989
Interessante Kletterei in gutem Fels. Teilweise bewachsen, was aber beim Klettern kaum stört.
Zugang: Wie unter 4/12/3.
Südl. der Kante eine große abgespaltene Felsschuppe. Über diese gelangt man an die eigentliche Kante. Routenverlauf s. Skizze S. 223.

4/15/2 Abstieg
Abseilen über die Westwand (50 m Abseillänge).

4/16 Punta Cocia, 1750 m (Kleiner Pargoluturm III)
Auffallender Felsgipfel, der durch einen auf der Gipfelfläche aufliegenden, vierkantigen Riesenblock gekennzeichnet wird. Nach N bzw. NW durch Bänder unterbrochene, treppenartig gestufte, niedere Wände. Nach S und E hohe steile Wände, durch welche mehrere sehr schöne Anstiege führen. In der E-Kante ragt ein auffallender, hoher schlanker Turm auf, der von den Erstersteigern »Turm der Verrückten« genannt wurde.

4/16/1 Von Nordwesten (Normalweg)
¾–1 Stunde (teilweise –IV)
Die NW-Abstürze werden rechts des eigentlichen Gipfelaufbaues, etwa in der Fallinie der Scharte zwischen Punta Cocia und Kleinem Pargoluturm II, von einer Reihe schräg von rechts nach links ansteigender Bänder durchzogen. Über diese Bänder bzw. über die dazwischen liegenden Wandstufen verläuft der Anstieg. Auch beste Abstiegsmöglichkeit.

A = Bocca Chjostru
I = Punta Chjostru
4/14/3 = Tafonidachl
II = Kleiner Pargoluturm A

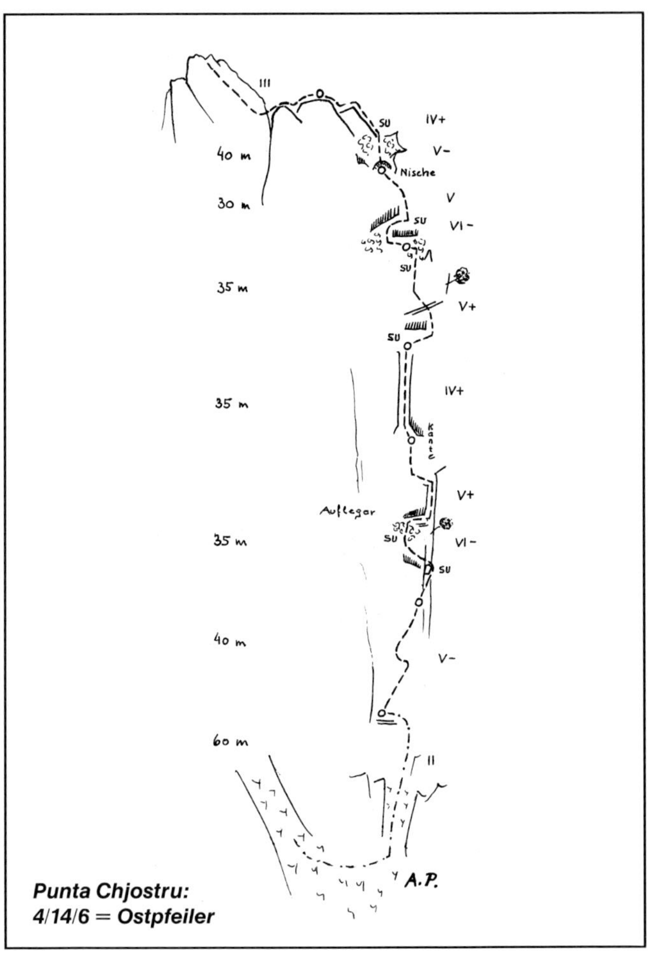

Punta Chjostru:
4/14/6 = Ostpfeiler

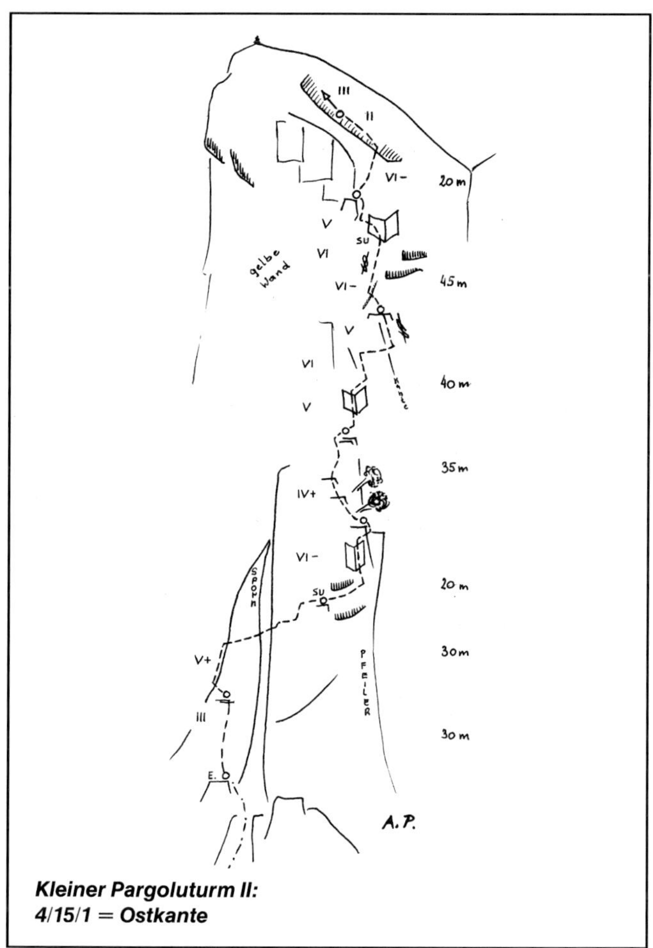

Kleiner Pargoluturm II:
4/15/1 = Ostkante

Turm B
4/14/4
4/14/5
4/14/6

4/16/2 Südwand, »Crème de la Crème«

3½ Stunden (+V und +VI, je eine Stelle VII und +VII); 250 m

A. Precht, Chr. Bogensberger, 17. Juni 1990

Besonders großzügiger und reizvoller Anstieg in bestem Fels. Abwechslungsreiche, ernste und sehr luftige Freikletterei. Alle SU-Schlingen sowie ein H und KK belassen.

Übersicht: Links des S-Pfeilers schließt sich, vorerst von einem Kamin abgetrennt, die S-Wand an. Diese bildet eine plattige Steilwand, in welcher man erst nach genauerem Studium zusammenhängende Durchstiegsmöglichkeiten entdeckt. Vorwiegend handelt es sich hiebei um durch Risse verbundene Tafonizonen.

Zugang s. 4/12/3. In der Schlucht kurz absteigend, die Felsen umgehend und an der anderen Schluchtseite bergan an den Fuß der S-Wand. Routenverlauf s. Skizze S. 226.

4/16/3 Südpfeiler

3–4 Stunden (IV und V, zwei Stellen +V); 350 m

A. Precht, E. Rudorfer, 29. Mai 1986

Schöne Kletterei, vorwiegend durch ausgedehnte Tafonizonen. Skizze S. 227. Übersicht: Der S-Pfeiler bildet einen auffallenden Absatz, welcher von der eigentlichen Wand durch eine Verschneidungs- und Rißreihe getrennt wird. Der E befindet sich am Fuße dieser Verschneidungs- und Rißreihe. Zugang: Wie unter 4/12/3 beschrieben absteigen in die enge Schlucht. Durch diese weiter absteigen und ca. 50 m über dem Fuß der SE-Wand nach links queren zum E.

Route: Über die überhängende Wand kurz empor und nach rechts zur Pfeilerkante. Über diese, einen glatten Pfeileraufschwung links umgehend, zu Stand an der Pfeilerkante. Nun immer am Pfeiler über unzählige Tafonilöcher zum Pfeilerabsatz. Von hier etwas rechtshaltend zu einem schrägen Riß im oberen Teil der SE-Wand. Über ein Band ca. 20 m nach rechts und der ersten Möglichkeit (wieder Tafoni) nach oben folgend zum Ausstieg über eine kleingriffige Platte.

Punta Chjostru:

4/14/4 = Ostverschneidung

4/14/5 = Ostkante, »Rotkäppchen«

4/14/6 = Ostpfeiler

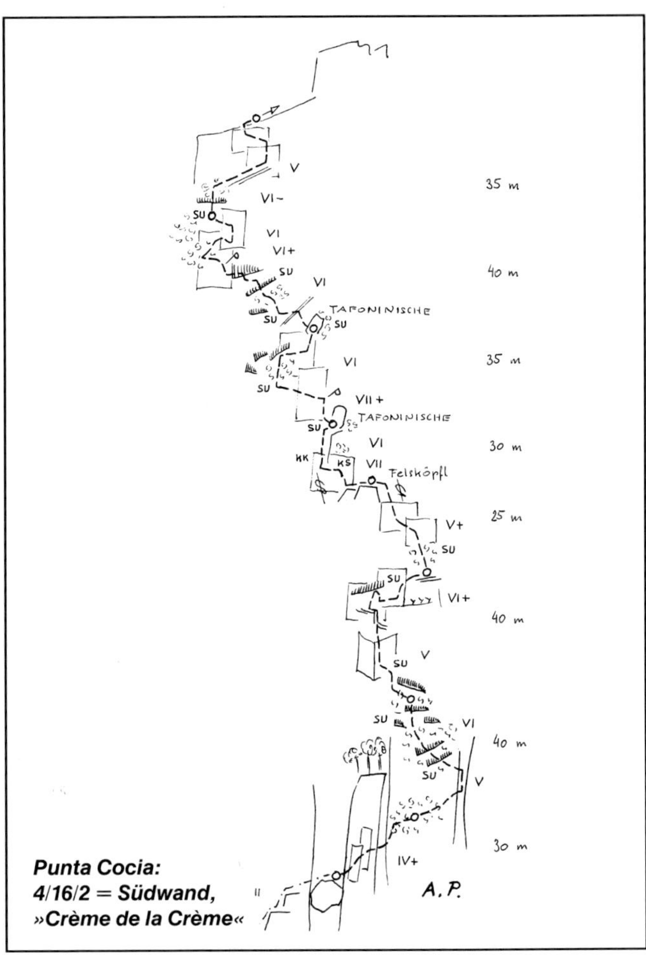

Punta Cocia: 4/16/2 = Südwand, »Crème de la Crème«

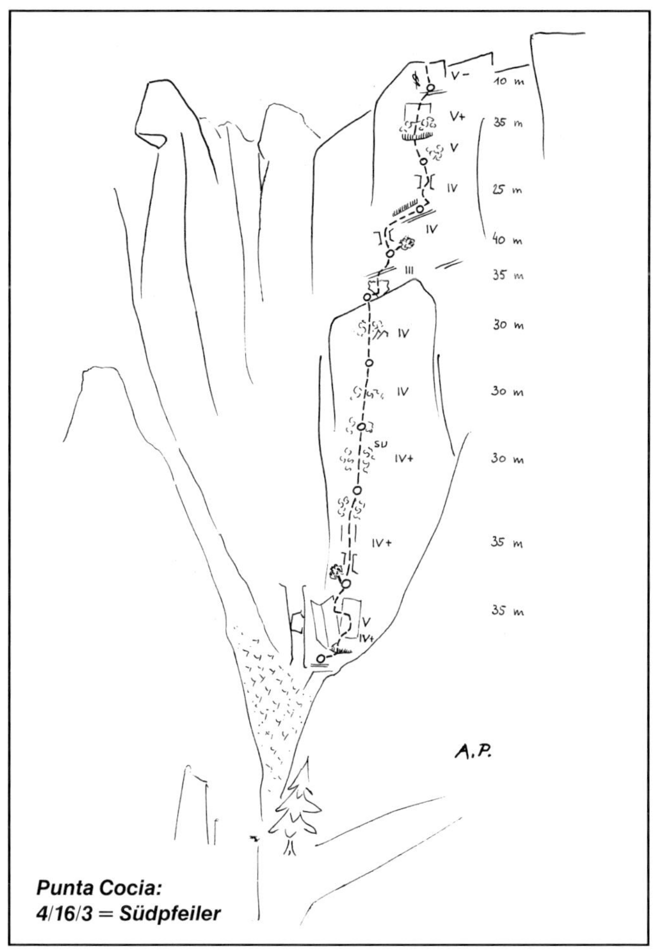

Punta Cocia:
4/16/3 = Südpfeiler

4/16/4 Südostwand
4–5 Stunden (+IV und +V, je eine Stelle –VI und A0)
A. Precht, R. Jölli, 1981
Großartige Kletterei in gutem Fels. Mehrere SU-Schlingen und 1 H belassen.
Übersicht: Die Route führt durch den zentralen Wandbereich in Fallinie der großen Gipfeltafel.
Zugang: Wie unter 4/12/3 beschrieben absteigen in die enge Schlucht. Durch diese hinunter an den Fuß der SE-Wand (großer Baum). Nun über die breite Rampe, welche durch einen großen Wandvorbau gebildet wird, rechts aufwärts bis knapp vor eine Unterbrechungsstelle. Hier der E. Routenverlauf s. Skizze S. 229.

4/16/5 Südostwand, »Salzburger Festspiele«
5–6 Stunden (meist V und VI, zwei kurze Passagen –VII); 350 m
A. Precht, E. Rudorfer, 2. Juni 1986
Ein H und mehrere SU-Schlingen belassen. Zusätzlich Stopper sowie Friends 1–4 unbedingt erforderlich. Skizze S. 231.
Übersicht: Die Route verläuft im unteren Wandteil durch die rötlichen Plattenschilder links der Kamin- und Verschneidungsreihe, welche zur Scharte hinter dem auffallenden Turm in der E-Kante emporzieht. In mittlerer Höhe riegeln riesige Überhänge die Plattenwand ab. Diese werden links umgangen bzw. erklettert. Auf den Überhängen fußt ein markanter Pfeiler, der den weiteren Anstiegsweg ergibt.
Zugang: Wie unter 4/16/4 beschrieben auf die breite Rampe, die jedoch über die Unterbrechungsstelle (+IV) weiter verfolgt wird bis zu einer bewachsenen Schlucht. Der E erfolgt an deren linken Seite bei einem Baum.
Route: Vom E einen Kamin empor und durch einen Tafonischluf zu Stand. Waagrecht nach rechts (nicht empor zur SU-Schlinge!) über sehr kleingriffige Platten im Rechtsbogen zu einer Runse. Diese nach rechts verlassen (Seilquergang) zu einem Riß und durch diesen empor zu einem Block. Die »Grüne Verschneidung« leitet zu Platten, über diese bis unter die riesigen Überhänge. Unter diesen nach links zu einer markanten, überdachten Nische. Im Linksbogen über die Überhänge zum Pfeileraufschwung des oberen Wandteiles. Diesem folgend, teilweise knapp links oder rechts der Kante, zum Gipfel.

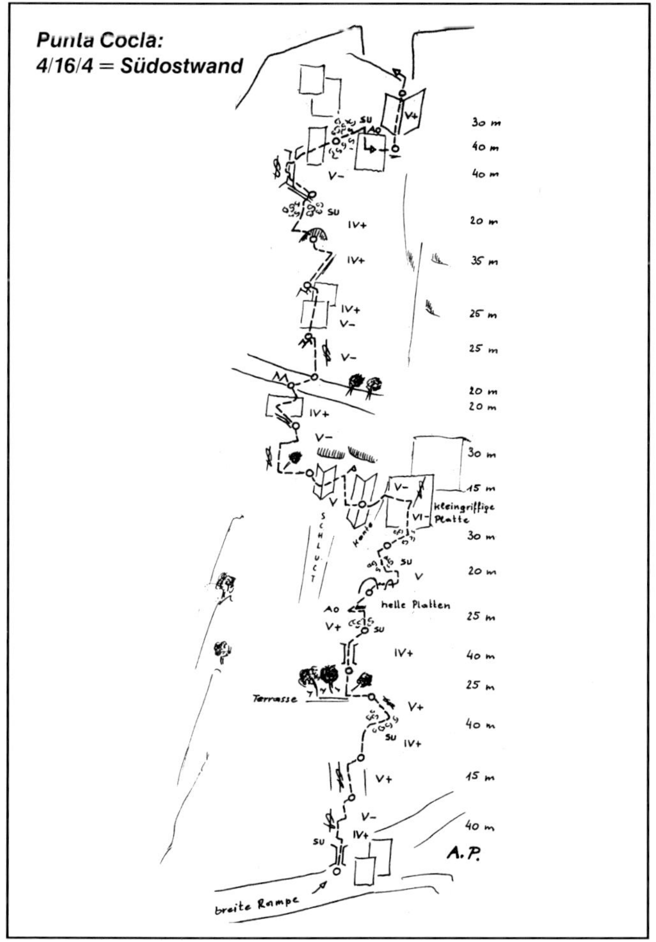

Punta Cocla:
4/16/4 = Südostwand
30 m
40 m
40 m
20 m
35 m
25 m
25 m
20 m
20 m
30 m
15 m
30 m
20 m
25 m
40 m
25 m
40 m
15 m
40 m
kleingriffige Platte
Kante
SCHLUCHT
helle Platten
Terrasse
breite Rampe
A.P.

Punta Cocia von Süden:
4/16/2 = Südwand, »Crème de la Crème«
4/16/3 = Südpfeiler (Einstieg bzw. 1. Seillänge nicht am Bild)

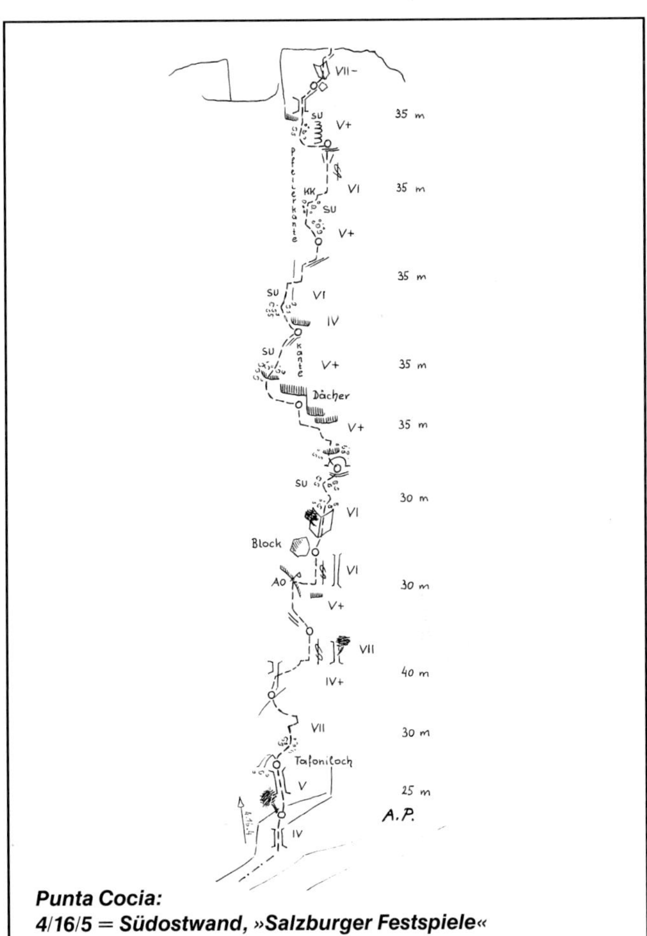

Punta Cocia:
4/16/5 = Südostwand, »Salzburger Festspiele«

I = Bocca Chjostru
II = Punta Chjostru
III = Kleiner Pargoluturm II
4/15/1 = Normalweg von Nordwesten
IV = Punta Cocia
4/16/1 = Normalweg von Nordwesten
IV
III
4/15/1
4/16/1

4/16/6 Ostkante, »Weg über den verrückten Turm«
3–4 Stunden (+IV und +V, teilweise VI); 300 m
A. Precht, G. Wenger, 1984
Eindrucksvolle Kletterei über den kühnen Felsturm, welcher der eigentlichen Ostwand vorgelagert ist.
Zugang wie unter 4/16/5, jedoch die Rampe weiter verfolgen bis an den E-Fuß des Turmes.
Von der Zugangsrampe über den großen Spalt zur eigentlichen Turmwand. Anfangs in der Fallinie empor, bis große Überhänge nach links abdrängen. Der oberste Teil wird über die pfeilerartige S-Seite bis zum Gipfel des Turmes erklettert.
Von hier 40 bis 45 m in die bergseitige Scharte abseilen. Die E-Wand der Punta Cocia wird durch markante Verschneidungen links der Route 4/16/7 erklettert.

4/16/7 Ostkante, »Le Bateau Ivre«
4–5 Stunden (frz. V); 350 m
M. Charles, G. P. Quilici, 29. September 1982
Dieser etwas weniger schwierige Durchstieg ist nicht so direkt wie 4/16/6, er bewegt sich meist in der Wand rechts der Kante. Der große Turm wird ebenfalls an seiner rechten Seite umgangen.
Beschreibung s. L. M. d. B.

4/17 Punta Longa, 1836 m (Turm V, Tour Arthur Ravanel)
Langgestreckter Felsstock mit niedrigen W-Abstürzen, steiler, dreieckförmiger S-Wand sowie breiter, bis zu 250 m hoher E-Wand. Durch die S- und E-Wand führen mehrere sehr schöne Kletteranstiege.

4/17/1 Nordgrat (Normalweg)
½ Stunde (+II, eine Stelle –IV)
Vermutlich Mlle. Ferre de Peroux, A. Ravanel, A. Couttet, 3. Mai 1928
Der schwach ausgeprägte N-Grat bricht mit zwei je 20 m hohen Wandstufen zur tiefsten Scharte zwischen Punta Longa und Punta Alta ab. Vom Steig, der zur Bocca d'u Santu führt (s. 4/23/1), durch eine Schuttrinne schräg links hinauf zu den Felsen wenige Meter unter der Scharte. Hier der E.
Etwas rechts der Fallinie der Scharte über hohe Blockstufen hinauf zum

4/17/4
4/17/5

Grat und nach rechts an den Steilaufschwung (25 m, +II). Durch eine breite, kaminartige Rinne ca. 6–8 m empor, dann rechtshaltend zu kleinem Absatz mit H. Über eine plattige Kante (–IV) gerade hinauf auf einen Absatz mit Steinmann (20 m, +II, eine Stelle –IV). Weiter über den breiten, rückenartigen Grat nach rechts zum Gipfel.
Hübsche, kurze Kletterei, auch für den Abstieg geeignet, am oberen Steilabbruch 20 m abseilen.

4/17/2 Südwand – Allgemeines
Die S-Wand wird links vom SW-Grat, rechts von dem tief unten fußenden SE-Pfeiler begrenzt. Die Wand ist gut gegliedert und bietet verschiedene Durchstiegsmöglichkeiten. Der Zugang erfolgt wie unter 4/17/6 beschrieben.

4/17/3 Südwestgrat, »Voie d'u Ghjacaru«
1–2 Stunden (frz. V); 130 m
Larpin, Mouchet, 1954
Beschreibung und Skizze s. L. M. d. B.

4/17/4 Südwand, »Weg Precht«
1–2 Stunden (IV, teilweise V); 130 m
A. Precht, E. Rudorfer, Juni 1987
Kurze, schöne Kletterei, Routenverlauf s. Skizze S. 236.

4/17/5 Südwand, »Voie Abastanza«
3–3½ Stunden (frz. +IV und V); 230 m
J. C. Calendini, G. P. Quilici, 24. November 1981

4/17/6 Ostwand – Allgemeines
Die breite, an die 250 m hohe E-Wand ist durch mehrere pfeilerartige Aufbauten gegliedert. Ihre linke Begrenzung bildet der besonders gut ausgeprägte SE-Pfeiler (4/17/7). Die Einstiege sind vom Col de Bavella unschwierig und verhältnismäßig bequem erreichbar. Praktisch alle

4/17/4 = Südwand
4/17/5 = Südwand, »Voie Abastanza«
4/17/6 = Südostpfeiler

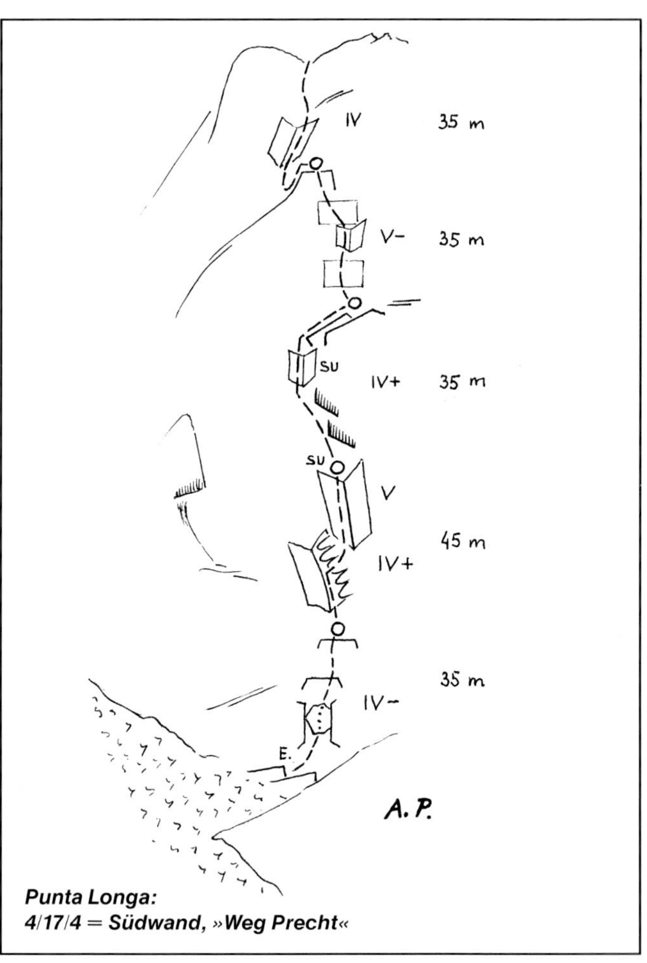

Punta Longa:
4/17/4 = Südwand, »Weg Precht«

Punta Longa von Osten:
4/17/7 = Südostpfeiler
4/17/8 = Ostwand, »Mittelpfeiler Galgenweg«
4/17/9 = Ostwand, »Affenzahn«
4/17/10 = Ostwand, »Schnittlauchpfeiler«

Anstiege bieten durchwegs sehr schöne, jedoch auch sehr schwierige Klettereien, die vielfach über ausgedehnte Tafonizonen führen. Sie sind sowohl klettertechnisch als auch landschaftlich sehr lohnend.
Zugang: Wie unter 4/7/1 beschrieben bis knapp unter die Bocca d'u Pargolu. Bei dem auffallenden durchlöcherten Riesenblock verläßt man den markierten Weg und quert nach rechts unter die S- und SE-Wand der Punta d'u Pargolu. Unter diesen Wänden über bewachsenes Blockwerk empor auf den Sattel zwischen Punta Piata links und Pta. Chjostru rechts (Bocca Chjostru). Jenseits über bewachsenes Blockwerk hinunter an den Fuß des tief herabreichenden SE-Pfeilers. Um diesen herum und am Wandfuß zu den verschiedenen Einstiegen (ca. 2 Stunden vom Col de Bavella).

4/17/7 Südostpfeiler
2–3 Stunden (V und VI, eine Stelle +VI); 250 m
A. Precht, E. Rudorfer, 29. Mai 1986
Ein ZH und einige SU-Schlingen belassen. Zusätzlich ein kleines Sortiment Stopper und Friends Nr. 2 und 3. Skizze S. 239.
Zugang s. 4/17/6.
Von der Bocca Chjostru sieht man den Pfeiler, welcher im oberen Teil überhängt, sehr deutlich.
E rechts des Pfeilerfußes. Über ein System von Bändern umgeht man die 1. Steilstufe und gelangt links aufwärts an den Fuß einer Verschneidung, die zu einem auffallenden Plattenriß führt. In mittlerer Höhe diesen über die sehr kleingriffige linke Wand verlassend und über den etwas flacheren, pfeilerartigen Wandabschluß zu einer Tafonizone (Tafonischlupf). Durch diese Tafonizone vielfach überhängend zum Ausstieg.

4/17/8 Ostwand-Mittelpfeiler, »Galgenweg«
3 Stunden (–V und +V, stellenweise –VI); 250 m
A. Precht, E. Rudorfer, 1987
Großartige Kletterei, 3 SU-Schlingen belassen.
Zugang s. 4/17/6.
Routenführung siehe Skizze S. 239.

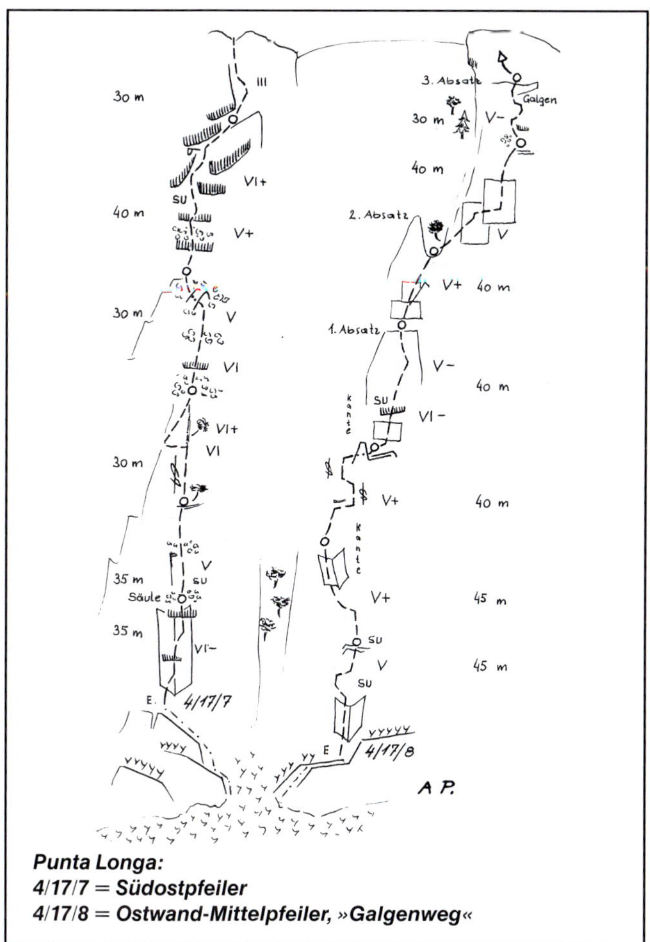

Punta Longa:
4/17/7 = Südostpfeiler
4/17/8 = Ostwand-Mittelpfeiler, »Galgenweg«

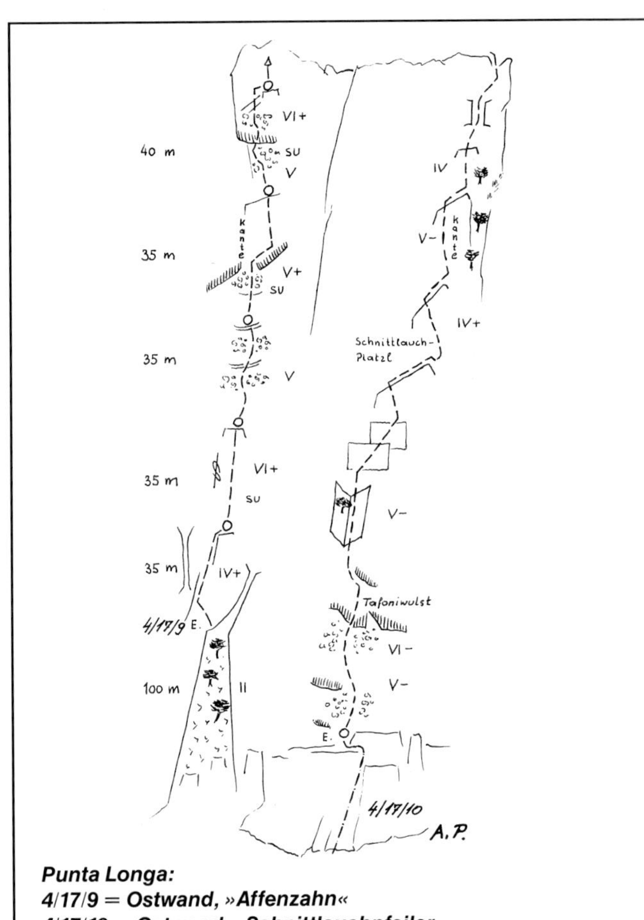

Punta Longa:
4/17/9 = Ostwand, »Affenzahn«
4/17/10 = Ostwand, »Schnittlauchpfeiler«

4/17/9 Ostwand, »Affenzahn«
3 Stunden (V und +V, stellenweise +VI); 250 m
A. Precht, E. Rudorfer, 1987
Sehr luftige Kletterei durch ausgedehnte, überhängende Tafonizonen. Drei SU-Schlingen belassen.
Zugang s. 4/17/6.
Routenführung s. Skizze S. 240.

4/17/10 Ostwand, »Schnittlauchpfeiler«
3 Stunden (+IV bis VI); 250 m
A. Precht (free solo) 1988
Schöne, zum Teil anspruchsvolle Kletterei in bestem Fels.
Eine SU-Schlinge und Steinmänner als Markierung. Zugang s. 4/17/6.
Routenführung s. Skizze S. 240.

4/18 Punta Alta, 1885 m (Turm VI, Grand Tour d'Asinao)
Schöner Felsgipfel südl. der Bocca d'u Santu. Die Punta Alta ist der höchste Gipfel der Nordgruppe. Reiner Kletterberg, auf welchen mehrere sehr schöne Kletteranstiege führen. Wegen des relativ langen Zustieges selten erstiegen, jedoch sehr lohnend. Erste Ersteigung vermutlich Mlle. Ferre de Peroux mit A. Ravanel und A. Couttet 1928 auf nicht näher bekanntem Weg.

4/18/1 Nordgrat
1½–2 Stunden (IV, stellenweise +IV); 150 m
P. Chavesse, S. Hilber, N. Loretan, B. Schmidt, C. Jaccoux, 16. Mai 1969
Hervorragend schöne Kletterei in bestem Fels. Zur Zwischensicherung Klemmkeile!
E direkt in der Bocca d'u Santu in der rechten Gratflanke. Über steile, plattige Stufen links aufwärts zu großem Absatz an der Gratkante (40 m, III und +III). Links aufwärts über teilweise leicht überhängende, wulstige Absätze zu einem Absatz an der Gratkante am Fuße eines schräg rechts ansteigenden Risses (35 m, III und IV). Durch den schrägen Riß sehr schwierig hinauf, bis er eng und glatt wird. Nach rechts um die Kante auf ein Band, einige Meter weiter nach rechts und links aufwärts zurück an die Gratkante, die man bei einem großen

4/17/10
4/17/8
4/17/9
4/17/7
4/17/5

Absatz am oberen Ende des Risses erreicht (30 m, +IV). Über die steile Wand gerade hinauf (IV) und weiter über den Grat zu Stand bei einem Gratzacken (40 m, IV und III). Von der Scharte hinter dem Zacken etwas nach rechts und durch einen überhängenden Riß (1 H) gerade hinauf zu gutem Stand (30 m, +IV und III). Über den nun flachen Grat leicht zum Gipfel.

4/18/2 Nordwestwand, »Lionerweg«

1½–2 Stunden (IV, stellenweise +IV); 150 m

R. und W. Bollinger, N. Loretan, A. Trovanelli, C. Jaccoux, 26. April 1968

Sehr schöne Kletterei in steilem Tafonifels – äußerst lohnend. Zur Zwischensicherung Seilschlingen und Klemmkeile.

E etwas rechts der Bocca d'u Santu am Beginn einer schrofigen Rinne. Durch diese hinauf und über ein Schrofenband nach rechts zu Stand vor einer Platte unter großen Tafoniüberhängen (30 m, II). Über ein plattiges Band unter auffallenden Tafonis nach links und über steile Tafonis links aufwärts zu Stand in einer Nische (42 m, IV). Gerade hinauf in eine zweite Nische und rechts aufwärts in einen schluchtartigen Kamin. Durch diesen empor zu Stand (42 m, IV und III). An der rechten Seite des Schluchtkamins durch plattige Risse zu Stand oberhalb eines großen Klemmblockes (25 m, +III). Nach links hinauf auf den Nordgrat und über diesen zu Stand bei einem Gratzacken unmittelbar vor dem steilen Gipfelaufbau (25 m, III). Vor der Scharte hinter dem Zacken etwas nach rechts und durch einen überhängenden Riß (1 H) gerade hinauf zu gutem Stand (30 m, +IV und III). Über den nun flachen Grat leicht zum Gipfel.

Punta Longa von SE:
4/17/5 = Südwand, »Voie Abastanza«
4/17/7 = Südostpfeiler
4/17/8 = Ostwand, »Mittelpfeiler Galgenweg«
4/17/9 = Ostwand, »Affenzahn«
4/17/10 = Ostwand, »Schnittlauchpfeiler«

4/18/3 Westpfeiler, »Hulla-Wulla«

2 Stunden (IV bis +V); 180 m

A. Precht (solo), 29. Mai 1990

Schöne Kletterei in steiler, plattiger Wand. 3 SU-Schlingen als Markierung belassen. Skizze S. 245.

Die meist gut gegliederte W-Wand bildet in ihrem rechten Teil einen schwach ausgeprägten, plattigen, nur selten von Rissen oder Tafonizonen unterbrochenen Pfeiler.

Route: Über Platten zu einer steilen Rampe und einen senkrechten Riß zu kleingriffiger Platte. Gerade empor über ein kleines Dach zu Tafonizone. Sehr steil darüber hinweg und leicht linkshaltend direkt zum höchsten Punkt.

4/18/4 Südkamin

1 Stunde (IV und +IV)

Erstbegeher unbekannt

Der Gipfel bricht nach S zum Verbindungsgrat, der zur Punta Longa führt, mit einer hohen, steilen Wand ab, in welche ein auffallender Rißkamin eingeschnitten ist. Wie bei 4/17/1 beschrieben unter die tiefste Scharte zwischen Punta Longa und Punta Alta. Etwas rechts der Scharte über hohe Blockstufen hinauf zum Grat und über diesen nach links (N) bis an den Steilaufschwung des Gipfels. Durch den glatten Rißkamin 2 SL gerade empor zum Gipfel.

4/18/5 Ostkante

3 Stunden (IV bis +V); 300 m

A. Precht (solo), 29. Mai 1990. Skizze S. 246.

Sehr schöne Kletterei in gutem Fels. Eine SU-Schlinge und mehrere Steinmänner als Markierung.

4/18/6 Ostpfeiler

2 Stunden (+V bis +VI); 130 m

E. Rudorfer, A. Precht, 1. Juni 1990

Schöner Anstieg über ein schon von weitem sichtbares Dachl. Zugang wie zur E-Kante, von dort weiter durch die Schlucht ansteigen und links empor zum Wandfuß. E in Fallinie des Dachls. Routenverlauf lt. Foto.

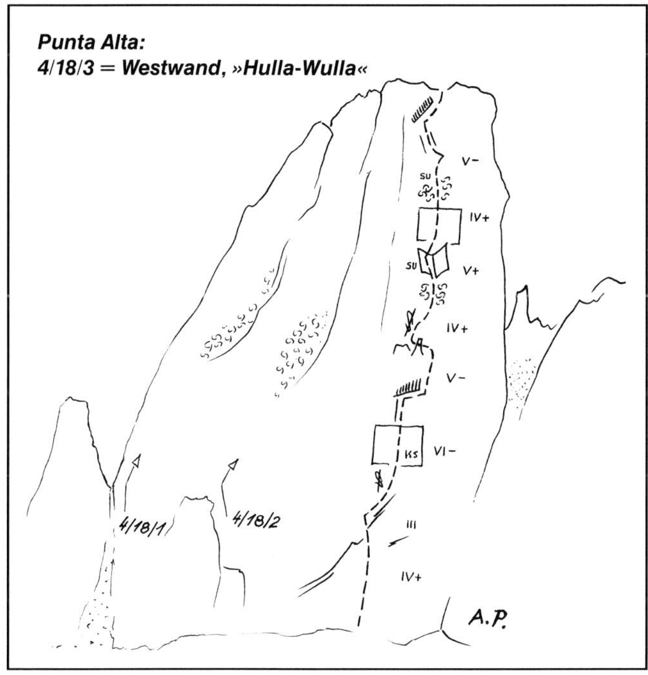

4/18/7 Abstieg

½–¾ Stunden (+II, zwei Abseilstellen à 20 m)

Vom Gipfel nach NE hinunter bis ganz an den Steilabbruch. Unter einem kleinen Überhang Abseilschlinge (schwer zu finden). 20 m abseilen auf einen Absatz. Nochmals ca. 15 m abseilen (abklettern möglich, +III) in eine kleine Scharte. Entlang der Wand schräg links hinunter (+II) auf eine rasige Plattenstufe und im Zick-Zack, jedoch etwas leicht links haltend, hinunter in eine Scharte. Durch eine Schuttrinne zur Bocca d'u Santu hinunter.

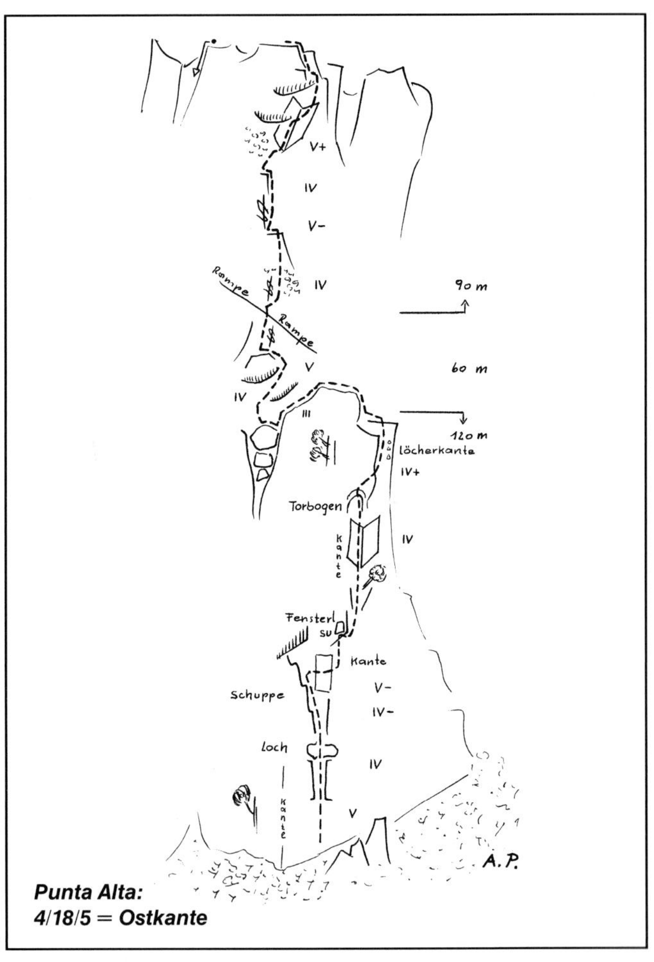

Punta Alta:
4/18/5 = Ostkante

I = Punta Alta
4/18/5 = Ostkante
4/18/6 = Ostpfeiler
II = Punta Grimaldi
4/19/3 = Südwestpfeiler, »Kieselknirsch
4/19/4 = Südverschneidung
4/19/5 = Südwand, »Knusperkies«
I
II
4/18/6
4/18/5
4/19/5
4/19/4
4/19/3

4/19 Punta Grimaldi, ca. 1800 m (Grimaldi-Turm)
Massiger Felsturm in dem von der Punta Alta zur Petra Sulanna ziehenden Felskamm. Als Gipfel zweitrangig, jedoch einige sehr schöne Anstiege durch die eindrucksvolle, gelbe Südwand.

4/19/1 Von Norden (Normalweg)
½ Stunde (teilweise +IV); 50 m
A. Precht, E. Rudorfer, 10. Juni 1989
Wie unter 4/23/2 beschrieben in die schmale Scharte nordöstl. der Punta Grimaldi, 2½ Stunden vom Col de Bavella. Von der Scharte durch einen überhängenden Spalt (+IV) ca. 8 m empor auf eine Stufe. Über diese rechts aufwärts und über steile Blockstufen zum Grat. Diesem nach rechts folgend über einen kleinen Überhang (–IV) zum Gipfel.

4/19/2 Abstieg nach Norden
Über den Normalweg, wobei über den kleinen Überhang abgeseilt wird, auf die Stufe. Von dieser (kleine Tanne) nochmals abseilen in die Scharte nordöstl. des Gipfels.

4/19/3 Südwestpfeiler, »Kieselknirsch«
1–1½ Stunden (IV und –V, stellenweise +V); 150 m
E. Rudorfer, A. Precht, 10. Juni 1986
Der SW-Pfeiler bildet die linke Begrenzung der gelben SW-Wand. E zwischen dem riesigen Baum und einem Felsspalt nahe der Kante. Routenverlauf s. Skizze S. 250.

4/19/4 Südverschneidung
1–1½ Stunden (V, +V, stellenweise VI); 100 m
A. Precht, E. Rudorfer
Kurze, schöne Kletterei, SU-Schlinge belassen. Skizze S. 251.
Im rechten Teil der gelben S-Wand führt eine von Platten unterbrochene Verschneidungsreihe empor. Diese Möglichkeit benützt die Route.

Punta Grimaldi von Südwesten:
4/19/3 = Südwestpfeiler, »Kieselknirsch«
4/19/4 = Südverschneidung
4/19/5 = Südwand, »Knusperkies«

4/19/5
4/19/4
4/19/3

Punta Grimaldi:
4/19/3 = Südwestpfeiler, »Kieselknirsch«

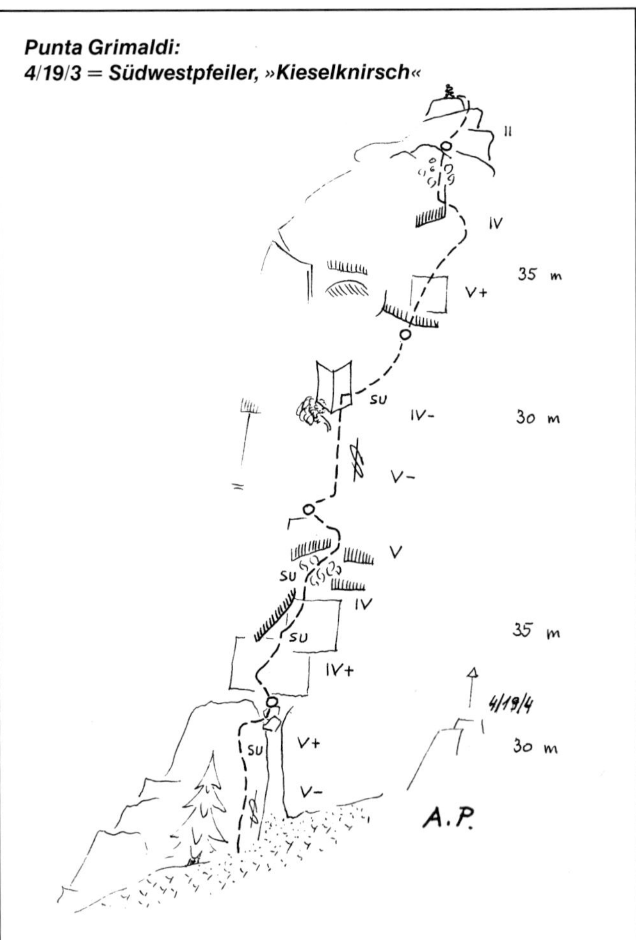

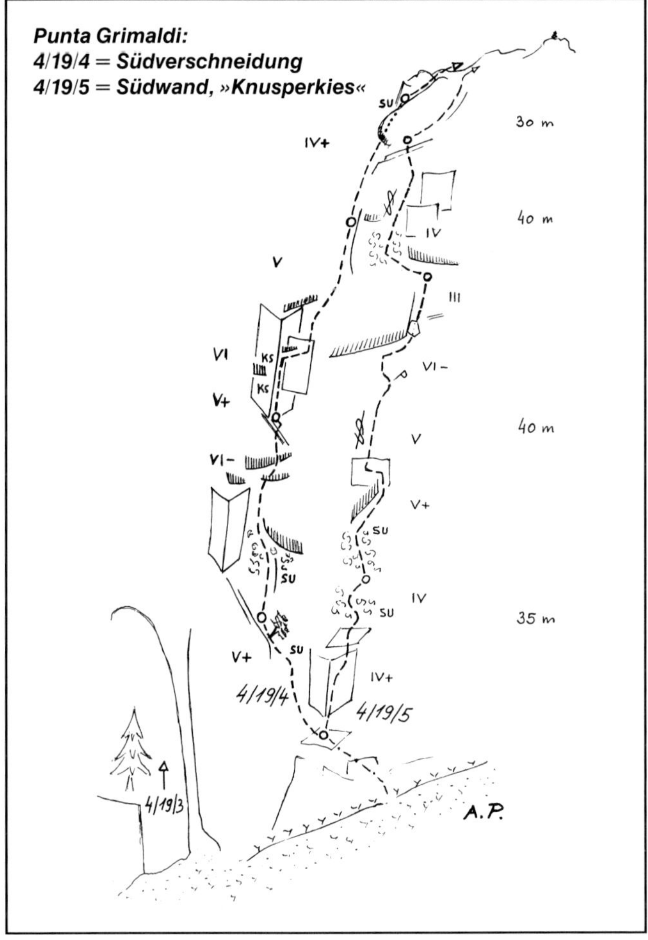

Punta Grimaldi:
4/19/4 = Südverschneidung
4/19/5 = Südwand, »Knusperkies«
SU
30 m
IV+
40 m
IV
V
III
VI
KS
KS
VI-
V+
40 m
V
VI-
V+
SU
SU
IV
SU
35 m
V+
SU
IV+
4/19/4
4/19/5
4/19/3
A.P.

4/19/5 Südwand, »Knusperkies«
1–1½ Stunden (IV und +V, eine Stelle –VI); 150 m
A. Precht, E. Rudorfer, 16. Juni 1986
Der Anstieg führt ziemlich in der Wandmitte durch die stark tafonierte gelbe Wandzone zu einer rechtsziehenden Verschneidung. Durch diese zum Gipfel. Routenverlauf s. Skizze S. 251.

4/20 Petra Sulanna, 1750 m (Tour Alphonse Couttet)
Vor allem durch seinen monolithischen S-Pfeiler schon vom Col de Bavella auffallender Felsgipfel, der den Endpunkt eines von der Punta Alta nach E ziehenden Felskammes bildet. Trotz seines wilden Aussehens ist der Gipfel über den Normalweg unschwierig erreichbar. Seine Ersteigung ist landschaftlich großartig und lohnend. Über den markanten Südpfeiler führt eine der klassischen Extremrouten der Bavella, in den S- und SE-Wänden wurden mehrere äußerst schwierige und großzügige Anstiege eröffnet.

4/20/1 Von Nordwesten (Normalweg)
½–¾ Stunden (stellenweise I, meist unschwierig)
Wie unter 4/23/2 beschrieben auf den Sattel rechts (östl.) der Punta Grimaldi (2½ Stunden). Jenseits des Sattels (also an der E-Seite) kurz absteigend umgeht man die zackigen Felsbauten. Über Blockstufen und durch lichten Tannenwald schräg rechts aufwärts in den Sattel vor dem letzten Gipfelaufbau. Über leichte Felsstufen schräg rechts aufwärts zu einem kaminartigen Durchschlupf. Durch diesen und hinauf in eine schmale Scharte. Über den leichten Gipfelgrat nach links zum höchsten Punkt.
Gesamtzeit vom Col de Bavella ca. 3–3½ Stunden, landschaftlich außerordentlich großartig.

4/20/2 Abstieg
2 Stunden zum Col de Bavella (am Gipfelaufbau I, sonst unschwierig). Vom Gipfel über den Westgrat kurz absteigen in eine kleine Scharte. Rechts, also in der N-Seite, schräg abwärts durch einen kaminartigen Durchschlupf und in gleicher Richtung schräg rechts abwärts in den Sattel unter dem Gipfelaufbau. Rechts (östl.) abwärts durch lichten Tannenwald und über Blockstufen die zackigen Felsaufbauten umge-

hen und über bewachsenes Blockgelände links aufwärts in den Sattel vor der Punta Grimaldi (Steinmann). Nun in westl. Richtung unter der S-Wand der Punta Grimaldi hinunter in das Longakar. Weiter in westl. Richtung unter der E-Wand der Punta Longa über bewachsenes Blockwerk erst querend, dann ansteigend zur Bocca Chjostru. Weiter in gleicher Richtung unter der E-Wand der Punta d'u Pargolu absteigen, zum Schluß das Kar auf Steigspuren querend nach W zu einem auffallenden, durchlöcherten Riesenblock. Hier trifft man auf die gelb markierte »Alpinvariante« des GR 20, über welche man zum Col de Bavella gelangt.

4/20/3 Süd- und Südostwand – Allgemeines

Die Petra Sulanna stürzt nach S und SE mit bis zu 300 m hohen, reich gegliederten Steilwänden ab. Die S-Wand wird durch mehrere Verschneidungen und Pfeiler gegliedert. Im unteren Teil der Wand ist eine große begrünte Terrasse eingelagert. Die rechte Begrenzung der S-Wand bildet ein riesiger, weit vorspringender monolithischer Pfeiler, der Südpfeiler. Der Pfeilergipfel ist durch einen kurzen scharfen Grat, der einen Turm (Schartenturm) trägt, mit dem Hauptgipfel verbunden. Der Gipfel des Südpfeilers stürzt nach SE mit einer ebenfalls 300 m hohen Steilwand ab. Durch diese führt der Anstieg 4/20/7 – »Bonaparte«.
Zugang: Wie unter 4/23/2 beschrieben in das Longakar. Durch dieses absteigend, gelangt man an den Fuß der Südwand. Am Wandfuß in östl. Richtung weitergehend, erreicht man die SE-Wand. 2–2½ Stunden vom Col de Bavella.

4/20/4 Südwand, »Kriminaltango«

4–5 Stunden (meist V und VI, stellenweise +VII, eine Stelle A0); 300 m
E. Rudorfer, A. Precht
Zum Teil moralisch sehr anspruchsvolle Kletterei in sehr kompaktem Fels.
Routenverlauf s. Skizze S. 254.

4/20/5 Südwand, »Mamma mia«

5 Stunden (meist V und VI, stellenweise VII); 300 m
A. Precht, E. Rudorfer, 8. Juni 1989
Hochinteressante Kletterei in bestem Fels in einer sehr formenreich

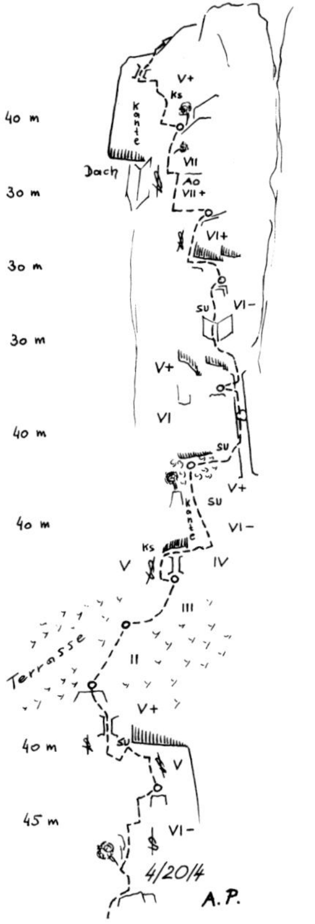

Petra Sulanna: 4/20/4 = Südwand, »Kriminaltango«

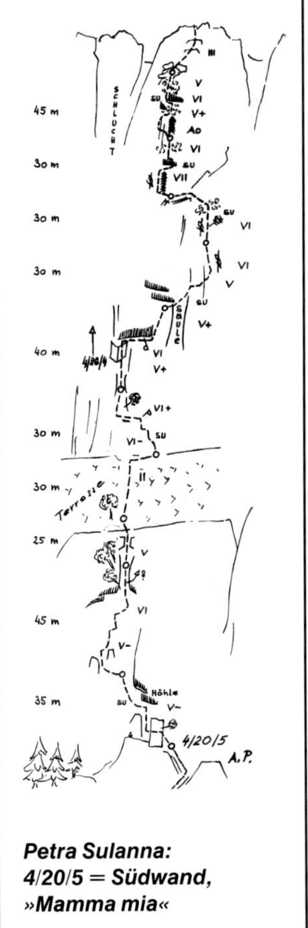

Petra Sulanna: 4/20/5 = Südwand, »Mamma mia«

I* = *Petra Sulanna
4/20/4* = *Südwand, »Kriminaltango«
4/20/5* = *Südwand, »Mamma mia«
4/20/6* = *Südpfeiler
4/20/7* = *Südostwand, »Bonaparte«
II* = *Lhotse Alphonse Couttet
4/21/3* = *Südostwand, »Quasimodo auf Reisen«

gegliederten Wand. Alle H und SU-Schlingen wurden belassen, Friends der Größe 1–4 zusätzlich erforderlich. Skizze S. 254.
E wie aus der Skizze ersichtlich oder etwas leichter von links her auf die große begrünte Terrasse. Über Platten links ansteigend (SU), gelangt man zum Beginn einer schwarzen Verschneidung. Durch diese bis unter einen gelben Wulst. Unter dem Wulst nach rechts und durch eine Rißreihe etwas rechtshaltend zu einer riesigen, in der Wand integrierten Felssäule. Über diese hinweg und durch sehr steile Risse auf ein Band. Über dieses nach links an die Pfeilerkante und über diese zum Gipfel.

4/20/6 Südpfeiler
5–6 Stunden (meist V und +V, stellenweise VI und A0); 300 m
H. von Ballmoos, H. Lüssi, 27. und 28. Mai 1969
Über den schon vom Col de Bavella auffallenden, monolithischen Pfeiler führt einer der großen, klassischen Extremanstiege der Bavella. Hervorragend schöne Kletterei in bestem Fels. Durchgehend sehr schwierig und teilweise auch sehr anstrengend. Zur Zwischensicherung Keile und Friends erforderlich. Der Originaleinstieg der Erstbegeher, welche die auffallende Grasterrasse von links her erreichten, wird heute kaum mehr begangen, sondern ein System von Kaminen und Rissen in der Fallinie des rechten Endes der Terrasse benützt.
Auch im weiteren Routenverlauf haben sich, bedingt durch die modernen Sicherungsmethoden, vor allem durch die Verwendung von KK und Friends sowie dadurch, daß einige BH gesetzt wurden, einige Wegänderungen eingebürgert. Relativ gut abgesichert, teilweise auch mit BH.
E am Fuße der auffallenden Riß- bzw. Kaminreihe in der Fallinie des rechten Endes der großen Grasterrasse. Durch die glatten, anstrengenden Rißkamine 2 SL empor (+IV, –V). Über Platten etwas nach rechts und durch den rechtesten von mehreren Rissen hinauf zu Stand (+IV). Links aufwärts um die Kante und gerade bzw. schwach rechtshaltend zu Stand (+IV). Rechtshaltend durch eine Verschneidung und über einen Überhang empor zu Stand (+V, VI, A0). Rechts aufwärts durch seichte Doppelrisse und über Platten zu Stand unter großen Überhängen (+V, VI, A0). Quergang nach links und den BH folgend links aufwärts zu Stand (+V, A0). Durch den rechtesten von drei Rissen zu einer überdachten Nische, links aus dieser heraus und empor zu Stand

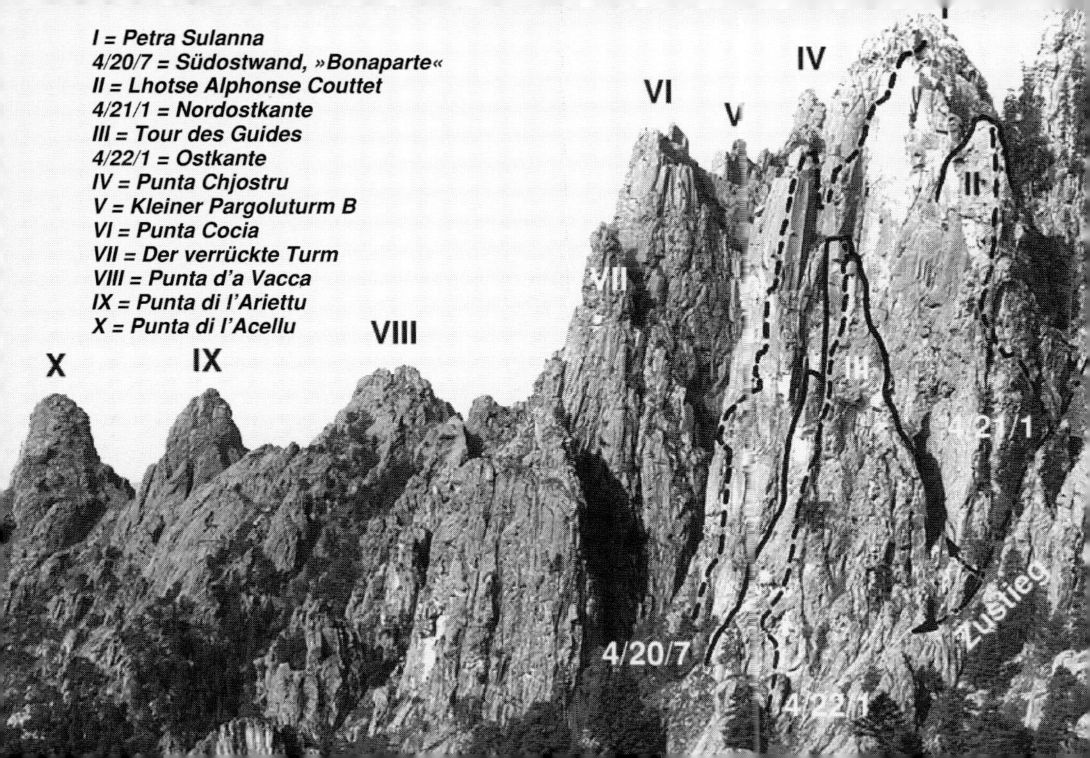
I = Petra Sulanna
4/20/7 = Südostwand, »Bonaparte«
II = Lhotse Alphonse Couttet
4/21/1 = Nordostkante
III = Tour des Guides
4/22/1 = Ostkante
IV = Punta Chjostru
V = Kleiner Pargoluturm B
VI = Punta Cocia
VII = Der verrückte Turm
VIII = Punta d'a Vacca
IX = Punta di l'Ariettu
X = Punta di l'Acellu
I
IV
VI
V
II
VII
III
VIII
IX
X
4/21/1
4/20/7
4/22/1
Zustieg

auf blockigem Absatz (+V, VI, A0). Erst etwas nach links, dann rechts aufwärts durch einen steilen Riß, zum Schluß leichter zum Pfeilergipfel (+IV, +V, III). Von der eingerichteten Abseilstelle 35 m abseilen in die links abwärtsziehende Schlucht (bei Zeitmangel kann durch diese Schlucht weiter abgeseilt werden; Abseilhöhen bis 45 m!). Durch schräge Risse aufwärts (+IV, –V). Weiter durch teilweise bewachsene, schluchtartige Kamine hinauf zu Stand (IV). Über eine kurze, senkrechte Wandstufe und durch einen Kamin empor in gestuftes Gelände (+IV, V). Nun über gut gestuftes, teilweise bewachsenes Gelände zum Gipfel.

4/20/7 Südostwand, »Bonaparte«

6–8 Stunden (vorwiegend VI und VII, stellenweise –VIII); 300 m
A. Precht, E. Rudorfer, 4. Mai 1986
Sehr anspruchsvolle Freikletterei in bestem Fels. Die von den Erstbegehern verwendeten SU-Schlingen und ein ZH wurden belassen. Zusätzlich sind Friends der Größen 2, 3 und 4 erforderlich. Klemmkeile können nur selten eingesetzt werden. Für den Ausstiegsriß ist ein zweiter Friend in der Größe 4 empfehlenswert, außerdem ist die Mitnahme einiger Profil- und Messerhaken zur Standplatzsicherung vor dem Seilquergang nötig. Mit Ausnahme des Seilquerganges und der Abseilstelle vom Südpfeilergipfel reine Freikletterei. Skizze S. 259.
E bei einem kleinen Pfeiler in der Fallinie des S-Pfeilergipfels. Von links nach rechts empor auf den Pfeilerabsatz. Nun über die Wand im Rechtsbogen zum Beginn einer markanten Verschneidung (Nische). Über ein kleines Dach und durch die Verschneidung zu einer Tafoninische. Aus dieser links heraus und schräg rechts über kurze Unterbrechungsplatte auf ein Band. Über dieses nach rechts und links aufwärts zu Standmöglichkeit unter steiler Wand. Durch einen Riß zu kleinem Stand. Seilquergang über eine glatte Platte nach rechts zu Piazriß und durch diesen auf einen Absatz der nordöstl. Begrenzungskante. Nun durch den grifflosen, jedoch etwas weniger steilen Schlußriß zum Pfeilergipfel. Von hier abseilen zu Stand etwas über der Scharte nördl. des Pfeilergipfels und in die Scharte abklettern. Über den markanten Schartenturm, an der riesigen Flosse nordöstl. vorbei, zur Schlußwand. Von hier über feine griffige Quer- und Längsrisse gerade aufwärts und an einer Hangelleiste nach links an die Kante. Über diese auf einen großen Absatz und problemlos zum Gipfel.

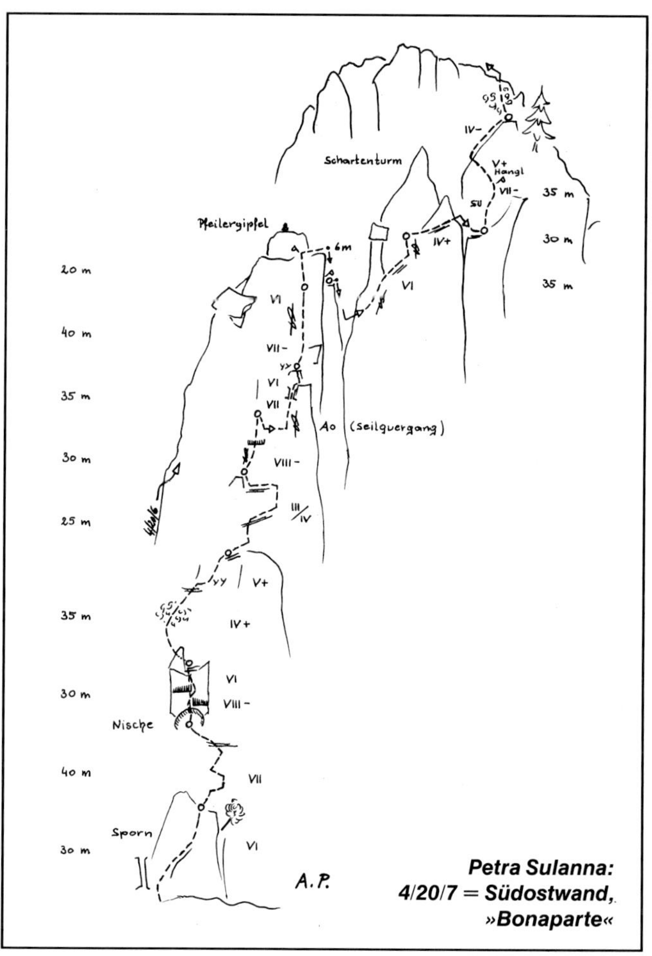
Schartenturm
Pfeilergipfel
6 m
IV–
V+
Hangl
VII–
SU
IV+
VI
35 m
30 m
35 m
20 m
40 m
35 m
30 m
25 m
35 m
30 m
40 m
30 m
VI
VII–
VI
VII
A0 (Seilquergang)
VIII–
III/IV
V+
IV+
VI
VIII –
Nische
VII
Sporn
VI
A. P.
Petra Sulanna:
4/20/7 = Südostwand,
»Bonaparte«

4/21 Lhotse Alphonse Couttet

Massiger Felsturm nordöstl. der Petra Sulanna. Sehr entlegen und schwer erreichbar, daher sehr selten erstiegen. Erste Ersteigung durch A. Precht 1986.

4/21/1 Nordostkante (Weg des Erstersteigers)

1½–2 Stunden (IV, teilweise +IV); 200 m
A. Precht, 1986
Die NE-Kante bildet die rechte Begrenzung der SE-Wand.
Zugang: Wie unter 4/23/2 beschrieben auf den Sattel rechts (östl.) der Punta Grimaldi (2½ Stunden). Jenseits des Sattels durch eine Schlucht absteigend an den Fuß der NE-Kante. Routenverlauf s. Skizze S. 262.

4/21/2 Abstieg

Über die Westseite (teilweise abseilen) hinunter in den Sattel zwischen dem Gipfel und der Petra Sulanna.

4/21/3 Südostwand, »Quasimodo auf Reisen«

3–4 Stunden (teilweise VII); 200 m
A. Precht, E. Rudorfer, 1987
Anspruchsvolle, sehr interessante Freikletterei in bestem Fels. Alle SU-Schlingen und H belassen.
Zugang: Wie unter 4/21/1 beschrieben um die NE-Kante herum und über die Scharte zwischen dem Gipfel und dem östl. aufragenden Tour des Guides an den Fuß der SE-Wand. Der Anstieg führt in Gipfelfallinie durch die im Mittelteil weit überhängende, gelbrote Wand. Routenverlauf s. Skizze S. 263.

4/22 Tour des Guides

Kühner, schlanker Felsturm südöstl. des Lhotse Alphonse Couttet, von diesem durch eine Scharte getrennt. Sehr entlegen und schwer erreichbar, daher sehr selten erstiegen. Erste Ersteigung A. Precht und E. Rudorfer am 6. Juni 1986.

4/22/1 Ostkante

2–3 Stunden (+IV, häufig V und +V); 200 m
A. Precht, E. Rudorfer, 6. Juni 1986

I = Lhotse Alphonse Couttet
II = Tour des Guides
4/22/1 = Ostkante
II
I

Lhotse Alphonse Couttet:
4/21/1 = Nordostkante

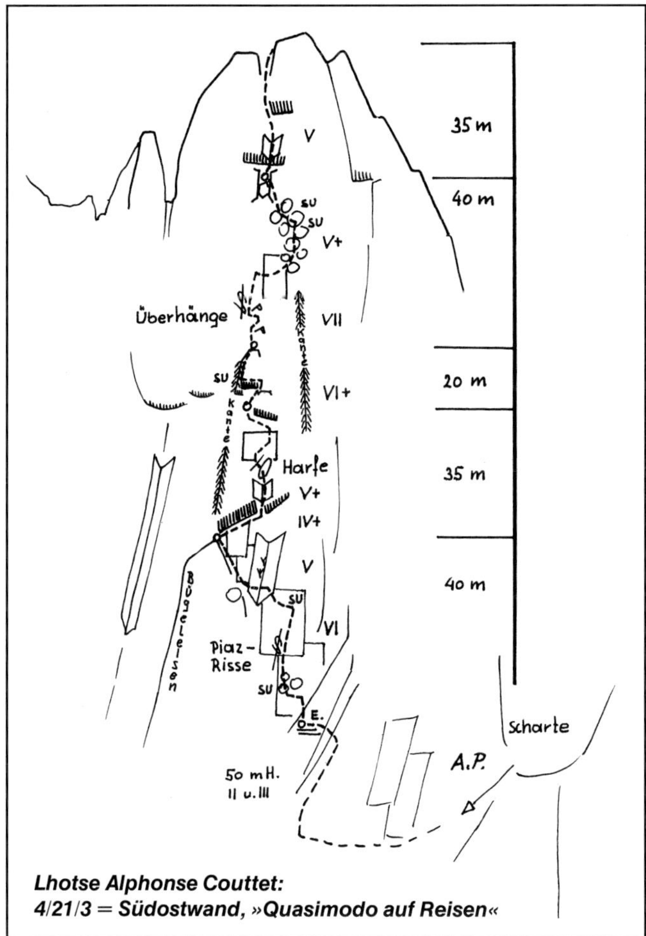

Lhotse Alphonse Couttet:
4/21/3 = Südostwand, »Quasimodo auf Reisen«

Die markante E-Kante wird durch einen flammenförmigen Felsturm markiert. Von der Scharte zwischen diesem und dem Bergkörper zieht eine kleine, mit Bäumen bewachsene Schlucht herab. Links davon drei gelbe Tafoninischen.
Zugang: Wie unter 4/23/2 beschrieben auf den Sattel rechts (östl.) der Punta Grimaldi (2½ Stunden). Jenseits des Sattels durch eine Schlucht absteigend, am Lhotse Alphonse Couttet östl. vorbei, unter die E-Wand des Turmes. Der Anstieg führt zwischen den drei gelben Tafoninischen in einem Linksbogen empor und über flache Platten sowie einen steilen Kantenaufschwung zu einem überdachten Absatz. Nun nach rechts und durch eine Verschneidung mit Klemmblock in die Scharte hinter dem flammenförmigen Felsturm. Durch einen kurzen Riß und eine ebensolche Verschneidung nördl. der glatten Platten empor zu den nun flacheren Platten zu Stand in einer Nische links einer Verschneidung. Durch die Verschneidung und über den abschließenden Dachüberhang auf eine Terrasse und durch einen kurzen Riß zum Gipfel. Genauer Routenverlauf lt. Skizze S. 265.

4/22/2 Abstieg

Über die NW-Wand zweimal 40 m abseilen in die Scharte zwischen Tour des Guides und Lhotse Alphonse Couttet.

4/23 Bocca d'u Santu, 1745 m (Col Santo)

Weiter Sattel zwischen Punta Alta und Punta Iolla.
Die Bocca d'u Santu ist kein eigentlicher Übergang und wird meist nur beim Zugang zu den umliegenden Bergen besucht. Die nach NE absinkenden, riesigen Schluchten sind nur schwierig und äußerst mühsam begehbar, bieten aber abenteuerliche Aussicht auf die Felswildnis der Fornellugruppe; ein Besuch der Scharte ist auch dem Wanderer zu empfehlen.

4/23/1 Vom Col de Bavella über die Bocca d'u Pargolu

2 Stunden (unschwierig)
Wie unter 4/7/1 zur Bocca d'u Pargolu. Weiter einem schwach ausgeprägten Steig folgend nach N. Der Steig führt mehrfach schwach ansteigend und fallend unter den W-Abstürzen der Nordtürme (Punta d'u Pargolu, Punta Piata, Punta Longa und Punta Alta) entlang in die Bocca d'u Santu. Teilweise Steinmänner.

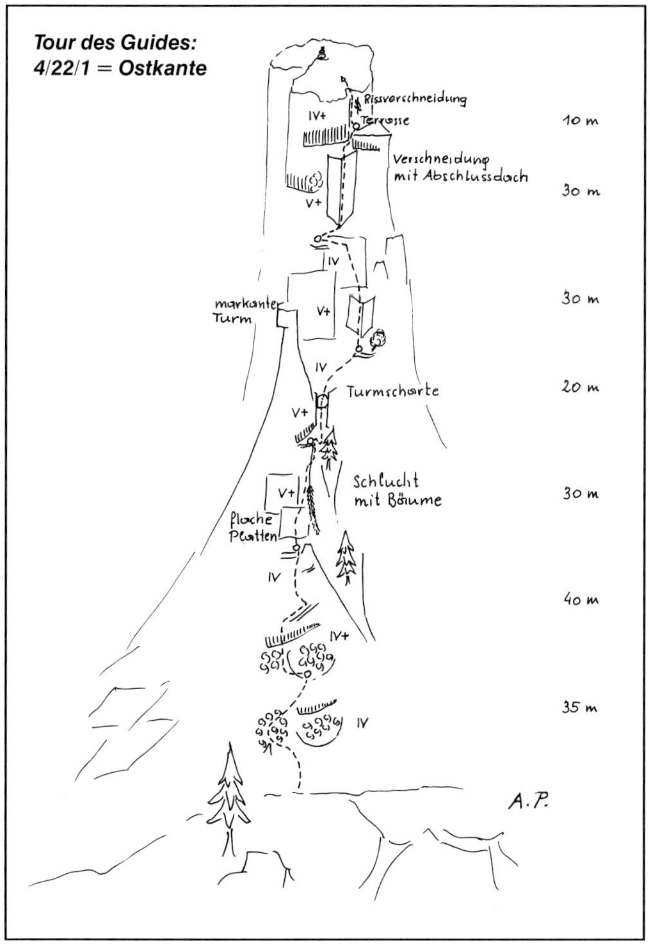

Tour des Guides:
4/22/1 = Ostkante
Rissverschneidung
IV+
Terrasse
10 m
Verschneidung
mit Abschlussdach
30 m
V+
IV
30 m
markanter
Turm
V+
IV
Turmscharte
20 m
V+
Schlucht
mit Bäume
30 m
V+
flache
Platten
IV
40 m
IV+
35 m
IV
A.P.

4/23/2 Vom Col de Bavella durch das Longakar

3–3½ Stunden (unschwierig)

Wie unter 4/7/1 beschrieben bis knapp unter die Bocca d'u Pargolu (1½ Stunden). Bei einem auffallenden, durchlöcherten Block verläßt man den markierten Weg und quert über schwach ausgeprägte Steigspuren unter die S-Wand der Punta d'u Pargolu. Weiter entlang der Wände über begrünte Schutthänge ansteigend auf den Sattel zwischen Punta Piata links und Kleinen Pargoluturm I rechts (Bocca Chjostru). Jenseits absteigend in die weite, karartige Mulde unter den E-Wänden der Punta Longa. Diese Mulde wird Longakar genannt. Um den tief herabreichenden SE-Pfeiler der Punta Longa herum und entlang der E-Wände querend, später über einen begrünten Schutthang unter der gelben S-Wand der Punta Grimaldi ansteigend auf den Sattel rechts (östl.) der Punta Grimaldi (großer Steinmann). Links aufwärts durch eine begrünte Blockrinne in die schmale Scharte nordöstl. der Punta Grimaldi. Weiter rechts aufwärts auf einen schwach ausgeprägten Kamm, diesen überqueren und rechtshaltend in ein Schartel zwischen Punta Alta links und einem markanten kleinen Felsturm rechts (Collet du Déjeuner). Durch eine Geröllschlucht hinunter in die Bocca d'u Santu. Lanschaftlich großartige unschwierige Wanderung in abenteuerlicher Felslandschaft. Praktisch weglos, nur vereinzelt Steinmänner, trotzdem kaum Orientierungsprobleme.

4/23/3 Punta-Alta-Rundtour

5–6 Stunden (unschwierig)

Die Verbindung des Anstieges 4/23/2 mit dem Rückweg über den unter 4/23/1 beschriebenen Weg zur Bocca d'u Pargolu ergibt eine landschaftlich ganz großartige Rundtour, die unschwierig und fast mühelos durch einen der wildesten Teile der Bavella führt. Sehr selten durchgeführt, jedoch äußerst lohnend, sowohl für den Wanderer als auch für den Kletterer, der sich über die verschiedenen Anstiege auf die diversen Gipfel orientieren will.

4/24 Punta Iolla, 1848 m (Turm VII, Tour Jeanne d'Arc)

Sehr schöner, freistehender Felsturm nördl. der Bocca d'u Santu. Mehrere schöne Kletteranstiege. Wegen des relativ langen Zustieges selten erstiegen, würde jedoch mehr Beachtung verdienen.

4/24/1 Südwand (Normalweg, Weg der Erstersteiger)

¾–1 Stunde (III); 100 m

Mlle. Ferre de Peroux mit A. Ravanel und A. Couttet, 1928

Hübsche Kletterei in gutem Fels.

Die steile S-Wand weist im Mittelteil eine große, steile Rasenstufe auf, welche »le jardin suspendu« – »der hängende Garten« – genannt wird. Von der Bocca d'u Santu zum Beginn einer verschneidungsartigen Rinne am linken Rand der S-Wand. Hier der E. Durch die flache Verschneidung empor zu Stand (30 m, +II). Über eine geneigte Platte kurz rechts aufwärts auf ein Rasenband und linkshaltend steil gerade hinauf auf einen bandartigen Absatz zu Stand (40 m, III). Über das Band nach rechts und über Platten hinauf zum rechten, unteren Rand der Rasenstufe. An ihrer rechten Seite hinauf zu Stand in einer plattigen Nische (40 m, teilweise +II). Weiter links querend, erst über Rasen, dann über Bänder und kurze Stufen, zum Schluß über eine steile Wand an die linke Begrenzungskante der Wand zu Stand auf einem Gratabsatz (40 m, III). Nun über den steilen ausgesetzten Grat erst links-, dann rechtshaltend zum Gipfel (30 m, III).

4/24/2 Südwand (Abstieg)

¾–1 Stunde (III, abseilen nicht erforderlich)

Vom Gipfel über den steilen, ausgesetzten S-Grat erst links-, dann rechtshaltend abklettern zu einem Gratabsatz (30 m, III).

Nun nach links über die steile Wand hinunter und über Bänder und bewachsenes Gelände nach links an den linken Rand der großen Rasenstufe zu Stand in einer plattigen Nische (40 m, III). Erst über Rasen, dann über gut kletterbare Platten gerade absteigen bis zu einem nach rechts ziehenden Band (40 m, +II). Über steile Platten, erst links- dann rechtshaltend hinunter auf ein Rasenband und über geneigte Platten in die flache Verschneidung (40 m, III). Durch diese hinunter zum Wandfuß (30 m, +II).

4/24/3 Südkante

1½–2 Stunden (IV und V, eine Stelle –VI); 150 m

A. Precht, E. Rudorfer, 1988

Punta Iolla:
4/24/3 = Südkante

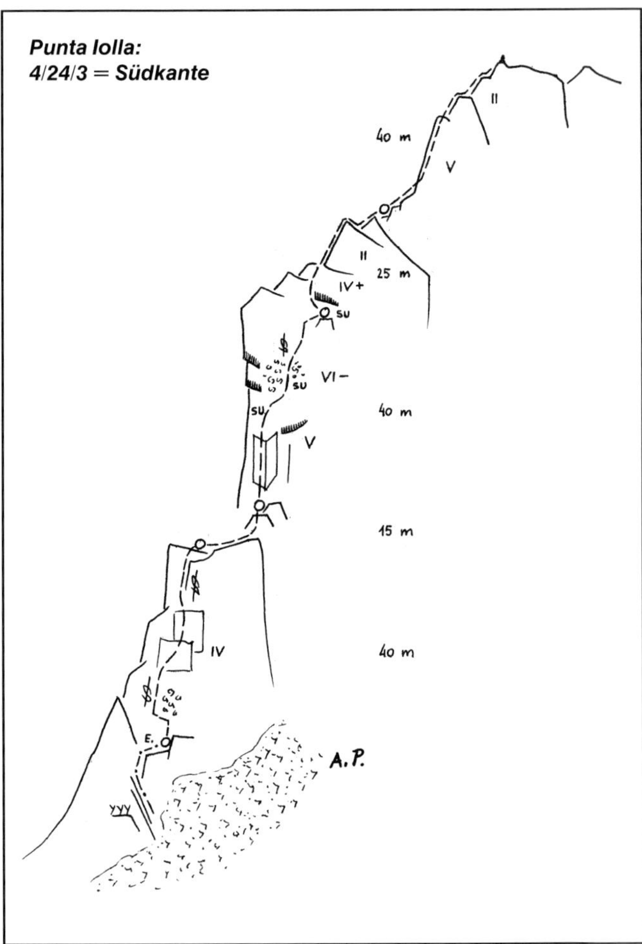

Punta Iolla:
4/24/3 = Südkante
4/24/1 = Südwand-Normalweg bzw. Abstieg
4/24/4 = Südostwand
4/24/5 = »Schlapperlatz«
A = Bocca d'u Santu

Der Anstieg führt über die ausgeprägte Kante, welche die S-Wand links begrenzt. Sehr nette Kletterei in gutem Fels. Drei SU-Schlingen belassen. Routenführung s. Skizze S. 268.

4/24/4 Südostwand

2 Stunden (IV und V, stellenweise –VI); 150 m

A. Precht, E. Rudorfer, 1988

Sehr schöne Kletterei in bestem Fels. Zwei SU-Schlingen belassen.

Rechts der großen Rasenstufe, über welche der Normalweg führt, bildet die SE-Wand einen schwach ausgeprägten Pfeiler, der zum mittleren Gipfelzacken leitet. Über diesen erfolgt der Anstieg.

Von einer hellfarbigen Platte zu einer Rißreihe, die zu einer Art Rampe führt. Über diese rechts aufwärts zu einigen Felsgiebeln. Links ansteigend über Platten zu kleinem Absatz. Weiter über kleingriffige Platten zu einer Tafonizone und gerade empor zum Gipfel. Routenverlauf s. Skizze S. 271.

4/24/5 Südostwand, »Schlapperlatz«

2–3 Stunden (+IV und +V, stellenweise –VI); 200 m

Großartiger, abenteuerlicher Anstieg über den auffallend tafonierten, freistehenden Felsschild, welcher im äußersten rechten Teil der SE-Wand aufragt. Sieben SU-Schlingen belassen.

E rechts unterhalb eines Felstürmels. Über die Platten zwischen zwei Verschneidungen zu einer nach rechts ziehenden Rampe. Oberhalb dieser einer Tafonispur (einige SU-Schlingen) folgend zum Fuße des auffallenden, freistehenden Felsschildes. Über den von Tafonis zerlöcherten Felsschild nahe der rechten Kante empor (SU-Schlingen), einen breiten Spalt überspreizend zum Gipfelgrat und über diesen zum Gipfel. Routenverlauf s. Skizze S. 272.

4/25 Punta d'u Santu, 1744 m

Zackiger Felsgipfel nördl. der Punta Iolla. Die Westabstürze sind ungemein reich gegliedert und vielfach in Türme und Vorbauten aufgelöst. Die Südseite ist zwar steil, jedoch gut gestuft. Nach E bricht eine hohe, plattige Steilwand ab. Der Gipfel ist sehr entlegen und wird selten erstiegen.

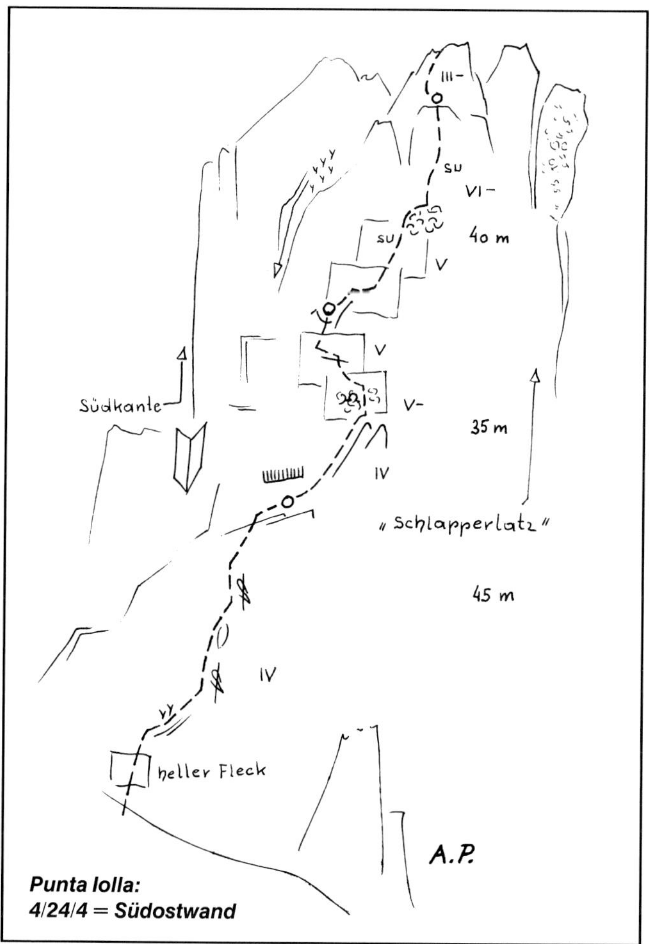

Punta Iolla:
4/24/4 = Südostwand

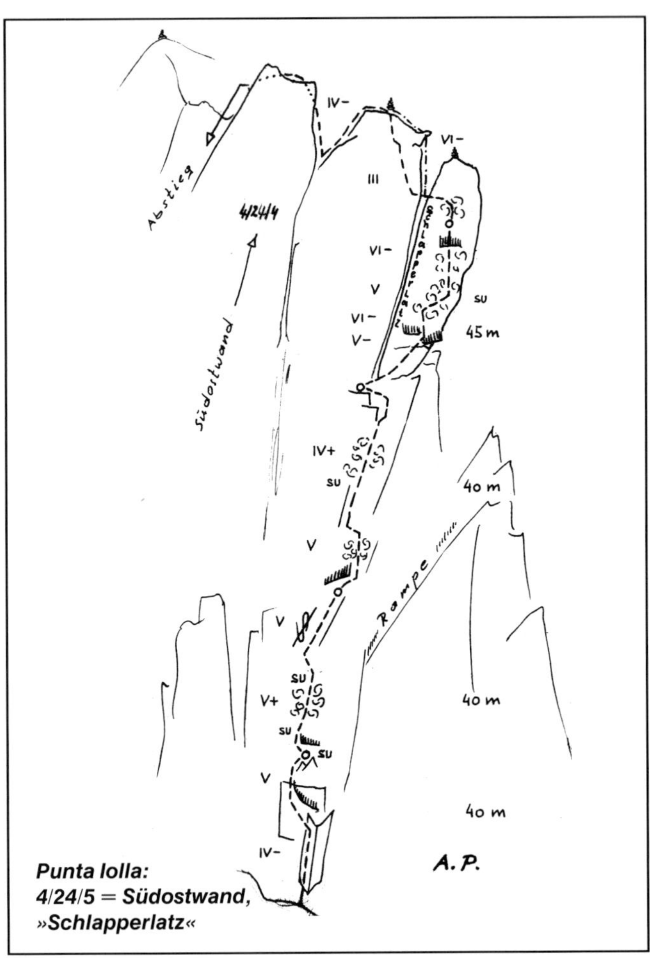

Punta Iolla:
4/24/5 = Südostwand,
»Schlapperlatz«

4/25/1 Direkte Südostkante
3 Stunden (unterer Teil +V bis VII, oberer Teil IV und V); 250 m
A. Precht, E. Rudorfer, 2. Juni 1988
Sportlich und klettertechnisch sehr schöner Anstieg.
Zugang: Von der Bocca d'u Santu (hierher siehe 4/23/1) in nordöstl. Richtung durch die Schlucht absteigen unter die Südabstürze der Punta Iolla und diese querend zum Fuße der Kante.
Routenverlauf s. Skizze S. 275.

4/25/2 Ostwand
3 Stunden (IV bis VI, je eine Stelle +VI bzw. VII); 250 m
A. Precht, E. Rudorfer, 2. Juni 1988
Interessanter Anstieg durch die steile, gelbliche Wand, die nur wenige Durchstiegsmöglichkeiten bietet.
Der östlichste von mehreren Gipfeltürmen stürzt nach E in das Ravin d'u Santu mit einer eindrucksvollen Wand ab. Die gelben Plattenschilder dieser Wand sind von unterbrochenen Rißreihen durchzogen. Diese ermöglichen den Durchstieg. Routenverlauf s. Skizze S. 275.

4/25/3 Abstieg
1–1½ Stunden (teilweise III)
Über den Grat nach W in eine Scharte und über die gestufte S-Wand abklettern an den Wandfuß.

4/26 Punta des Sapins, 1791 m
Turmartiger Felsgipfel im Kammverlauf zur Bocca di Maro.
Der Gipfel ist sicher erstiegen, jedoch ist hierüber bisher nichts bekannt. Das Gelände ist in diesem Bereich sehr unübersichtlich, der eigentliche Gipfel ist in dem Gewirr von Türmen und Zacken nur schwer zu lokalisieren. Wahrscheinlich am besten von der Bocca di Maro zu erreichen.

Punta d'u Santu von Osten:
4/25/1 = Direkte Südostkante
4/25/2 = Ostwand
4/25/3 = Abstieg über
die Südwand
4/25/3
4/25/2
4/25/1

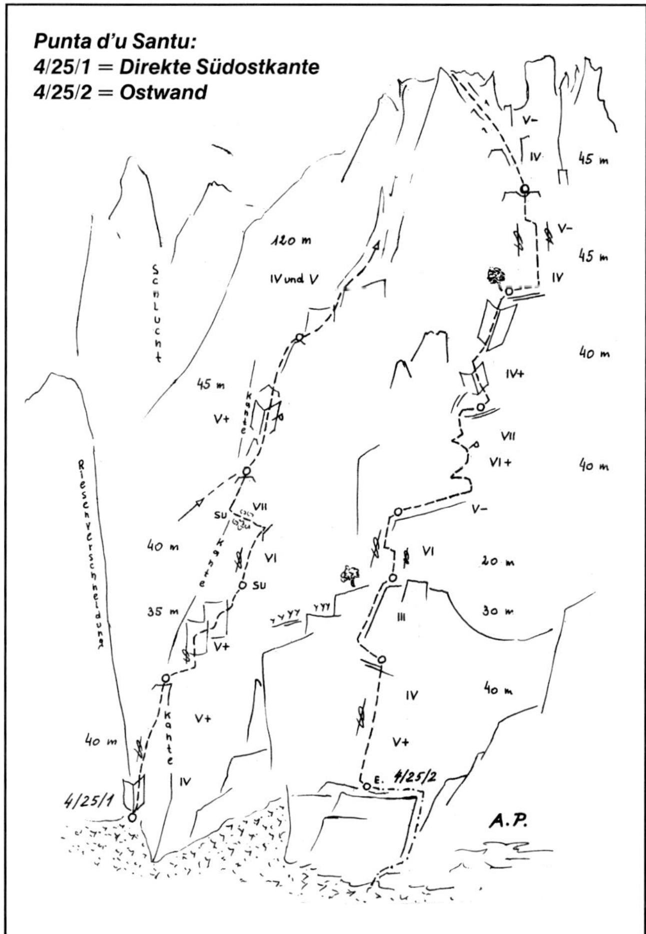
Punta d'u Santu:
4/25/1 = Direkte Südostkante
4/25/2 = Ostwand
V–
IV
45 m
V–
45 m
IV
120 m
IV und V
Schlucht
40 m
IV+
45 m
Kante
V+
VII
VI+
40 m
Riesenverschneidung
SU
VII
V–
40 m
Kante
VI
VI
20 m
SU
35 m
III
30 m
V+
40 m
IV
V+
40 m
Kante
V+
IV
E. 4/25/2
4/25/1
A.P.

4/27 Babylontürme

Die Punta des Sapins entsendet nach E einen Seitengrat, welcher drei markante Türme bildet, bevor er steil ins Ravin d'u Santu abbricht. Die zwei höheren Türme sind der Westliche und der Östliche Babylonturm, der östlichste, etwas niedrigere Turm ist der Nasenturm. Die beiden Babylontürme entsenden nach S steile, sehr scharf ausgeprägte Kanten, welche durch tiefe Schluchten begrenzt werden. Der Nasenturm bricht nach SE mit einer steilen, von mehreren großen Überhängen unterbrochenen, stark tafonierten Kante ab. Die Kanten ergeben ideale Anstiegslinien.

4/27/1 Zugang

2½–3 Stunden (unschwierig)

Von der Bocca d'u Santu (hierher siehe 4/23/1) in nordöstl. Richtung durch die Schlucht absteigen, unter der S-Wand der Punta Iolla linkshaltend queren und kurz hinauf in eine kleine Scharte (Mückenscharte). Von hier absteigend zu den Einstiegen.

4/27/2 Westlicher Babylonturm, Südkante

2 Stunden (+IV bis –VI); 200 m

A. Precht, E. Rudorfer, 10. Juni 1989

Eine der schönsten und genußreichsten Klettereien in der Bavella.

E knapp östl. am Fuß der Kante. Durch Risse an die Kante und direkt an der Kante zum Gipfel. Routenverlauf s. Skizze S. 278.

4/27/3 Abstieg

1 Stunde (teilweise III)

Abseilen (30 m) in die Scharte westl. des Gipfels und durch die Schlucht orografisch rechtshaltend abklettern (abseilen möglich) zurück zum E.

Babylontürme:
Links: 4/27/2 = Westlicher Babylonturm – Südkante
Rechts: 4/27/4 = Östlicher Babylonturm – Südkante

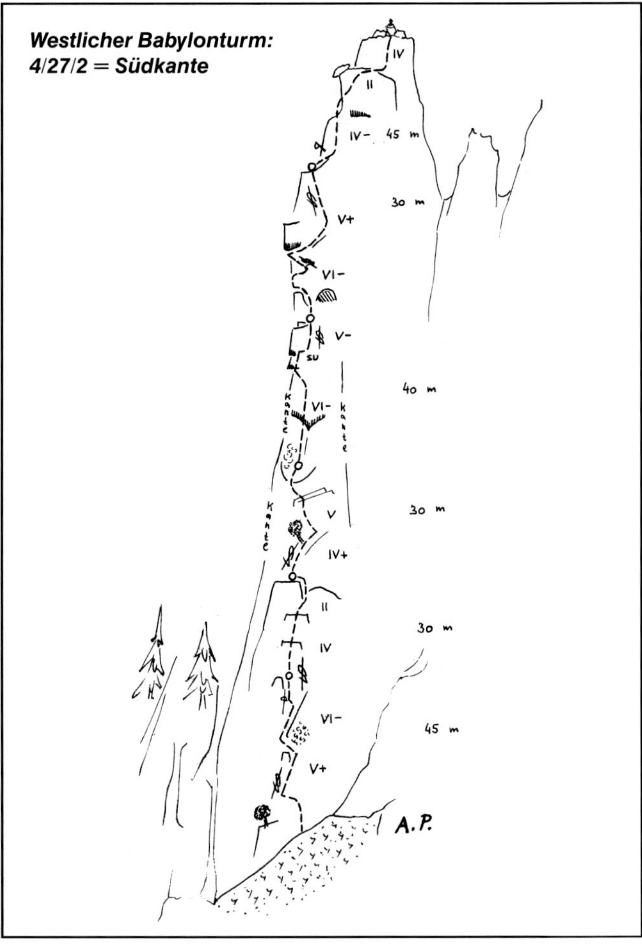
Westlicher Babylonturm:
4/27/2 = Südkante
IV
II
IV- 45 m
30 m
V+
VI-
V-
SU
40 m
Kante
VI-
Kante
30 m
Kante
V
IV+
II
30 m
IV
VI-
45 m
V+
A.P.

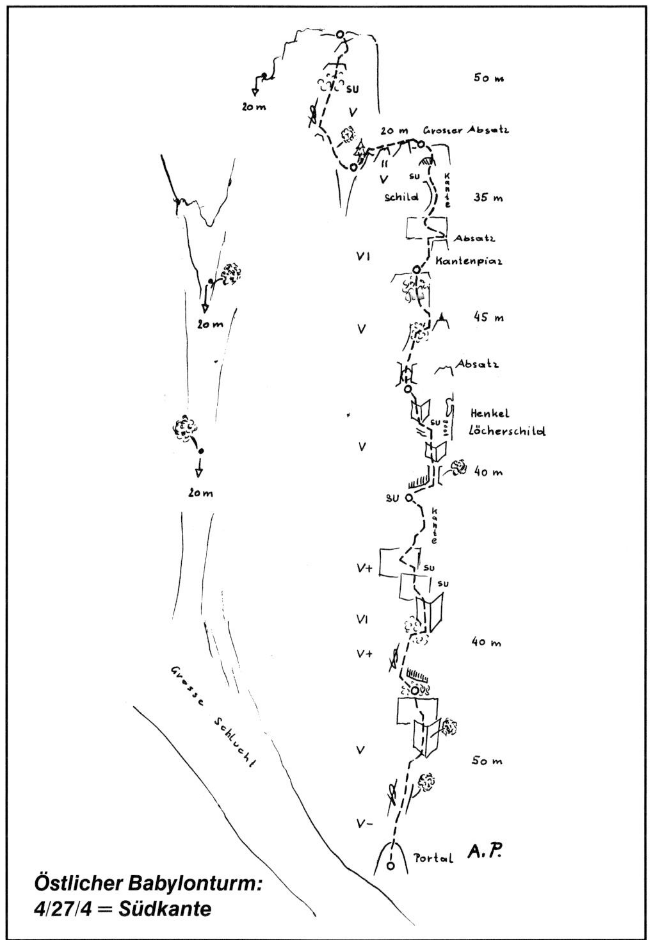

Östlicher Babylonturm:
4/27/4 = Südkante

4/27/4 Östlicher Babylonturm, Südkante

2½ Stunden (V, +V und VI); 250 m
E. Rudorfer, A. Precht, 6. Juni 1989
Sehr schöne, genußvolle Kletterei in bestem Fels.
E bei einem kleinen Felsportal direkt an der Kante.
Routenverlauf s. Skizze S. 279.

4/27/5 Abstieg

1 Stunde
Vom Gipfel in westl. Richtung über einige Stufen abklettern (oder 15 m abseilen) zu Abseilstelle. Von hier 25 m abseilen in die Scharte zwischen den beiden Babylontürmen. Durch die Schlucht in der S-Wand abseilen zum Wandfuß.

4/27/6 Nasenturm-Südostkante

4½ Stunden (meist +IV bis –VI, je eine Stelle VI und +VI); 350 m
A. Precht, E. Rudorfer, 6. Juni 1989
Großartige, abwechslungsreiche Kletterei in teilweise stark tafoniertem Fels. Einige SU-Schlingen und Steinmänner wurden belassen.
Kleines Sortiment Stopper sowie Friends Größe 2–3 gut anwendbar.
Den Kantenfuß erreicht man, indem man von der Mückenscharte rechtshaltend durch die Schlucht bzw. an ihrer orografisch rechten Seite absteigt.
Übersicht: Die SE-Kante hat mehrere große Dächer (Nasen). In der Fallinie dieser Dächer erfolgt der Anstieg bis zur Schulter, dann über die Gipfelwand zu einem auffallenden Tafonistreifen. Über diesen zum Gipfel.
Route: In der Fallinie der Nasen zieht eine leicht rechtshängende Verschneidung empor. Durch diese führen die ersten SL. Weiterer Routenverlauf s. Skizze S. 282.

4/27/7 Abstieg

1½ Stunden (teilweise IV)
Über die westl. Scharte und an der N-Seite des Östlichen Babylonturmes schräg rechts aufwärts (einige Bäume, IV) zu einem Band kurz unter dem Gipfel. An der westl. Kante Abseilstelle. 25 m abseilen in die Scharte. Weiter siehe 4/27/5.

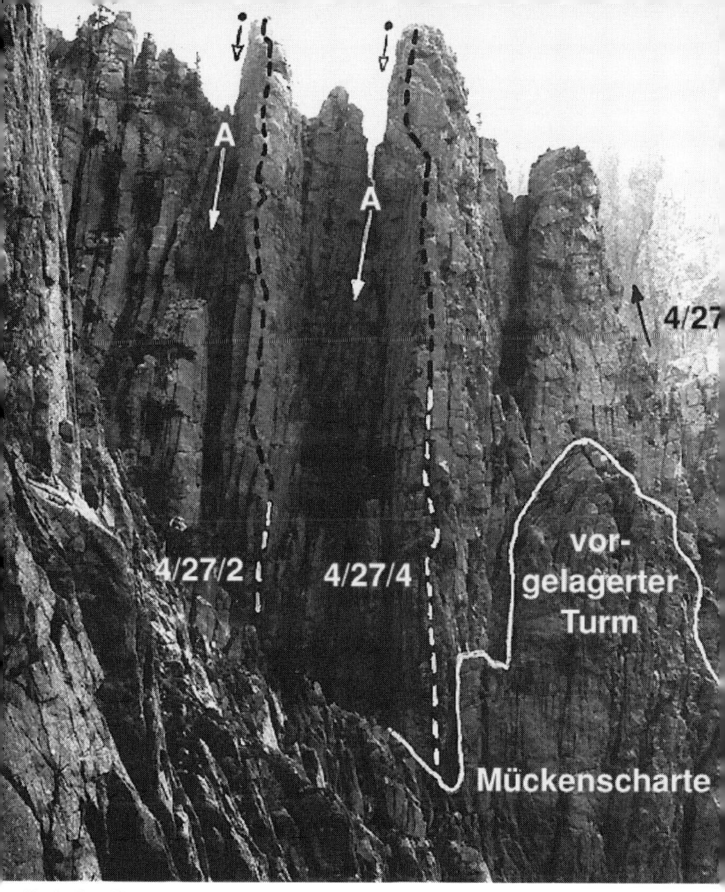

Babylontürme:
4/27/2 = Westlicher Babylonturm, Südkante
4/27/4 = Östlicher Babylonturm, Südkante
4/27/6 = Nasenturm-Südostkante

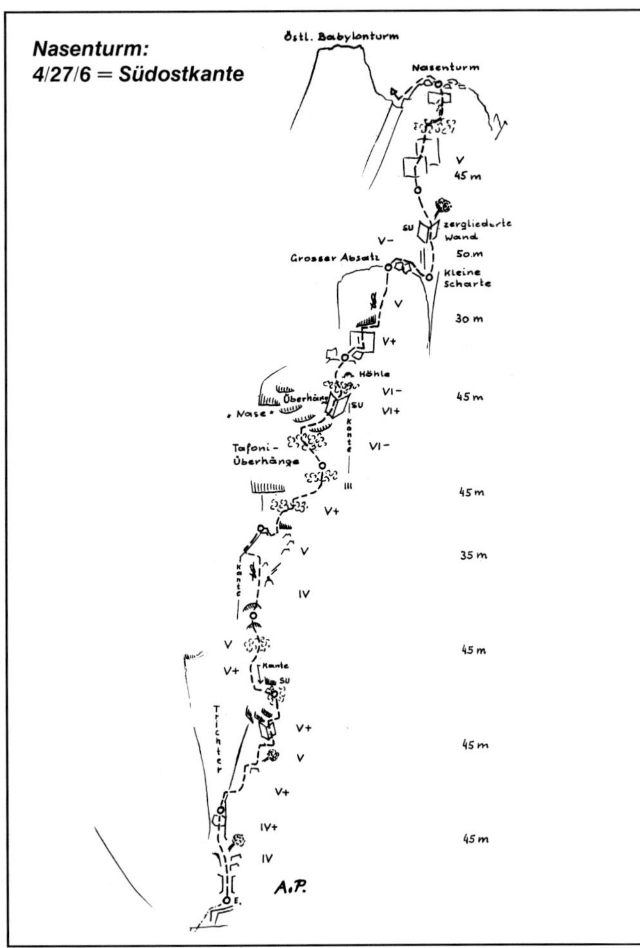
Nasenturm:
4/27/6 = Südostkante
Östl. Babylonturm
Nasenturm
V
45 m
SU
zergliederte Wand
V–
50 m
Grosser Absatz
Kleine Scharte
V
30 m
V+
Höhle
VI–
45 m
Überhänge
SU
VI+
Nase
Kante
Tafoni-Überhänge
VI–
III
45 m
V+
V
35 m
Kante
IV
V
45 m
V+
Kante
SU
Trichter
V+
45 m
V
V+
IV+
45 m
IV
A.P.
E.

4/28 Punta Ewi

Von der Punta Santu ziehen nach E einige markante Grattürme, die mit sehr steilen Wänden in die obere Polischelluschlucht abbrechen. Neben der durch ihre weit ausladenden Dächer besonders auffallenden »Nasenkante« ist die E-Wand der Punta Ewi eine der eindrucksvollsten Wandfluchten südl. des oberen Polischellubaches. Die Punta Ewi wurde bisher nur über die E-Wand erstiegen, vermutlich ist sie von N her wesentlich leichter erreichbar.

4/28/1 Ostwand, »Yellow Line«

5 Stunden (+IV bis –VI, eine Stelle +VI); 350 m
E. Rudorfer, A. Precht, 9. Juni 1990
Großartige Kletterei mit zum Teil stark überhängenden, eindrucksvollen Passagen. Mehrere SU-Schlingen belassen. Ein großes Sortiment von KK und Friends (vor allem 2 und 3) erforderlich.
In Wandmitte erkennt man eine riesige Nische, welche nördl. (rechts) von einem Pfeiler begrenzt wird. Unter der Nische zwei Verschneidungen; die rechte, weniger ausgeprägte ergibt den E. In halber Wandhöhe führt die Route durch die gelbe Tafonizone und über den abschließenden Überhang. Der obere Wandteil wird über den rechten Pfeiler erklettert. Routenverlauf s. Skizze S. 284.
Zugang: 2½–3 Stunden.
Wie unter 4/27/1 beschrieben in die Mückenscharte und in nördl. Richtung etwas absteigend in eine schwach ausgeprägte Schlucht, welche in die Polischelluschlucht hinunterzieht. Von hier leicht ansteigend über einige Felsstufen zum eigentlichen Wandfuß.

4/28/2 Ostwand, »Roter Pfeiler«

3–4 Stunden (vielfach VII, je zwei Stellen +VII bzw. A0); 250 m
E. Rudorfer, A. Precht, 9. Juni 1990
Ausgesprochen schöne Kletterei in bestem Fels. Mehrere H und SU-Schlingen belassen, KK und Friends Nr. 1–3 erforderlich.
Zugang s. 1/28/1, Routenverlauf s. Skizze S. 285.

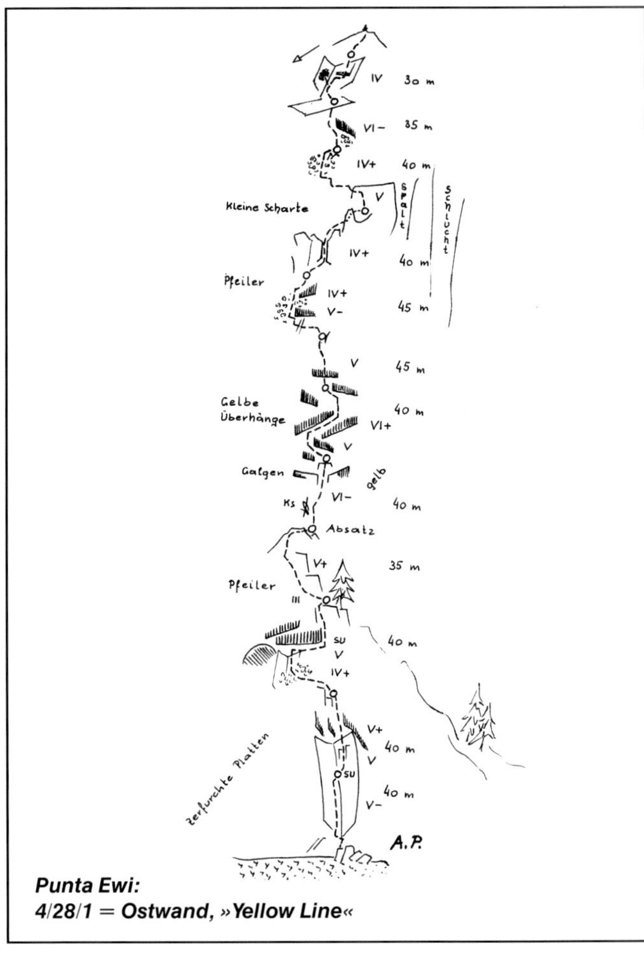

Punta Ewi:
4/28/1 = Ostwand, »Yellow Line«

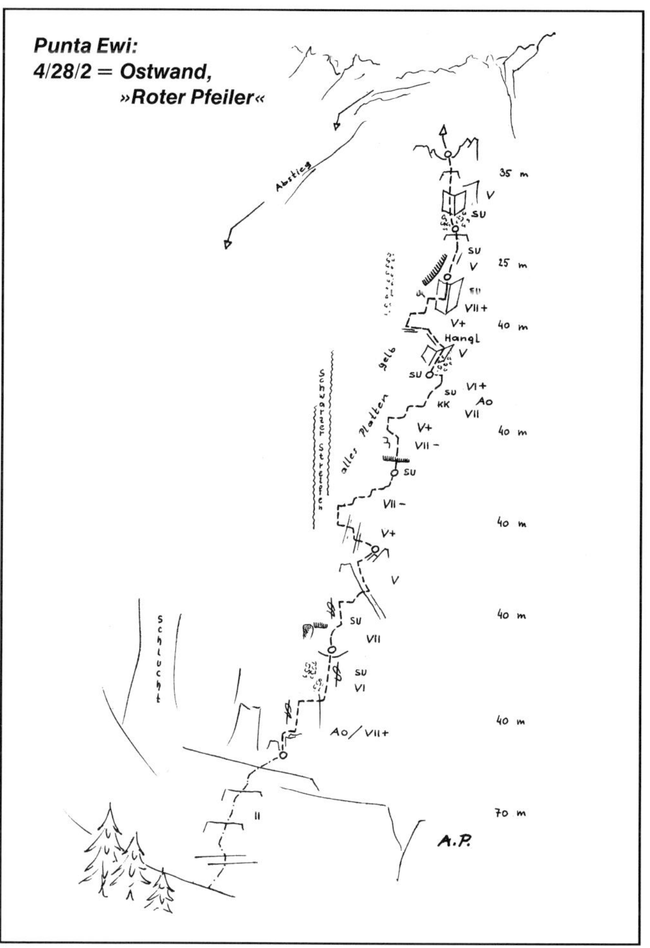
Punta Ewi:
4/28/2 = Ostwand,
»Roter Pfeiler«
Abstieg
35 m
V
SU
SU
25 m
V
SU
VII+
40 m
V+
Hangl
V
gelb
SU
SU
VI+
KK
Ao
VII
Schwarzer Streifen
alles Platten
40 m
V+
VII –
SU
VII –
40 m
V+
V
40 m
Schlucht
SU
VII
SU
VI
40 m
Ao/VII+
II
70 m
A.P.

4/28/3 Abstieg

1 Stunde (teilweise III), Abseilhöhe 45 m

Den Gipfel nach W überschreiten und an der S-Seite in gleicher Richtung abwärts in die Schlucht zwischen Punta Ewi und Nasenturm. Durch diese Schlucht abseilen (einmal 45 m) und abklettern; zurück zum Wandfuß.

4/29 Punta San Gio Agostinu, 1680 m

Außerordentlich schöner, trotz seiner verhältnismäßig geringen Höhe beherrschender Felsgipfel in dem von der Punta Alta in östl. Richtung absinkenden Seitengrat.

Der Gipfel ist sehr entlegen und wird deshalb nur sehr selten erstiegen. Seine Ersteigung über den W-Grat (Normalweg) ist jedoch sowohl klettertechnisch, vor allem aber landschaftlich ganz ungewöhnlich großartig und äußerst lohnend.

In der Südwand wurden in den letzten Jahren mehrere außergewöhnlich schöne, jedoch sehr schwierige Anstiege eröffnet.

4/29/1 Zugang

Vom Col de Bavella wie bei 4/23/1 zur Bocca d'u Santu (2–2½ Stunden). Von hier rechts aufwärts durch eine Geröllschlucht in eine kleine Scharte zwischen der Punta Alta und einem vorgelagerten Felsturm (Collet du Déjeuner). In östl. Richtung kurz absteigen, dann querend nach rechts (E), schließlich einen Rücken überschreitend nach links in eine markante Scharte (Steinmann). Durch eine Geröllschlucht links (südöstl.) hinunter und am Fuße der steilen Wände querend auf einen breiten Sattel (Steinmann). Nun linkshaltend (nordöstl.) über eine große Blockhalde schräg absteigend bis in den Wald. Weiter schräg rechts etwas ansteigend zurück auf den Kamm. Diesen überschreiten und in seiner rechten (südl.) Flanke unter steilen Wänden absteigend queren, bis man durch steilen, schuttdurchsetzten Wald zu einer schmalen Scharte, der Bocca di Fermu (ca. 1570 m), ansteigen kann. Ca. 1–1½ Stunden von der Bocca d'u Santu, 3–4 Stunden vom Col de Bavella. Lang und anstrengend, teilweise schwierige Orientierung.

Punta Ewi:
4/28/1 = »Yellow Line«

4/29/2 Westgrat

2 Stunden (III und IV)

D. Dutting, H. Riedhauser, G. Styger und P. Weydmann, 29. April 1955

Schöne Kletterei in festem Fels, selten begangen, jedoch sehr lohnend. E in der schmalen Scharte. Unmittelbar am Grat (hochgestufte blockige Absätze mit glatten Rissen) aufwärts zu Stand in der rechten Gratflanke (30 m, +III). Kurzer Quergang nach rechts in einen Kamin (an seinem Beginn Stechpalme) und durch ihn auf einen Absatz (25 m, +III und IV). Rechtshaltend über eine plattige Stufe (–IV), dann leichter hinauf auf den Grat und über ihn zu Stand vor einem steilen Aufschwung (30 m, –IV und III). Nach links zu einem überhängenden Kamin und durch diesen hinauf auf den Grat (25 m, IV). Weiter in der rechten Gratflanke schräg rechts aufwärts in eine Rinne (Abseilschlinge). Einige Meter in der Rinne hinauf, dann rechts aufwärts auf die hier fast ebene Gratschneide (35 m, +III). Über den fast ebenen, firstartigen Grat weiter bis unter den nächsten Steilaufschwung (35 m, II). Über flache Platten nach links und durch eine kaminartige Rinne hinauf auf die Gratschneide (25 m, III). Über die Gratschneide zum nächsten Aufschwung, unter diesem nach links und über eine kurze, steile Wandstufe empor auf schräg rechts ansteigende Platten. Über diese zum Grat (30 m, +III). In der rechten Gratflanke über Bänder nach rechts in tiefe, kaminartige Rinne und durch sie (einmal hinter einem Klemmblock durch) empor zum Grat und kurz darauf zum Gipfel (40 m, +III).

4/29/3 Abstieg – Westgrat – Südwand

1½ Stunden (+III, drei Abseilstellen à 20 m)

Über den W-Grat abklettern bis in die Rinne mit Abseilschlinge. Von hier 20 m durch einen Kamin abseilen, Quergang nach rechts, dann durch eine schräge Rinne nach links absteigen zu einem Absatz mit Baum (Abseilschlinge bei großem Block). Durch einen Rißkamin 20 m abseilen zu Stand bei großer, losgesprengter Schuppe (Schlinge). Nochmals 20 m abseilen auf einen breiten Sattel zwischen der Wand und einem großen, südl. vorgelagerten Turm. Von hier in westl. Richtung absteigend in die Bocca di Fermu.

Von hier wie unter 4/29/1 oder 4/29/5 zurück zum Col de Bavella (3 Stunden).

Punta San Gio Agostinu und Torra Smaragti von Südwesten.

Agostinu-Gruppe:
I = Punta San Gio Agostinu
1 = 4/29/2 Westgrat
2 = 4/29/6 Südpfeiler
3 = 4/29/7 Direkter Südpfeiler
4 = 4/29/8 Südwand, »Napoleonfenster«
5 = 4/29/9 Südwand, »Fensterlpfeiler«
II = Punta d'u Spechju
1 = 4/30/1 Südostwand
2 = 4/30/2 Südostwand, »Curnachja«
III = Punta Sogno
1 = 4/31/4 Zentralpfeiler
2 = 4/31/5 »Mufflonpfeiler«
3 = 4/31/6 »Böser Hund«
4 = 4/31/7 »Abgehackter Pfeiler«
IV = Torra Smaragti
1 = 4/32/2 Südwand
2 = 4/32/3 »Hart und weich zugleich«
A = Agostinu-Kar

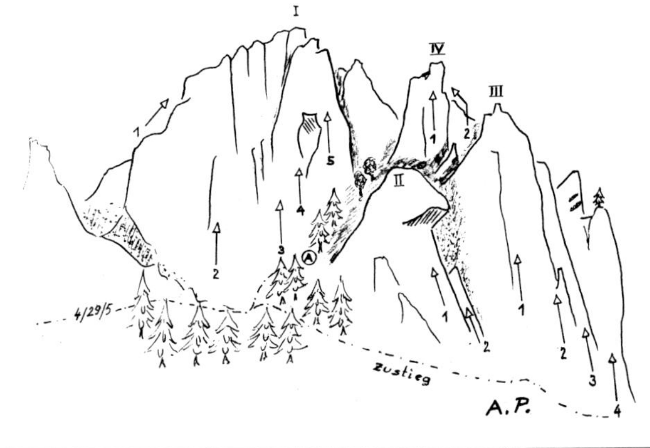

4/29/4 Südwand – Allgemeines

Die Südwand fußt in einer von W nach E ansteigenden, teilweise bewaldeten Karmulde, welche zwischen der Punta San Gio Agostinu und den südl. vorgelagerten Gipfeln der Punta d'u Spechju bzw. Punta Sogno eingelagert ist.

Die Wand selbst wird durch mehrere Pfeiler gegliedert. Etwa in der Mitte der S-Wand befindet sich ein riesiger Überhang, durch welchen ein großes, von unten nicht sichtbares Felsenfenster (»Napoleonfenster«) zur anderen Bergseite führt. Der Pfeiler rechts dieses Überhanges bzw. des Fensters ist der sogenannte »Fensterlpfeiler«. Der linke Pfeiler wird als »Direkter Südpfeiler« bezeichnet. Der westlichste der drei markanten Pfeiler ist der »Südpfeiler«.

4/29/5 Zugang zur Südwand

3 Stunden (unschwierig)

Wie unter 4/23/2 beschrieben in das Longakar. Durch dieses absteigen, unter der Petra-Sulanna-S-Wand vorbei und in östl. Richtung, meist etwas absteigend, weiter. Orientierungspunkt ist die auffallende, von großen Überhängen abgeschlossene Riesenplatte der Punta d'u Spechju. Bevor man diese erreicht, hält man sich links aufwärts in Richtung der Scharte am Beginn des W-Grates (Bocca di Fermu). Unterhalb der Scharte durch die teilweise bewaldete, schluchtartige Karmulde an den Fuß der S-Wand und zu den Einstiegen.

Ebenso wie 4/29/1 teilweise schwierige Orientierung, jedoch etwas kürzer und weniger anstrengend.

4/29/6 Südpfeiler

3 Stunden (+V, je eine Stelle +VI und VII); 190 m

A. Precht, E. Rudorfer, 13. Juni 1991

Sehr schöne Kletterei, 3 SU-Schlingen belassen. Eine Umgehung der Schlüsselstelle ist möglich. Skizze S. 292.

Der Anstieg führt über den westlichsten der drei markanten Hauptpfeiler. Als Richtpunkt dient eine von Rissen durchzogene markante Platte, welche links von einer ebenso auffallenden Verschneidung begrenzt wird.

Immer an der Pfeilerkante (nach jeder SL Absatz) zum Fuß der erwähnten Verschneidung. Diese nach einigen Metern nach rechts verlassend

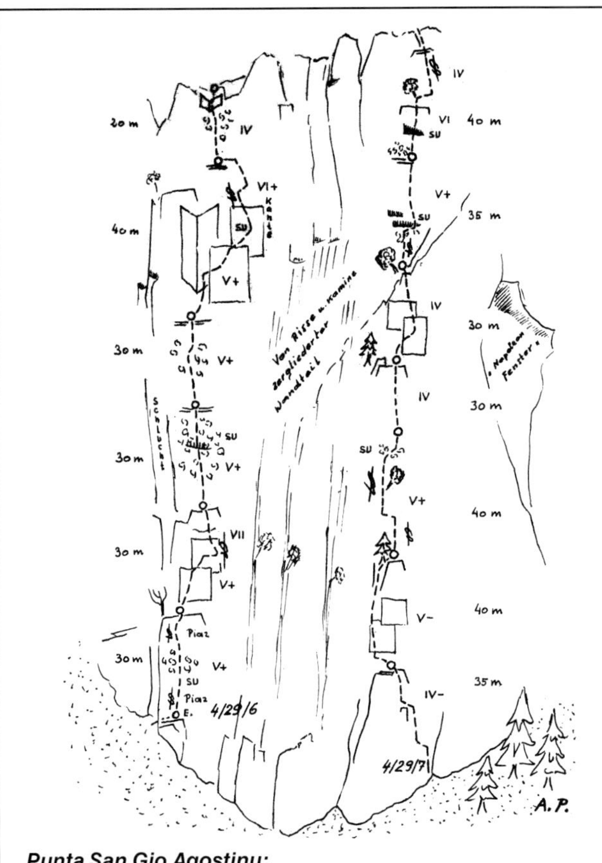

Punta San Gio Agostinu:
4/29/6 = Südpfeiler
4/29/7 = Direkter Südpfeiler

über den Plattenschuß rechtshaltend empor bis nahe der Kante (SU-Schlinge). Hier gerade empor zu Stand und in leichter Kletterei zum W-Grat knapp unter dem Gipfel.

4/29/7 Direkter Südpfeiler
2–3 Stunden (V und VI); 230 m
A. Precht, E. Rudorfer, 1. Juni 1990
Schöne Kletterei in gutem Fels.
Der S-Pfeiler ist der mittlere der drei markanten Pfeiler in der S-Wand. Er bildet die linke Begrenzung des »Napoleonfensters«. Der Anstieg führt direkt bzw. knapp links der Pfeilerkante empor, wobei zwei große Bäume als Richtpunkt dionon.
Routenverlauf s. Skizze S. 292.

4/29/8 Südwand, »Napoleonfenster«
3 Stunden (V); 230 m
A. Precht (free solo), 1987
Sehr eindrucksvoller Anstieg, interessante Kletterei in bestem Fels. SU-Schlingen und Steinmänner als Markierung belassen. E in der Fallinie des riesigen Überhanges (ca. Wandmitte), in welchem das versteckte »Napoleonfenster« den Durchschlupf zur anderen Wandseite ermöglicht. Ein wuchtiger Kamin bildet dort die Fortsetzung des Fensters bis zum Grat. Routenverlauf s. Skizze S. 295.

4/29/9 Südwand, »Fensterlpfeiler«
3 Stunden (+V und +VI, eine Stelle VII); 200 m
A. Precht, Chr. Bogensberger, 11. Juni 1990
Sehr schöne, durchgehend sehr anspruchsvolle Freikletterei, mehrere SU-Schlingen belassen.
Der »Fensterlpfeiler« ist der markante Pfeiler rechts des »Napoleonfensters«.
Der Anstieg beginnt mit einer immer steiler werdenden bewachsenen Verschneidung. Diese führt auf einen Absatz. Von hier über sehr kleingriffige Platten zur Pfeilerkante und in logischer Linie zum Gipfel.
Routenverlauf s. Skizze S. 295.

4/29/6
4/29/7
Punta San Gio Agostinu:
4/29/6 = Südpfeiler
4/29/7 = Direkter Südpfeiler

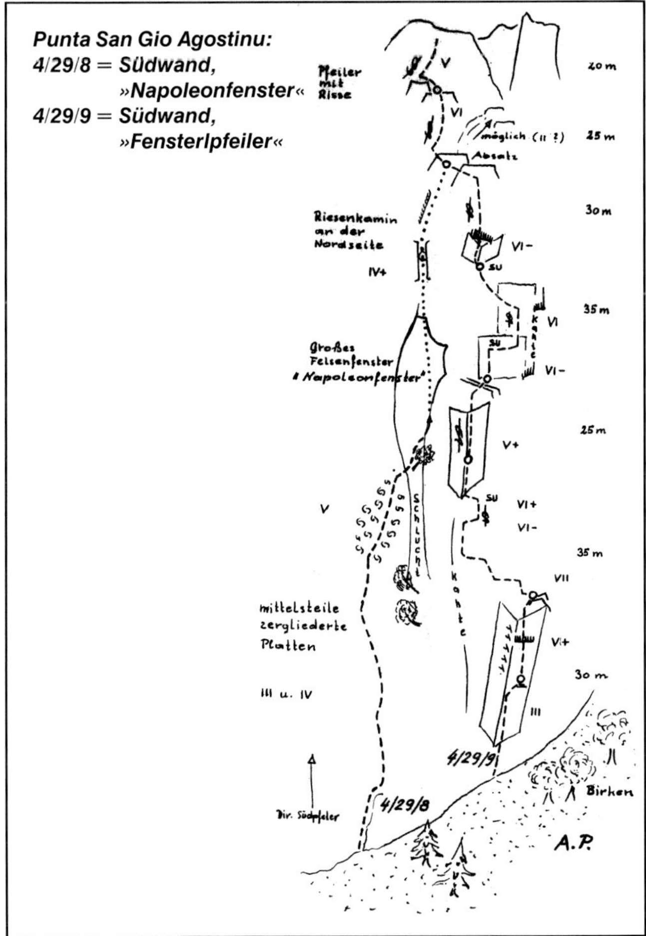
Punta San Gio Agostinu:
4/29/8 = Südwand, »Napoleonfenster«
4/29/9 = Südwand, »Fensterlpfeiler«
Pfeiler mit Risse
V
20 m
VI
möglich (II ?)
25 m
Absatz
Riesenkamin an der Nordseite
30 m
VI−
SU
IV+
35 m
Kante
VI
Großes Felsenfenster „Napoleonfenster"
SU
VI−
25 m
V+
SU
VI+
VI−
V
Schlucht
35 m
Kante
VII
mittelsteile zergliederte Platten
VI+
30 m
III u. IV
III
4/29/9
Birken
4/29/8
Dir. Südpfeiler
A.P.

I
II
4/29/6
4/29/7
4/29/8
4/29/9
4/32/1

4/29/10 Ostgrat
Kletterzeit 2 Stunden, Gesamtzeit 5–6 Stunden (III, eine Stelle –V)
M. Fabrikant, W. Foelsche, 18. Juli 1964
Außerordentlich lange und anstrengende Bergfahrt, die im unteren Teil durch völlig wegloses, dicht bewachsenes Gelände führt. Der Grat selbst ist in seinen unteren zwei Dritteln stark aufgelöst und bildet mehrere Rippen, die durch bewaldete Rinnen und Schluchten voneinander getrennt werden. Nur das letzte Gratdrittel ist scharf ausgeprägt und bietet nennenswerte Kletterei.

4/30 Punta d'u Spechju, 1546 m (Rotschopf)
Die Punta d'u Spechju ist der Punta San Gio Agostinu südl. vorgelagert und von dieser durch eine karartige Mulde getrennt. Nach SE stürzt der Gipfel mit einer riesigen, schon vom Col de Bavella auffallenden, oben durch gewaltige Überhänge abgeriegelten Plattenwand ab. Sehr entlegen und sehr selten erstiegen.

4/30/1 Südostwand
3 Stunden (+IV und +V, mehrere Stellen –VI, selten leichter); 250 m
A. Precht, E. Rudorfer, Juni 1987
Der Anstieg führt durch den rechten Teil der riesigen, glatten Plattenwand zu den gewaltigen Überhängen und über diese zum Gipfel. Zwei SU-Schlingen wurden belassen. Skizze S. 298.
Zugang: Wie unter 4/30/5 beschrieben und unter der Wand querend zum E.
Der E erfolgt knapp links von einer teilweise bewachsenen, verschneidungsartigen Schlucht, welche von einem Sporn gebildet wird und die rechte Begrenzung der glatten Riesenplatte bildet. Über eine kurze, kleingriffige Wand (kleiner Wulst) zu einer schwach ausgeprägten Rißverschneidung. Von ihrem Ende über die Platten schräg links aufwärts

I = Punta San Gio Agostinu:
4/29/6 = Südpfeiler
4/29/7 = Direkter Südpfeiler
4/29/8 = »Napoleonfenster«
4/29/9 = »Fensterlpfeiler«
II = Torra Smaragti:
4/32/1 = Südwand

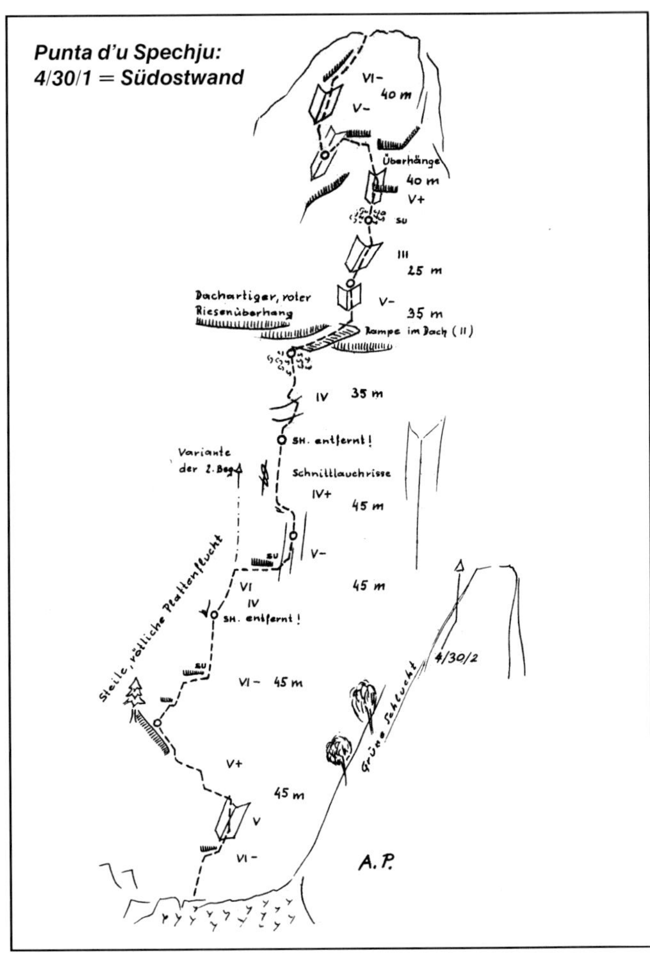

Punta d'u Spechju: 4/30/1 = Südostwand

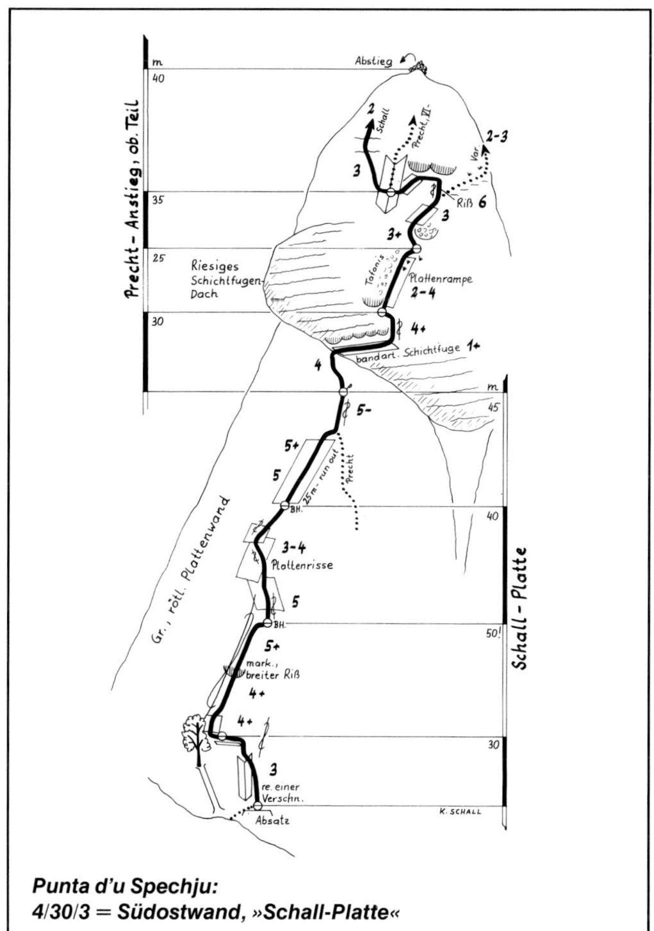

Punta d'u Spechju:
4/30/3 = Südostwand, »Schall-Platte«

zu einer kleinen Rampe mit Baum. Von hier gerade aufwärts mit zwei markanten Rechtsquerungen jeweils unter Tafoniwülsten (SU-Schlingen). Nahe der rechten Begrenzung der Plattenflucht durch Risse (Schnittlauchrisse) empor unter den riesigen Überhang. Über diesen überraschend einfach über eine Rampe hinaus und durch die wildromantische Überhangzone zum höchsten Punkt.

4/30/2 Südostwand, »Curnachjua«

3 Stunden (frz. +IV und V); 250 m

J. P. Quilici, J. C. Calendini, 21. November 1981

Dieser Anstieg führt rechts der Prechtroute durch die Wand. Im unteren Teil benützt er die oben erwähnte, verschneidungsartige Schlucht bzw. den Sporn rechts von dieser.

Oberhalb einer auffallenden Felsnadel links aufwärts in die Plattenwand und über diese und die abschließende Überhangzone zum Ausstieg. Beschreibung und Skizze s. L. M. d. B.

4/30/3 Südostwand, »Schall-Platte«

3 Stunden (IV und V, zwei Stellen +V, eine Stelle VI); 250 m

K. Schall, B. Breßeler, 23. Juli 1988

Ausgesprochen schöne Platten- und Rißkletterei durch den zentralen Teil der riesigen, glatten Plattenwand. Die Sicherung erfolgt ausschließlich durch KK und Friends der Größen 1,5–3,5 sowie SU-Schlingen. 2 Stand-BH. Moralisch teilweise anspruchsvoll.

Im unteren Teil verläuft die Route links von 4/30/1, wobei ein markanter breiter Riß, welcher sich nach ca. 80 m in den Platten verliert, richtungsweisend ist. Ab den gewaltigen Überhängen wird 4/30/1 benützt. Routenverlauf s. Skizze S. 299.

Punta Sogno Südwand:
4/31/4 = Zentralpfeiler
4/31/5 = Mufflonpfeiler
4/31/6 = Rechter Südpfeiler, »Böser Hund«
(vom Mufflonpfeiler verdeckt)
4/31/7 = Abgehackter Pfeiler

4/31/7
Pta. d'u Specchju
4/31/6
4/31/4
4/31/5

4/31 Punta Sogno, ca. 1500 m
Sehr markanter, selbständiger Gipfel östl. der Punta d'u Spechju, wie diese der Punta San Gio Agostinu südl. vorgelagert. Der schlanke, turmartige Berg bricht nach S mit einer hohen, von mehreren markanten Pfeilern gegliederte Steilwand ab, welche vom Col de Bavella gut sichtbar ist. Erste Ersteigung und Namensgebung durch A. Precht 1986.

4/31/1 Von Norden – Normalweg
1 Stunde (teilweise III und IV)
Wie unter 4/29/5 beschrieben in die teilweise bewaldete, schluchtartige Karmulde unter der S-Wand der Punta San Gio Agostinu (3 Stunden vom Col de Bavella). Durch diese schluchtartige Mulde in östl. Richtung empor auf einen Kamm. Von hier über die N-Flanke des Gipfels (über kurze Wandstufen, teilweise III) empor. Der eigentliche Gipfelblock wird über seine S-Seite (7 m, IV) erstiegen.

4/31/2 Abstieg nach Norden
½ Stunde (III)
Vom Gipfel orographisch rechts abklettern (III) bis zu einer Steilrampe, welche nach links in die Karmulde unter der Punta San Gio Agostinu hinabführt.

4/31/3 Südwand – Allgemeines
Die steile S-Wand wird durch mehrere, gut ausgeprägte Pfeiler und dazwischenliegende Schluchten bzw. Kaminreihen gegliedert. Der markanteste Pfeiler ist der fast ohne Unterbrechung direkt vom Gipfel abstreichende »Zentralpfeiler«. Östl. (rechts) des Zentralpfeilers ragt ein durch ein schlankes Türmchen, welches in seinem unteren Teil aufragt, gekennzeichneter Pfeiler auf. Dieser wird »Muflonpfeiler« genannt. Im rechten Wandteil ist eine schmale Schlucht eingeschnitten, deren linke (westl.) Begrenzung ein sehr plattiger, schwach ausgeprägter Pfeiler ist, über welchen der Anstieg 4/31/6, »Böser Hund«, führt. Die äußerste rechte (östl.) Begrenzung der S-Wand bildet ein Pfeiler, der zwei deutliche Absätze aufweist und im oberen Teil gratartig ausgeprägt ist. Dieser Pfeiler wird als »Abgehackter Pfeiler« bezeichnet. Alle genannten Pfeiler wurden von A. Precht erstiegen. Sie bieten durchwegs sehr bis

äußerst schwierige, jedoch sehr lohnende Klettereien in gutem Fels. In Kombination mit einem Anstieg in der Südwand der Punta San Gio Agostinu zählen sie zu den großartigsten und großzügigsten Bergfahrten der Bavella.

4/31/4 Zentralpfeiler
3 Stunden (V); 300 m
A. Precht (free solo), 1987
Schöne Kletterei in festem Fels. Steinmänner als Markierung. Der ohne Unterbrechung unmittelbar zum Gipfel führende Pfeiler vermittelt den Anstieg. Routenverlauf s. Skizze S. 304.

4/31/5 Mufflonpfeiler
3 Stunden (V und VI, eine Stelle –VII); 320 m
A. Precht, E. Rudorfer, 31. Mai 1990
Die Route führt über den östl. (rechts) des Zentralpfeilers parallel zu diesem verlaufenden Pfeiler. Das schlanke Türmchen im unteren Teil wird überklettert. Die Schlüsselstelle bildet eine kleingriffige, sehr schlecht abzusichernde Platte in mittlerer Pfeilerhöhe. Routenverlauf s. Skizze S. 305.

4/31/6 Rechter Südpfeiler, »Böser Hund«
6 Stunden (+V, +VI und VII, je eine Stelle A0 und A1); 350 m
A. Precht, E. Rudorfer, 13. Juni 1991
Bis auf wenige bewachsene Stellen hervorragende, sehr anspruchsvolle Kletterei. Überwiegend Plattenkletterei. Vier SU-Schlingen belassen. Friends Größe 2–3½ erforderlich, ebenso kleines Hakensortiment. Haken bei A1-Stelle entfernt. Schwierigster Anstieg auf die Punta Sogno.
Man geht am Fuß der S-Wand nach rechts entlang (besser in den Felsen knapp über dem Wandfuß, da dort weniger Bewuchs ist) bis zu einer kleinen Schlucht, bevor die Wand steil zum »Abgehackten Pfeiler« absinkt. In der Schlucht fußt der sehr plattige Pfeiler, welcher an seiner rechten Seite von steilen Rissen durchzogen wird. Diese bilden den einzig möglichen, direkten Einstieg. Die 3. und 4. SL führen über eine Tafonizone zur oberen Plattenfront, welche an der linken Pfeilerseite erklettert wird. Den Gipfel erreicht man über den Grat. Routenverlauf s. Skizze S. 304.

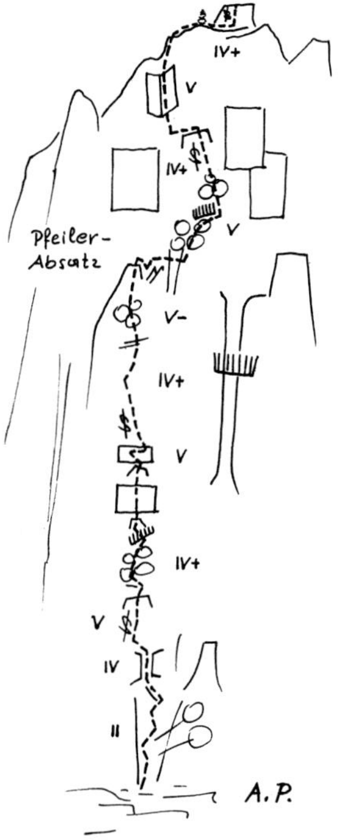

Punta Sogno: 4/31/4 = Südwand, »Zentralpfeiler«

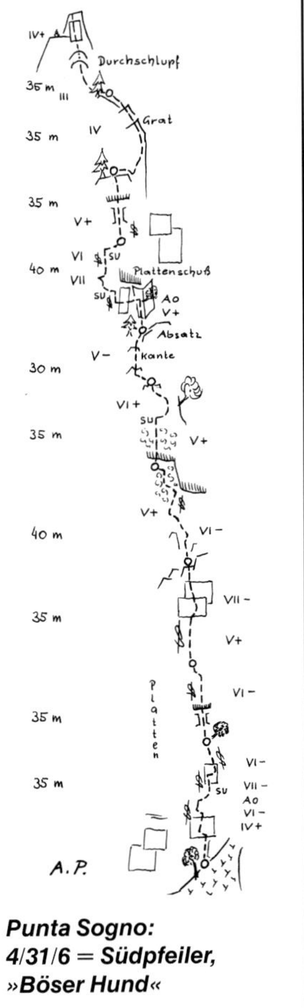

Punta Sogno: 4/31/6 = Südpfeiler, »Böser Hund«

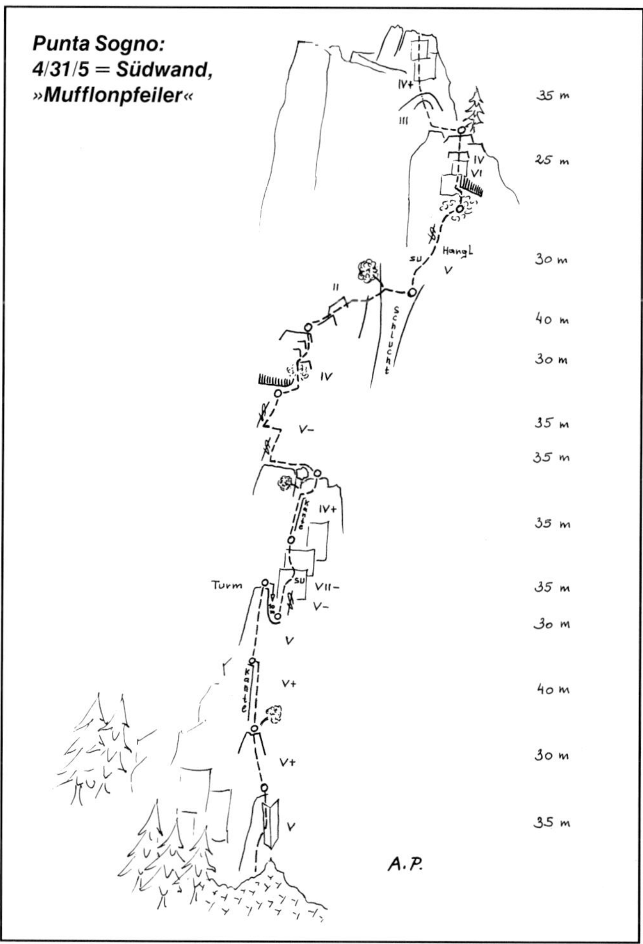

Punta Sogno:
4/31/5 = Südwand,
»Mufflonpfeiler«

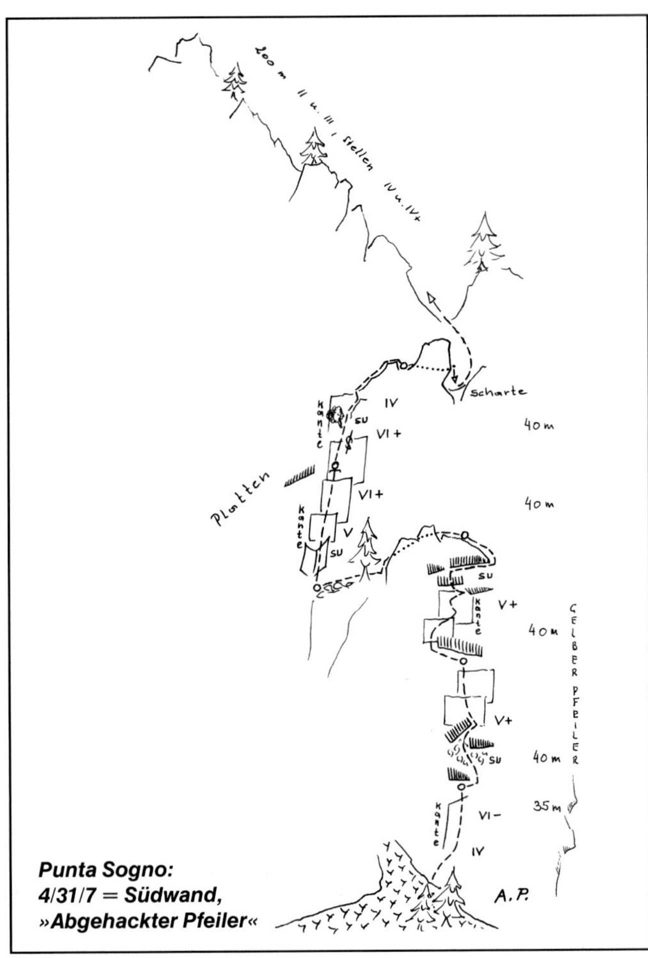

Punta Sogno:
4/31/7 = Südwand,
»Abgehackter Pfeiler«

4/31/7 Südwand, »Abgehackter Pfeiler«

3–4 Stunden (V und VI, zwei Stellen +VI, oberer Teil III bis IV); 350 m

E. Rudorfer, A. Precht, 1. Juni 1990

Der Anstieg führt über den am tiefsten im E fußenden Pfeiler, der zwei markante Absätze hat, die jeweils durch eine kleine Scharte vom nächsten Aufschwung getrennt sind. Der letzte Aufschwung ist gratartig. Der Anstieg führt in der S-Seite des Pfeilers über stark tafonierten Fels über die zwei Steilaufschwünge. Der letzte, gratartige Aufschwung leitet über einige Steilstufen, die jedoch teilweise rechts (nördl.) umgangen werden können, zum Gipfel. Siehe Skizze S. 306.

4/32 Torra Smaragti, ca. 1600 m

Eleganter, turmartiger Gipfel, der Punta di San Gio Agostino knapp südl. vorgelagert. Die gelbe S-Wand des Gipfels stürzt direkt ins Agostinokar ab. Nach E zieht ein wuchtiger Ausläufer, welcher mit der Punta Agostino und der Punta Sogno einen Parallelgrat bildet, welcher seinerseits mit einer steilen, rötlichen S-Wand in die Steilschlucht abbricht, welche zwischen Torra Smaragti und Punta Sogna nach E abstreicht.

4/32/1 Südwand des Gipfelturmes (Weg der Erstersteiger)

2 Stunden (V und VI, mehrere Stellen –VII, eine Stelle A0 – Seilquergang); 200 m

E. Rudorfer, A. Precht

Abwechslungsreiche, luftige Kletterei in kompaktem Fels. Mehrere SU-Schlingen belassen, KK und Friends Größe 1–4 erforderlich. Skizze S. 309.

Zugang: Wie unter 4/29/5 beschrieben in die bewachsene Karmulde unter der S-Wand der Punta San Gio Agostinu und durch diese rechts aufwärts an den Wandfuß.

Über den Wandvorbau in wenig schwieriger Kletterei hinauf zu großem Absatz mit Bäumen. Nun über die kleingriffige Wand zwei kurze SL empor zu einem Absatz unter Überhängen. Linkshaltend empor und Seilquerung nach links (W) zum westl. Rand der Überhänge. Etwas rechts durch eine gelbe Verschneidung und überhängend empor in leichteres Gelände.

Torra Smaragti:
4/32/1 = Südwand
4/32/3 = Abseilweg (1 x 45 m)

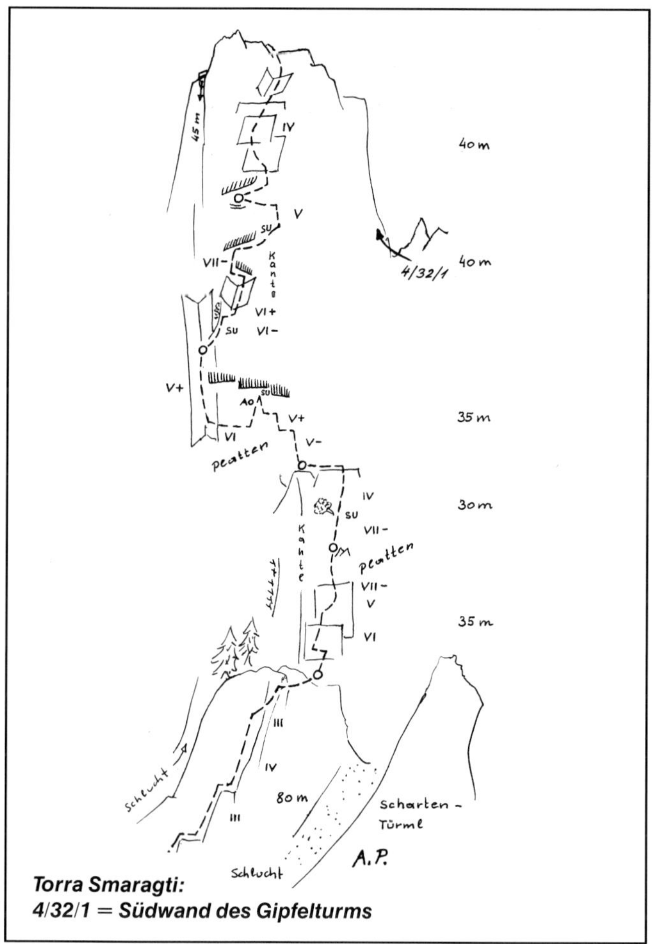

Torra Smaragti:
4/32/1 = Südwand des Gipfelturms

4/32/2 Südwand, »Hart und weich zugleich«
4 Stunden (meist V und VI, mehrere Stellen VII, eine Stelle A0); 350 m
Chr. Bogensberger, A. Precht
Insgesamt sehr anspruchsvolle, schöne Kletterei in sehr kompaktem Fels. Mehrere SU-Schlingen belassen. Zusätzlich Stopper und Friends Größe 1–4 sowie H erforderlich. Skizze S. 311.
Zugang: Wie unter 4/32/1 durch die bewachsene Karmulde empor bis in die Scharte zwischen Punta Sogno und einem Schartenturm. Östl. an der N-Seite absteigen in die breite Schlucht, in welche die S-Wand fußt. Der E erfolgt etwa 40 m oberhalb eines riesigen Baumes. Über Platten von links nach rechts aufwärts bis in die Fallinie des erwähnten Baumes. Hier setzt eine schwarze, vorerst sehr abweisende Rißreihe an, welche durch die ganze Plattenfront bis zu den Grattürmen führt. Die ersten drei Türme werden überschritten, der vierte links (südl.) umgangen. Links um die Kante zur tafonierten Gipfelwand und über diese zum Gipfel.

4/32/3 Abstieg
Am Gipfel in nördl. Richtung zu sehr eindrucksvoller Abseilstelle. Von hier über die W-Wand 45 m abseilen in eine Schlucht, durch welche man die mehrfach erwähnte, bewachsene Karmulde erreicht.

4/33 Zwillingsturm
Auffallender, steilwandiger, zweigipfeliger Felsbau, welcher in der von der Bocca d'u Santu nach NE absinkenden, breiten, bewaldeten Steilmulde aufragt. Auf den östl. Gipfel führen zwei durchaus lohnende, sehr schwierige Anstiege. Sehr entlegen, vor allem im Anschluß an eine andere Tour in diesem Bereich empfehlenswert.

4/33/1 Zugänge
a) Von der Bocca d'u Santu:
½ Stunde (unschwierig). Von der Bocca d'u Santu wie unter 4/29/1 beschrieben in die markante Scharte mit Steinmann. Von hier links abwärts an den Fuß des sichtbaren Turmes.
b) Von der Punta Grimaldi:
Von der schmalen Scharte nordöstl. der Punta Grimaldi (s. 4/23/2) rechts aufwärts auf den schwach ausgeprägten Kamm. Jenseits absteigend an den Fuß des Turmes.

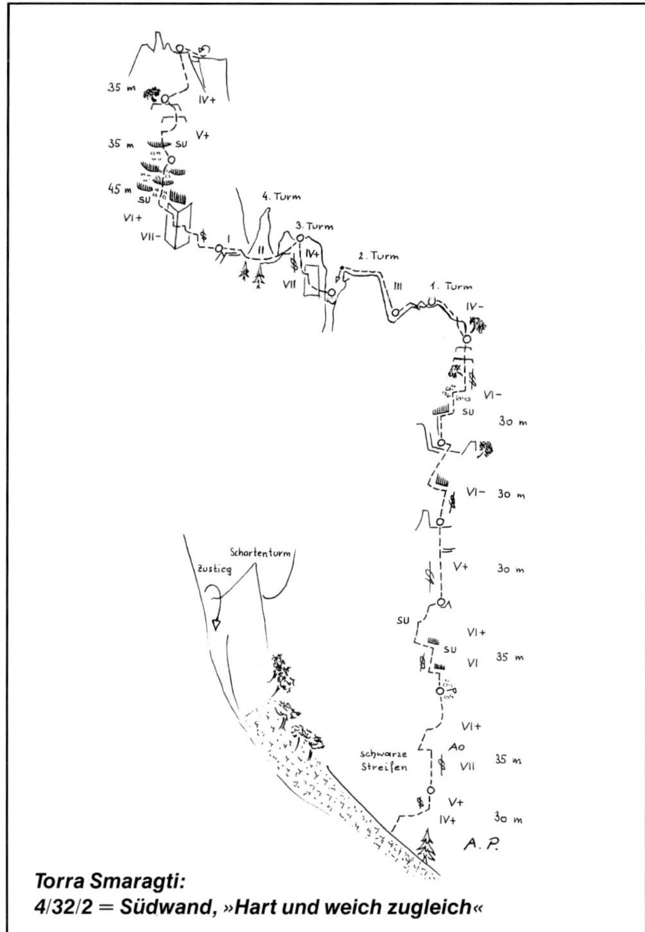

Torra Smaragti:
4/32/2 = Südwand, »Hart und weich zugleich«

4/33/2 Nordostkante

2–3 Stunden (V bis VI); 200 m

A. Precht, E. Rudorfer, Juni 1987

Der östliche Gipfelturm entsendet nach NE eine markante, steile, von kleinen Verschneidungen durchzogene Kante. Skizze S. 313.

Der E erfolgt hinter einer großen Föhre. Eine kleine, markante Verschneidung ca. 30 m empor und links aufwärts zu einer weiteren markanten, leicht überhängenden Verschneidung. Durch diese zu einem waagrechten Band mit großem Baum. Über fein gegliederte Platten ca. 100 m zum Gipfel.

4/33/3 Südwand

1 Stunde (+V); 120 m

A. Precht, E. Rudorfer, 10. Juni 1989

Schöne Kletterei in gutem steilem Fels. Einige SU-Schlingen belassen. Die S-Wand des östl. Gipfelturmes wird von einem markanten Rißkamin durchzogen. Durch diesen bzw. in der Wand links davon führt der Anstieg. Routenverlauf s. Skizze S. 313.

4/33/4 Abstieg

½ Stunde

Über glatte Platten einmal 40 m abseilen in die Scharte zwischen den beiden Gipfelzacken. Weiter über die SE-Wand einmal 45 m und einmal 25 m abseilen an den Wandfuß.

4/34 Punta Rossa, 1209 m

Außerordentlich schöner Felsturm mit schon von der Straße D 268 auffallender, roter, stark tafonierter S-Wand. Nur über sehr schwierige Kletterwege erreichbar.

4/34/1 Südpfeiler

3–4 Stunden (frz. V); 180 m

C. Birk, G. Burggraf, 7. September 1969

Der Anstieg über den markanten Südpfeiler zählt ebenfalls zu den klassischen Extremanstiegen der Bavella. Sehr schöne, durchwegs schwierige Kletterei in gutem Fels. Beschreibung und Skizze s. L. M. d. B.

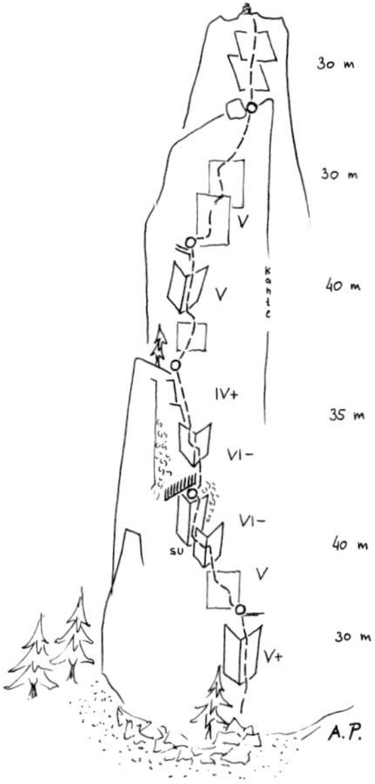

Zwillingsturm:
4/33/2 = Nordostkante

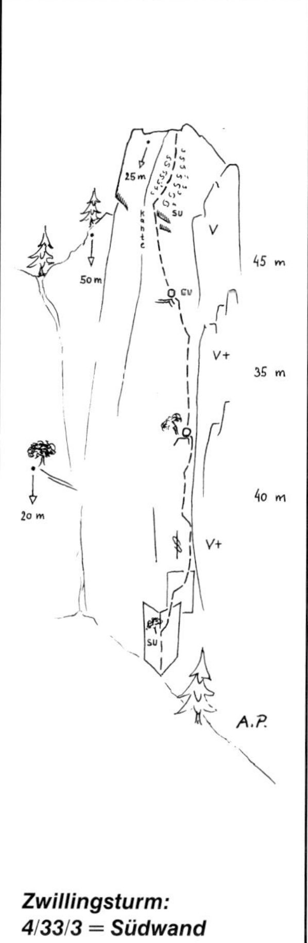

Zwillingsturm:
4/33/3 = Südwand

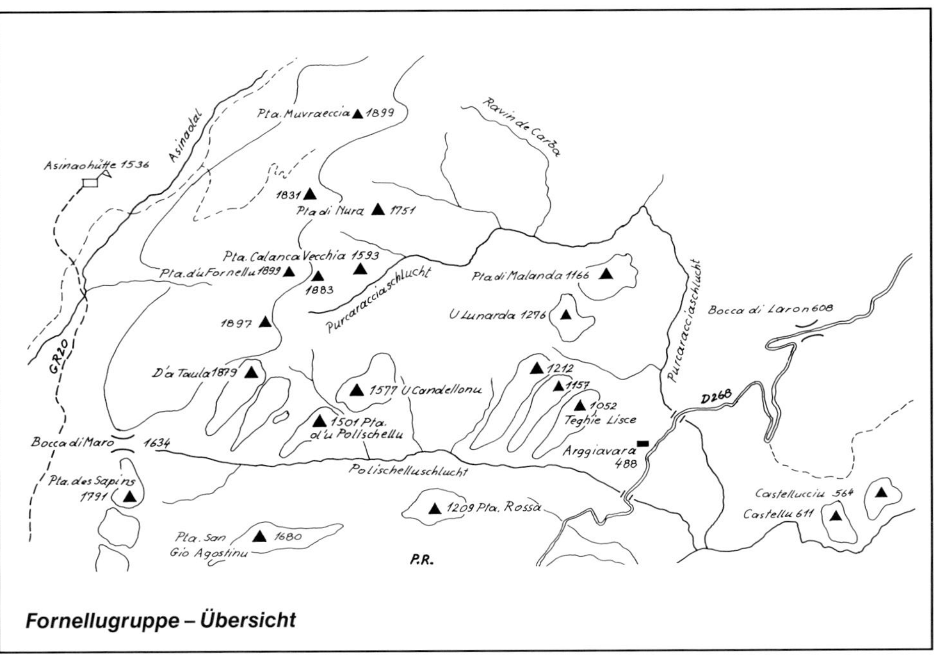

Fornellugruppe – Übersicht

5/1/2 Polischelluschlucht

Aufstieg: 7–8 Stunden (stellenweise III)
Abstieg: 4–5 Stunden (III – Abseilstellen, 40 m Seil empfehlenswert)
Die gewaltige Polischelluschlucht beginnt unmittelbar in der Bocca di Maro und zieht in östl. Richtung hinunter in das Tal des San-Petru-Baches, in welchen sie in der Nähe von Arggiavara einmündet. Sie ist mehr als 4 km lang und überwindet einen Höhenunterschied von 1150 m. Im untersten Teil bildet der sie durchfließende Polischellubach eine ganze Reihe von herrlichen Badegumpen, die ein beliebtes Ausflugsziel sind.
Sowohl der Schluchtgrund als auch die Seitenwände der Schlucht sind teilweise felsig und bis in eine Höhe von über 1000 m dicht verwachsen. Das Gelände ist absolut weglos, Begehungsspuren sind kaum zu finden.
Der Aufstieg durch die Schlucht ist außerordentlich mühsam, lang und teilweise auch schwierig (Kletterei bis III). Als Zugang zu höher gelegenen Gipfeln und Wänden ist er daher nicht zu empfehlen.
Im Abstieg ist die Begehung, trotz des langen Zuganges zur Bocca di Maro, wesentlich weniger anstrengend und, da an den Steilstufen abgeseilt werden kann, auch weniger schwierig.
Eine Tour durch die Polischelluschlucht ist ein großartiges Abenteuer in phantastischer Felslandschaft und sicher ein einmaliges Erlebnis.
Achtung: Die Schlucht nur dann begehen, wenn der Polischellubach Niederwasser führt. Bei hohem Wasserstand bzw. bei starken Regenfällen kann die Schlucht sehr gefährlich und sogar unbegehbar werden.

5/2 Refuge d'Asinao, 1536 m

Selbstversorgerhütte im Asinaotal. Meist nur von Begehern des GR 20 benützt, jedoch auch als Zwischenstation bei der Fornellu-Rundtour 5/4/5 von Bedeutung. Da einige Touren im oberen Teil der Fornellu-SE-Flanke am besten durch Abstieg vom Gipfelplateau erreichbar sind, ist die Asinao-Hütte auch als Ausgangspunkt für diese Anstiege geeignet.

5/2/1 Vom Col de Bavella

4½–5½ Stunden (unschwierig)
Der Zugang erfolgt über die gelb markierte »Alpinvariante« des GR 20. Wie unter 4/7/1 zur Bocca d'u Pargolu. Nun kurz nach N, dann links

abwärts in nordwestl. Richtung dem gut markierten Steig folgend, erst über Schutt, dann durch Wald bis man bei einer Wegtafel auf den rot markierten normalen GR 20 trifft. Diesen in nördl. Richtung folgend, mehrfach kurz ab- und ansteigend, bis man den Asinaobach erreicht. Diesen überschreiten und steil ansteigend, zum Schluß flacher querend zur Hütte.
Selbstverständlich kann man vom Col de Bavella aus auch den normalen, rot markierten GR 20 benützen, jedoch ist dieser eher etwas weiter und landschaftlich nicht so reizvoll wie die »Alpinvariante«.

5/3 D'a Taula, 1879 m

Durch eine ausgeprägte Scharte und die von dieser abstreichenden Schluchten, vom Südwestrücken der Punta d'u Fornellu abgetrennter Gipfel. Vom Südwestrücken ist der Gipfel in kurzer, leichter Kletterei erreichbar; die Anstiege durch die riesigen, bis zu 700 m hohen Süd- und Südostwände zählen zu den großzügigsten und schwierigsten Touren nicht nur der Bavella, sondern ganz Korsikas. Der Berg ist sehr entlegen und wird daher nur sehr selten erstiegen. Gut mit einer Ersteigung der Punta d'u Fornellu zu verbinden.

5/3/1 Normalweg von der Bocca di Maro

1 Stunde (am Gipfelaufbau –III)
Von der Bocca di Maro (siehe 5/1/1) folgt man am besten dem breiten Rücken an seinem rechten Rand. Über begrüntes, teilweise auch plattiges Gelände bis oberhalb der Scharte, welche die d'a Taula vom Südwestrücken trennt. Kurzer Abstieg (15 m, II) in die Scharte. Nun über eine links ansteigende schöne Platte empor an den Rand des schrägen Gipfelplateaus (45 m, –III). Von hier links aufwärts auf die Gipfelkuppe.

D'a Taula:
5/3/5 = »Grand Final«
5/3/7 = »Gelber Pfeiler«

5/3/5
5/3/7

5/3/2 Abstieg

½ Stunde (am Gipfelaufbau –III)
Um den Abstieg bzw. Übergang zum SW-Rücken der Punta d'u Fornellu zu finden, ist es unbedingt erforderlich, die höchste Gipfelkuppe am Nordrand des Gipfelplateaus zu ersteigen. Von der Gipfelkuppe an den Rand des Gipfelplateaus etwas rechts oberhalb der Scharte, welche die d'a Taula vom Südwestrücken der Punta d'u Fornellu trennt. Über eine schöne Platte (–III) abklettern in die Scharte. Von hier in leichter Kletterei (ca. 15 m, II) auf den SW-Rücken der Punta d'u Fornellu und diesem aufwärts folgend in wenigen Minuten zum Gipfel. Weiterer Abstieg zum Col de Bavella siehe 5/4/4.

5/3/3 Südwand – Allgemeines

Das große, schräge Gipfelplateau bricht vor allem nach SE mit hohen, steilen Wänden ab. Im E ist dem Gipfelplateau ein gewaltiger, mehrgipfeliger Pfeiler vorgebaut, der vom Gipfelplateau durch eine tiefe Scharte und riesige Steilschluchten scharf abgetrennt wird.
Die wuchtige SE-Wand des Gipfelplateaus fußt am unteren Ende der den mehrgipfeligen Pfeiler von ihr trennenden Schlucht auf einer rampenartigen Stufe, welche nach SE mit einer hohen, rötlichen Plattenwand abbricht. Am südl. Rand ist der rampenartigen Stufe ein Felsturm vorgelagert. Die SE-Wand des Gipfelplateaus wird durch mehrere Pfeiler gegliedert. Der markante, nach S gerichtete gelbliche Pfeiler ist der Südpfeiler. Über ihn führt 5/3/5 aufwärts.
Der dem Gipfelplateau östl. vorgelagerte, gewaltige, mehrgipfelige Vorbau bildet einen sehr zerrissenen Gipfelgrat. Nach SE stürzt dieser mit hohen, von mehreren Pfeilern und Verschneidungssystemen gegliederten Wänden ab. Der markanteste dieser Pfeiler ist der etwa in Wandmitte aufstrebende gelbliche Pfeiler, über den 5/3/7 emporführt.
Durch die Wand führt jedoch noch eine überraschend große Anzahl von anderen Durchstiegen, die zum Teil schon in den siebziger und achtziger Jahren eröffnet wurden und auch heute noch zu den großzügigsten und schwierigsten Unternehmen in den korsischen Bergen zählen.

5/3/4 Zugang

3–4 Stunden (unschwierig)

Der beste und kürzeste Zugang führt vom Col de Bavella wie unter 4/23/1 beschrieben zur Bocca d'u Santu. Von hier in nordöstl. Richtung durch das »Ravin d'u Santu« hinunter, zuerst über Schutt und Blockwerk, dann durch lichten Wald in die Polischelluschlucht, die man in einer Höhe von ca. 1100 m erreicht. Hier gute Biwakmöglichkeit, meist ganzjährig Wasser.

5/3/5 Südpfeiler, »Grand Final«

4–5 Stunden (IV und +V, stellenweise VI); 500 m

A. Precht (free solo), 1986 (Zeit des Erstbegehers 2 Stunden)

Sehr ausgesetzte Kletterei in bestem Fels. Einige Steinmänner zur Orientierung.

Der Anstieg benützt den markanten, nach S gerichteten Pfeiler.

Vom Biwakplatz ein kurzes Stück durch die Polischelluschlucht aufwärts, dann schräg rechts zu einer Scharte zwischen dem Pfeiler und einem vorgelagerten Turm. Von hier über eine Rampe rechts aufwärts zum Beginn der tiefen Schlucht, welche zwischen der Hauptwand links und den mehrgipfeligen Pfeilervorbauten rechts emporzieht. Hier der E. Über die linke Wand über abwärtsgeschichteten Fels von rechts nach links aufwärts in eine Verschneidung, die zu einem kleinen Absatz führt. Über die steil aufstrebende, runde Pfeilerwand, später an der Pfeilerkante zum nächsten Absatz (großer Steinmann). Nun über den zunehmend gegliederten Pfeiler empor zum unteren Rand der geneigten Gipfelterrasse und über diese rechts aufwärts zum Gipfel. Routenverlauf s. Skizze S. 322.

5/3/6 Südgrat – Pfeilergrat (Arête du pilier)

5–6 Stunden (frz. +IV); 600 m

M. H. und M. Chabert, G. Allard, M. Pannetier und P. F. Pernet, August 1979

Der Anstieg folgt dem ausgeprägten Grat, welcher die große Schlucht rechts (östl.) begrenzt. Zwar der leichteste aller Süd- bzw. SE-Anstiege, aber trotzdem sehr lang und durchwegs schwierig.

Zugang siehe 5/3/4, Beschreibung und Skizze s. L. M. d. B.

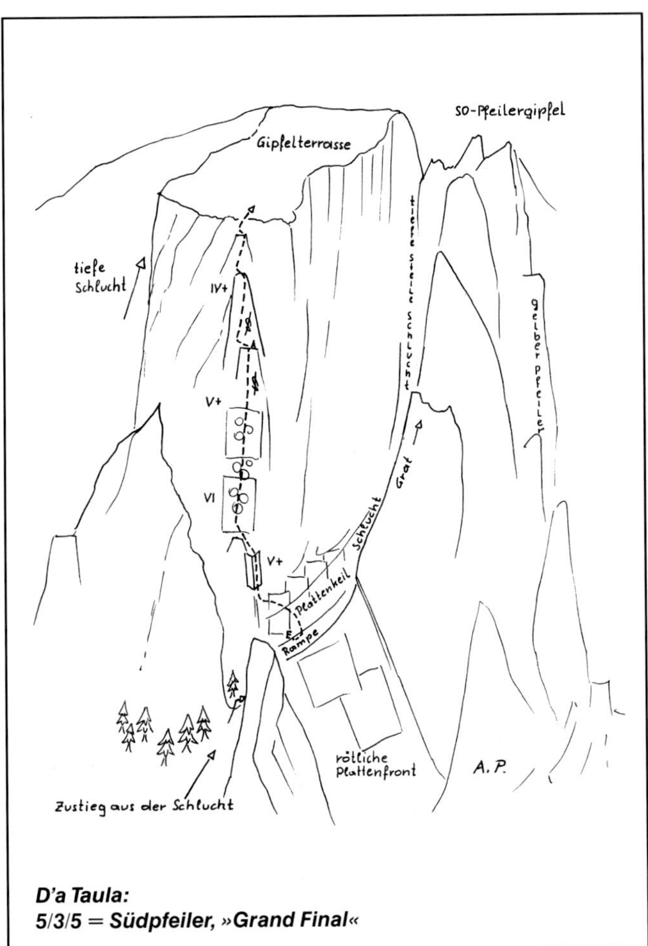

D'a Taula:
5/3/5 = Südpfeiler, »Grand Final«

5/3/7 Südostwand, »Gelber Pfeiler«
6–7 Stunden (meist zwischen +IV und +VI, eine Stelle VII); 600 m
A. Precht, E. Rudorfer, 1987
Einer der großzügigsten Anstiege der Bavella. Hervorragend guter Fels. Drei SU-Schlingen und ein KK belassen. Am Gipfelgrat 2 Abseilstellen von je 25 m Höhe.
Der Anstieg führt über den markanten, gelblichen Pfeiler, der den Mittelteil der gewaltigen SE-Wand beherrscht. Der Pfeiler wird durch ausgedehnte Tafonizonen gegliedert und ergibt eine sehr logische Anstiegslinie. Vom Biwakplatz in nordöstl. Richtung durch eine dicht bewaldete, steile Mulde ansteigen und in leichter Kletterei über den gut gegliederten Vorbau zu einem Felsgiebel mit kleiner Baumgruppe. Hier der E mit Hilfe eines Baumes. Routenverlauf s. Skizze S. 324.

5/3/8 Südostwand – diverse Anstiege
Wie bereits erwähnt, wurde in der SE-Wand eine ganze Reihe von Anstiegen erschlossen, die jedoch im deutschsprachigen Raum völlig unbekannt geblieben sind. Beschreibungen und Skizzen s. L. M. d. B.

5/4 Punta d'u Fornellu, 1899 m
Plateauartiger Bergstock mit wenig geneigten Westhängen (ins Asinaotal) und gewaltigen, reich gegliederten S- und SE-Abstürzen. Zwei schwach ausgeprägte Gipfelkuppen, Punkt 1897 im S sowie Punkt 1899 im N.
Eine geologische Besonderheit der Kuppe 1897 ist die Tatsache, daß sie aus Riffkalk mit ausgeprägten Verkarstungserscheinungen besteht. Von den Granitzacken südöstl. des Punktes 1897 phantastischer Tiefblick in die abenteuerliche Felswildnis der gewaltigen SE-Flanke der ganzen Fornellu-Gruppe mit ihren wilden Schluchten und Felstürmen.

5/4/1 Normalweg vom Col de Bavella
5 Stunden (unschwierig)
Wie unter 5/1/1 beschrieben in die Bocca di Maro. Von hier in nordöstl. Richtung über begrünte Hänge und flache Felsrücken zum Gipfel. Landschaftlich einmalig schöne und großartige Bergfahrt. Lang und anstrengend, jedoch außerordentlich lohnend. Zu Unrecht selten durchgeführt.

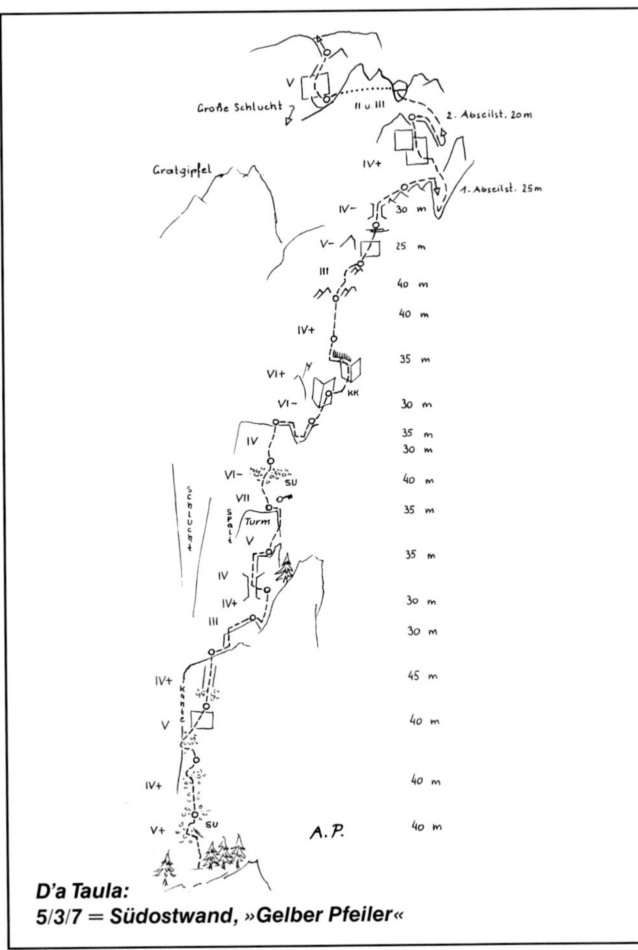

D'a Taula:
5/3/7 = Südostwand, »Gelber Pfeiler«

5/4/2 Von der Asinaohütte

1½ Stunden (unschwierig)

Von der Hütte über Steigspuren, an der Bie. Asinao vorbei, hinunter zum Asinaobach. Diesen überschreiten und auf einem guten Steig bachaufwärts. Nach ca. 500 m hält man sich rechts aufwärts über begrünte Hänge. Bei etwas Aufmerksamkeit findet man immer wieder Steigspuren und vereinzelte Steinmänner. Diesen folgend empor auf den breiten Kamm, den man in dem weiten, flachen Sattel zwischen Punta d'u Fornellu im S und Punta Muvrareccia im N erreicht. Über den flachen Kamm nach S zum Gipfel.

5/4/3 Übergang zur Punta Muvrareccia

½ Stunde (unschwierig)

Vom Gipfel über den breiten, nur wenig eingesenkten Kamm in nördl. Richtung auf die flache Gipfelkuppe der Punta Muvrareccia.

5/4/4 Abstieg bzw. Rückweg zum Col de Bavella

4–5 Stunden (unschwierig)

Vom Gipfel in nördl. Richtung in einen flachen Sattel. Von hier Steigspuren folgend in südwestl. Richtung über begrünte Hänge hinunter in das Asinaotal. Man überschreitet den Asinaobach und erreicht die Bie. d'Asinao. Weiter auf nun besserem Weg talaus, bis man den von der Hütte herabführenden markierten Weg GR 20 erreicht. Diesem folgt man, überschreitet den Asinaobach und verfolgt den guten Weg bis zur Abzweigung der gelb markierten »Alpinvariante«. Über diese steil aufwärts zur Bocca d'u Pargolu und hinunter zum Col de Bavella. Selbstverständlich kann man von der Abzweigung auch über den normalen, rot bezeichneten GR 20 zum Col de Bavella gelangen, jedoch ist dieser länger und landschaftlich weniger schön.

5/4/5 Fornellu-Rundtour

8–10 Stunden (unschwierig)

Diese Rundwanderung ist sicher eine der landschaftlich großartigsten leichten Touren der Bavella. Sie ist zwar über weite Strecken praktisch weglos, jedoch treten bei sichtigem Wetter kaum Orientierungsschwierigkeiten auf. Die Tour ist lang und anstrengend, es besteht aber die Möglichkeit, sie bei der Asinaohütte zu unterbrechen. In diesem Fall

kann man am zweiten Tag vor dem Rückweg noch den l'Alcudine (Monte Incudine), 2134 m, ersteigen.
Die Fornellu-Rundtour besteht aus den Anstiegen 5/4/1, 5/4/3 und 5/4/4. Der l'Alcudine wird von der Asinaohütte über den markierten GR 20 in ca. 1½–2 Stunden erstiegen.

5/5 Punta Muvrareccia, 1899 m
Flache Bergkuppe nördl. der Punta d'u Fornellu. Wie diese mit wenig geneigten Westhängen gegen das Asinaotal abfallend. Die S- und SE-Abstürze sind ungemein steil und reich gegliedert; sie bilden einen Teil der gewaltigen SE-Flanke der Fornellu-Gruppe. Als selbständiges Ziel praktisch nie erstiegen, meist nur in Verbindung mit der Punta d'u Fornellu besucht.

5/5/1 Von der Punta d'u Fornellu
Siehe 5/4/3.

5/5/2 Abstieg über den Nordwestrücken
¾–1 Stunde (unschwierig)
Man verfolgt den zur Bocca d'u Asinao ziehenden NW-Rücken abwärts, wobei Felsstufen links ausgewichen wird. Von der Bocca d'u Asinao auf Steigspuren talaus zur Bie. d'Asinao, wo man auf 5/4/4 trifft.

5/6 Bocca Polischellu, 1365 m
Ausgeprägter, bewaldeter Sattel zwischen Punta d'u Polischellu rechts (östl.) und der SE-Wand der »d'a Taula« links (westl.). Sowohl für den Zugang zu den verschiedenen Anstiegen auf die umliegenden Gipfel als auch für die großartige Schluchtwanderung durch die Fornelluflanke von Bedeutung.

5/6/1 Zugang vom Col de Bavella
3½–4½ Stunden (unschwierig)
Wie unter 5/3/4 beschrieben zum Biwakplatz in der Polischelluschlucht (ca. 1100 m). Von hier durch die breite, bewaldete, schluchtartige Mulde in nordöstl. Richtung hinauf auf den Sattel.
Landschaftlich großartige, jedoch größtenteils weglose und anstrengende Wanderung.

5/7 Punta d'u Polischellu, 1501 m

Hervorragend schöner Felsgipfel inmitten der gewaltigen SE-Flanke des Fornellustockes. Die fast 600 m hohe S-Wand erhebt sich direkt aus der Polischelluschlucht. Die linke Begrenzung dieser S-Wand bildet eine gut ausgeprägte, gratartige Kante. Im unteren Teil dieser Kante ein auffälliger Felsturm, welcher an ein Eichhörnchen erinnert. Diese Kante wird »Spigolo de l'Ecureuil«, also »Eichhörnchenkante« genannt. Die rechte Begrenzung der S-Wand bildet eine hohe, eindrucksvolle Kante, über die jedoch nichts Näheres bekannt ist. Auch die in die bewaldete Mulde des Weges 5/6/1 abstürzende W-Wand wurde durchstiegen. Der Gipfel ist nur über sehr schwierige Kletterwege erreichbar, jedoch einer der landschaftlich eindrucksvollsten Gipfel der gesamten Bavella. Sehr selten erstiegen.

5/7/1 Südwestgrat, »Spigolo de l'Ecureuil« (Weg der Erstersteiger)

4–5 Stunden (frz IV bis +V); 350 m

J. Ph. Bourley, M. Chabert, J. M. Riccardi, B. Vaucher, 5. September 1975

Schöner, sehr abwechslungsreicher Anstieg in gutem Fels. Landschaftlich ungewöhnlich großartig. Beschreibung und Skizze s. L. M. d. B.

5/7/2 Westwand

In der etwas niedrigeren (ca. 200 m) W-Wand wurden zwei Anstiege eröffnet. Beide Anstiege sind sehr schwierig (frz. +V), über eine Wiederholung ist nichts bekannt. Beschreibung und Skizze s. L. M. d. B.

5/8 U Candellonu, 1577 m

Schöner Felsgipfel in der gewaltigen SE-Flanke des Fornellustockes. Der Gipfel ragt nordöstl. der Punta d'u Polischellu auf und wird von dieser durch eine bewachsene Schlucht getrennt. Nach S stürzt der Gipfel mit einer hohen, reich gegliederten Steilwand ab. Sehr entlegen und schwer zugänglich, jedoch wie die Punta d'u Polischellu landschaftlich ungewöhnlich schön.

5/8/1 Von Nordwesten (Weg der Erstersteiger)

2–3 Stunden (frz. V); 180 m

J. Ph. Bourley, M. Chabert und P. F. Pernet, August 1976
Beschreibung s. L. M. d. B. Achtung! Skizze stimmt nicht mit Beschreibungen überein. Nummern der Anstiege vertauscht, **NW-Anstieg in Skizze nicht enthalten!**

5/9 U Candellu

Südwestl. Nebengipfel der U Candellonu, von dieser durch eine hochgelegene Scharte (Bocca d'a Scatulla) getrennt.

5/9/1 Südpfeiler

3–4 Stunden (frz. +V und VI); 350 m
G. P. Quilici, M. Afanasieff, September 1983
Großzügiger, sehr schwieriger Anstieg in absoluter Einsamkeit. Beschreibung und Skizze L. M. d. B. – siehe 5/8/1.

5/10 Punta Calanca Veghja, 1840 m

Gratartiger Gipfel östl. der Punta d'u Fornellu. Der nach E streichende Grat endet beim Punkt 1593 der IGN-Karte. Von diesem Punkt stürzt ein auffallender S-Pfeiler in die oberste Purcaracciaschlucht ab. Der Pfeiler wurde im September 1975 von Ph. Bourley und G. P. Quilici in sehr schwieriger Kletterei (frz. V und +V) erstiegen und »Pilier des Gypaès« benannt.
Er bietet eine sehr schöne Tour in absoluter Einsamkeit und wildromantischer Umgebung. Beschreibung s. L. M. d. B.

5/11 Punta di Nura, 1751 m

Dreigipfeliger Felsbau im obersten Teil der Fornellu-SE-Flanke östl. von Punkt 1831 der IGN-Karte. Der E-Gipfel wird Punta Micitti genannt, er bricht nach S mit einem markanten, ca. 300 m hohen Pfeiler in das »Ravin di Micitti«, einer Nebenschlucht der Purcaracciaschlucht ab. Dieser Pfeiler wurde von Marlène und Marc Chabert und G. P. Quilici im September 1977 erstiegen. Schöne, sehr schwierige Kletterei in wildromantischer, vollkommen einsamer Umgebung. Beschreibung und Skizze s. L. M. d. B.

5/12 Punta Malanda, 1166 m

Schöner, glockenförmiger Felsberg, welcher über der großen Schleife

der Purcaracciaschlucht aufragt. Trotzdem der Gipfel schon von der D 268 zu sehen ist, sehr entlegen und fast nie erstiegen. Die Ersteigung ist trotz der geringen Höhe lang und mühsam, der Zugang ist absolut weglos und führt durch dichte Macchia, wilde Schluchten und Felslandschaften. Großartige, abenteuerliche, absolut einsame Tour.
Die Ersteigung des Gipfels ist relativ schwierig (+II), der Zugang erfordert Erfahrung, vor allem, was die Wegfindung anbelangt. Die Mitnahme eines Seils ist empfehlenswert.
Beschreibung und Skizze s. L. M. d. B.

5/13 U Lunarda, 1276 m
Ungewöhnlich schöner, monolithischer Felsturm, der schon von der D 268 auffällt. Einer der eindrucksvollsten und verlockendsten Felsgipfel Korsikas. Sehr entlegen und schwer zugänglich; der Zustieg weist Kletterstellen im dritten Grad auf, der Gipfelblock ist V.
Auch über den Normalweg eine großartige Tour in wildester Fels- und Macchialandschaft. Sehr selten erstiegen, jedoch sehr lohnend.

5/13/1 Von Südosten – Normalweg
3–3½ Stunden (III und IV, Gipfelblock V)
Erstersteiger unbekannt
Landschaftlich großartige, anspruchsvolle Bergfahrt, die hohe Anforderungen an den Orientierungssinn stellt. Doppelseil für den Abstieg empfehlenswert.
Vom Col de Bavella auf der D 268 in Richtung Solenzara hinunter zu den Häusern von Arggiavara (488 m). Etwa 100 m nach den Häusern eine Linkskurve. Hier der Ausgangspunkt.
In westl. Richtung entlang des Waldrandes durch verhältnismäßig lockeres Buschwerk bis nach ca. 100 bis 150 m ein schwer auffindbarer Steig in den dichten Wald führt. Der Steig wurde im Winter 1989 von F. Thibaudeau und G. P. Quilici ausgehackt und teilweise mit Steinmännern markiert, ist jedoch schon wieder stark verwachsen und stellenweise schwer auffindbar. Die beste Orientierungshilfe sind die abgehackten Stümpfe der Sträucher und Äste.
Man verfolgt den Steig bis unter eine Felsbarriere. Unter dieser kurz rechts aufwärts (links undurchdringliche Macchia) und über brüchige Platten auf ein Band. Über dieses nach links zu einem kleinen Schartel.

Links aufwärts und Quergang nach links in eine bewachsene Rinne (ca. 30 m, III). Durch diese Rinne und weiter durch dichten Buschwald den Steigspuren folgend aufwärts unter eine kleine Felsstufe. An dieser rechts vorbei empor unter eine hohe, plattige Felsstufe. Etwas nach links und über leichte, teilweise bewachsene Platten erst gerade, dann rechts aufwärts zu einer steilen Plattenwand, an welcher ein altes Fixseil angebracht ist. Entlang dieses Seiles (III) ca. 30 m empor, Steigspuren leiten zur nächsten Plattenwand, welche ziemlich gerade erstiegen wird (30 m, II und III). Weiter auf Steigspuren rechts aufwärts bis auf einen Absatz über dem Bachbett des Ravin de Lunardu. Kurz absteigen, den Bach überschreiten und jenseits den nun sehr schwer auffindbaren Steigspuren folgend aufwärts an den Fuß der SE-Wand (ca. 1100 m). Entlang der Plattenwand nach rechts in eine breite, bewaldete Rinne. Durch diese kurz empor, bis man links oben eine auffallende Scharte sieht. Durch steilen Wald und über plattige Felsstufen (III) empor in die Scharte. Weiter rechts aufwärts, teils durch brüchige Felsrinnen, teils über schöne, plattige Stufen und Absätze (III und IV) immer rechtshaltend hinauf in die Scharte rechts des monolithischen Gipfelblocks. Der vollkommen glatte Gipfelblock wird an seiner etwas geneigteren Westseite erstiegen (ca. 10 m, V, am Gipfelblock BH). Abstieg über den Aufstiegsweg, wobei an den schwierigen Stellen abgeseilt wird.

5/13/2 Südwestwand, »Tarzan und Jeanne«

3–4 Stunden (fast durchwegs –VI und VI, je eine Stelle +VI bzw. A0); 250 m

Chr. Bogensberger, A. Precht

Insgesamt eine lohnende, abenteuerliche Kletterei in sehr eindrucksvoller Felslandschaft. Meist anspruchsvolle Rißkletterei, zum Teil etwas verwachsen, was jedoch beim Klettern kaum stört.

Zugang: Wie unter 5/13/1 beschrieben an den Fuß der SE-Wand (ca. 1100 m). Von hier nach links unter der Plattenwand zum E.

Die Route benützt die Rißreihe links (westl.) des auffallenden Daches in der SW-Wand. Die Einstiegsseillängen führen über den bügeleisenartigen Plattenbauch am linken Rand der SW-Wand. Routenverlauf s. Skizze S. 332 und 334.

U Lunarda von Südosten.

U Lunarda:
1 = 5/13/2 = Südwestwand, »Tarzan und Jeanne«
2 = 5/13/3 = Südwand, »Parfums de Violence«
3 = 5/13/4 = Südwand, »Anima Corsa«
4 = 5/13/1 = Von Südosten, Normalweg

5/13/3 Südwand, »Parfums de Violence«
5–6 Stunden (frz. V bis VIc, teilweise A0 und A1); 250 m
1. und 2. Juni 1990
Sehr anspruchsvolle Kletterei in wilder Felslandschaft.
Nach einer Notiz im Tourenbuch der Auberge du Grimaldi.

5/13/4 Südwand, »Anima Corsa«
4–5 Stunden (frz. +V bis VIb); 250 m
M. Charles, G. P. Quilici, B. Vaucher, 28. Juli 1988
Skizze und Beschreibung s. L. M. d. B.

5/14 Toghic Lisce, 1052 m
Direkt über der Häusergruppe von Arggiavara aus der Macchia aufragender, gewölbter Plattenschild. Die riesigen Platten sind unwahrscheinlich glatt und geschlossen und formen eine der eindrucksvollsten Felsformationen Korsikas. Die Teghie Lisce wird nur über schwierigste Kletterwege erstiegen. Die bis zu 300 m hohen Plattenfluchten mit ihren glatten Rissen und Verschneidungen suchen in Europa ihresgleichen; am ehesten können sic wohl mit den berühmten Plattenklettereien im Yosemite Valley verglichen werden. Seit 1975 wurde hier eine ganze Reihe von schwierigsten Routen erschlossen, die jedoch vorläufig sehr selten wiederholt werden. Ein Teil der Routen ist mit Bohrhaken ausgestattet, die Schwierigkeiten reichen lt. Angaben der Erstersteiger bis frz. VIIc und sind somit die derzeit schwierigsten Routen ganz Kosikas.
Sofern der Zugang durch die Macchia gut gangbar gemacht wird, könnten sich diese Wände zu d e m Klettergebiet Korsikas entwickeln.
Beschreibungen und Skizzen s. L. M. d. B.

5/15 Aiguilles d'Urnucciu
Südl. der Bocca di Laron, über welche die von Solenzara zum Col de Bavella leitende Straße D 268 führt, ragen aus den steilen, mit dichter Macchia bedeckten Hängen, welche zur Bachschlucht des Rau. de Vacca absinken, zwei wenig ausgeprägte, niedrige Felsgipfel auf. Zur Bachschlucht hin brechen diese beiden Gipfel mit schönen, steilen, bis über 200 m hohen SW-Wänden ab. In diesen Wänden wurden mehrere sehr schöne Kletterwege eröffnet. Durch die geringen Gipfelhöhen (ca. 600 m) und die weit nach E vorgeschobene Lage sind diese

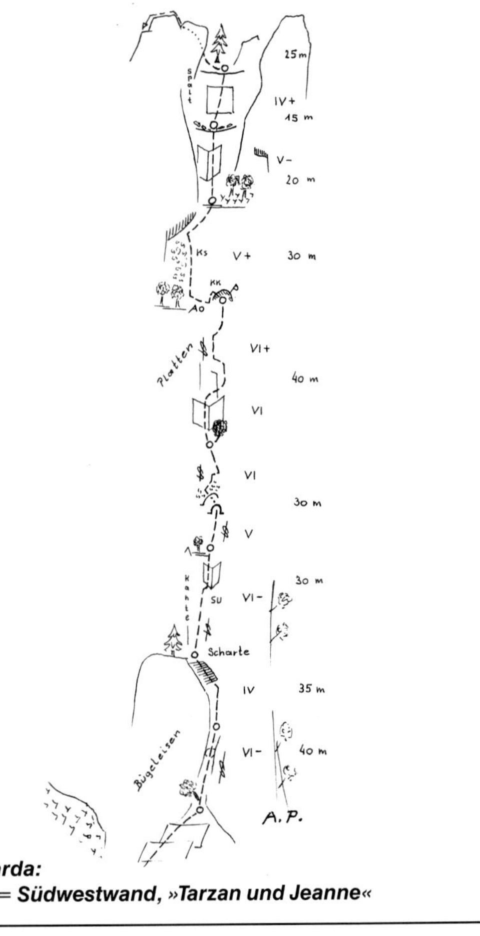

U Lunarda:
5/13/2 = Südwestwand, »Tarzan und Jeanne«

Teghie Lisce von Süden.

Anstiege witterungsmäßig sehr begünstigt; man kann hier oft auch dann noch genußreich klettern, wenn im zentralen Bereich der Bavella schlechte Wetterbedingungen herrschen. Die Anstiege weisen durchwegs besten Fels auf und zeichnen sich auch durch große landschaftliche Schönheit aus. Da auch die Zustiege und der Rückweg zur Straße kurz und bequem sind, kann man von ausgesprochenen Genußtouren sprechen.

5/16 Castellu d'Urnucciu, 611 m

Massiger Felsgipfel, der aus den steilen Macchiahängen aufragt. Gegen W und SW steile, bis über 200 m hohe Wandabstürze mit ausgedehnten Tafonizonen. Mehrere lohnende Anstiege. Am Gipfel und in der NE-Flanke finden sich Reste von Zyklopenmauern und Weganlagen. Es ist anzunehmen, daß es sich hiebei um eine uralte, vielleicht sogar torreanische Festungsanlage handelt.

5/16/1 Zugang

¾–1 Stunde (unschwierig)

Vom Col de Bavella auf der D 268 hinunter Richtung Solenzara. Nach den Häusern von Arggiavara steigt die Straße an zur Bocca di Laron. Die am weitesten nach S ausholende Linkskurve ist der Ausgangspunkt. An der Außenseite der Kehre Parkmöglichkeit für zwei bis drei PKW. Hier beginnt ein schmaler Steig, der in südl. Richtung in die Macchia führt. Man folgt diesem erst eben, dann ansteigend bis etwas oberhalb des Sattels nördl. des Gipfels. Bei einem großen Steinmann zweigt ein schmales Steiglein nach rechts ab und führt hinunter in den erwähnten Sattel. Rechtshaltend, schwachen Steigspuren und Steinmännern folgend, im wesentlichen dem Wandfuß folgend, durch dichte Macchia hinunter zu den Einstiegen.

5/16/2 Westwand, »Chatier« (Katzenklappe)

3 Stunden (III und IV, eine Stelle +IV, eine Stelle –V A1); 250 m

S. Aubert, M. Beal, G. Dufour, 14. November 1979

Schöne, abwechslungsreiche Kletterei in bestem Fels. Landschaftlich großartig.

Die W-Wand des Castellu wird rechts von einem tief hinabreichenden Pfeiler begrenzt. Im unteren Teil ist diesem ein großer Gendarm aufgebaut. Von der Scharte zwischen Pfeiler und Gendarm zieht eine tiefe, schluchtartige Rinne bis zum Wandfuß. Hier der E (Steinmann).

Am Beginn der Rinne ein großer Klemmblock. Unter diesem durch und rechts aufwärts zu Stand bei Baum (20 m, II). Über die runde Kante gerade aufwärts in den Grund der Rinne (50 m, IV und +III). An der linken Wand steil aufwärts in die gewaltige, höhlenartige Nische, welche die Rinne abschließt. Stand bei Wacholderbaum (30 m, +III). Links, an der niedrigsten Stelle über eine senkrechte, glatte Wandstufe (–V, A1,

KK) empor auf eine plattige Stufe und empor zu Stand bei einem Köpfel (25 m, –VA1, dann III). Weiter rechtshaltend über steilen, tafonierten Fels hinauf in die Scharte hinter dem großen Gendarm (25 m, +III). Nun über die schöne, plattige, teilweise auch tafonierte Wand im allgemeinen gerade aufwärts (sehr schöne Kletterei) zu Stand unter der überhängenden Schlußwand (4mal 45 m, III und IV). Über einen Tafoniüberhang gerade empor, weiter etwas rechtshaltend an die Kante und steil gerade empor auf die begrünte Stufe direkt unter dem Gipfelblock (40 m, +IV) und leicht auf diesen hinauf.

5/16/3 Abstieg nach Norden

¾ Stunden (–II, eine Abseilstelle 25 m)

Auf der begrünten Stufe erst nordöstl. dann nördl leicht absteigend bis an den nördlichsten Abbruchrand. Von hier sieht man hinunter auf einen geneigten, nach rechts abfallenden Plattenschuß. Von einem dicken Wacholderbaum 25 m teilweise freihängend abseilen auf den Plattenschuß. Über diesen hinunter (–II) und an seinem unteren Rand links (nördl.) einem schmalen Steig folgend abwärts. Der schmale Steig (teilweise Steinmänner) führt über den N-Rücken hinunter in den Sattel vor dem Gipfelaufbau und weiter bis zum Zugangsweg.

5/17 Castellucciu d'Urnucciu, 564 m

Kleiner Felsgipfel, der mit hohen, steilen W- und SW-Wänden in die Bachschlucht des Rau. de Vacca abbricht. Hangseitig (nördl.) erhebt sich der Gipfel mit felsigen, teilweise bewachsenen Steilflanken. Mehrere schöne Kletterwege.

5/17/1 Zugang

1–1¼ Stunden (unschwierig)

Wie unter 5/16/1 beschrieben bis zum Steinmann oberhalb des Castellu d'Urnucciu. Hier nicht nach rechts, sondern den Hauptsteig in gleicher Richtung (E) weiter verfolgen bis oberhalb des Sattels nördl. des Castellucciu d'Urnucciu. Hier scharf nach rechts abwärts auf den Sattel und rechts entlang der W- bzw. SW-Wände durch dichte Macchia hinunter zu den Einstiegen.

5/17/2 Südwestpfeiler

2–3 Stunden (IV und +IV, stellenweise –V); 200 m

Erstbegeher unbekannt

Schöne, gut abgesicherte Kletterei in bestem Fels, sehr lohnend.

Die rechte Begrenzung der W-Wand bildet ein steiler Pfeiler. Im unteren Teil des Pfeilers ein auffallender, monolithischer Gendarm. Über steile Blockstufen rechts aufwärts auf einen Absatz unter diesem Gendarm. Auf dem Absatz eine Steineiche, Steinmann und rechts ein BH. Hier der Einstieg.

Durch eine Rißverschneidung schwach rechtshaltend auf ein Band unter Überhängen. Stand am rechten Bandende (35 m, +III). Gerade hinauf zu Tafonis (Sanduhr), unter diesen etwas links aufwärts, dann über steile, glatte Platten (2 BH) hinauf auf eine Rampe unter Überhängen. Auf der Rampe links aufwärts zu Stand bei Wacholderbäumen (40 m, +IV, –V). Über ein bewachsenes Band etwas nach links, dann steil gerade empor in eine große Tafoninische mit Steinmann (25 m, +III). Rechts aus der Nische heraus und durch einen steilen, glatten Riß zu Stand bei 2 BH (15 m, –V). Weiter durch einen Riß und über steile Platten (1 BH) gerade hinauf unter einen Überhang zu Stand bei BH (20 m, +IV). Über Tafonis links aufwärts und rechtshaltend empor in eine große Nische. Aus der Nische rechts heraus und gerade empor zum Grat (30 m, +IV). Links der überhängenden Gipfelwand links aufwärts auf einen großen Block und weiter rechts aufwärts in eine Tafoninische. Aus dieser links aufwärts zum Gipfel (25 m, +III).

5/17/3 Abstieg

1–1½ Stunden (I und II)

Vom Gipfel in östl. Richtung hinunter auf eine breite, bandartige Stufe. Über diese nach links in der N-Seite über bewachsenes Steilgelände abwärts, bis man durch dichte Macchia weiter absteigen kann in den Sattel nördl. des Gipfels und damit auf den Zugangsweg.

6. **Forst von Ospedale**

Dieses Gebiet, das auf der IGN-Karte »Foret Domaniale de Barcaggio Marghese« genannt wird, gehört geographisch nicht mehr zur Bavella und ist auch landschaftlich vollkommen verschieden. Dieser landschaftliche Gegensatz macht jedoch einen Besuch besonders reizvoll und lohnend.
Der »Forst von Ospedale« ist eine hügelige, dicht bewaldete Hochfläche, welche teilweise von riesigen Blockmeeren bedeckt ist und aus welcher eine Unzahl von glatten Granitbuckeln sowie eigenartig abgerundeten Felsgebilden und glockenförmigen Bergkuppen aufragen. Das Gebiet ermöglicht eine ganze Reihe von landschaftlich sehr schönen Wanderungen, bietet aber auch eine große Anzahl von zwar kurzen, jedoch durchaus lohnenden Klettermöglichkeiten.

Lage und Zufahrt:
Der Forst von Ospedale liegt südlich der Bavellagruppe. Die von Zonza nach Porto Veccio führende Straße D 368 führt mitten durch das Gebiet. Praktisch alle nachstehend beschriebenen Anstiege gehen von diese Straße aus und sind von Zonza mit einer halben Stunde Autofahrt erreichbar.

6/1 Monte Calva, 1381 m
Aussichtsreicher Berg im nördlichsten Teil des Forstes von Ospedale. Die Ersteigung ist unschwierig und mühelos, landschaftlich sehr lohnend.

6/1/1 Vom Col d'Illarata
1–1½ Stunden (unschwierige Wanderung)
Ausgangspunkt ist das Col d'Illarata, 991 m, an der D 368 (gute Parkmöglichkeit). Man folgt einem Forstweg in nordöstl. Richtung (kurz nach dem Col eine Quelle) durch schönen Wald mit schönen Ausblikken. Nach ca. 40 Min. beginnt bei einer scharfen Rechtskurve ein links aufwärtsführender, mit Steinmännern markierter Steig. Diesen verfolgt man bis zum Vorgipfel (1377 m). Über den breiten Rücken zum Hauptgipfel.

6/2 Punta d'i u Diamanti, 1227 m

Auffallend schöner, glockenförmiger Felsgipfel, der allseits mit plattigen Felswänden abstürzt. Sicher der schönste Gipfel des ganzen Gebietes. Landschaftlich sehr lohnend, mehrere schöne Kletteranstiege.

6/2/1 Zufahrt

Von Zonza auf der D 368 in Richtung Porto Vecchio bis über das Col d'Illarata. Kurz nach dem Col rechter Hand ein großes Wasserbecken (»Banditenquelle«) – Parkplatz.

6/2/2 Zugang von Nordosten

½–¾ Stunden (unschwierig)

Von der »Banditenquelle« auf der Straße ca. 200 m zurück in Richtung Col d'Illarata. Dort, wo die Macchia lichter wird, links aufwärts, bis man sich über freies Gelände linkshaltend in Richtung Punta d'i u Diamanti wenden kann. Man folgt schwachen Steigspuren und Steinmännern, welche über plattige Felsrücken in Richtung Gipfel leiten. Eine kurze Waldstufe wird auf einem schmalen Steig überwunden, dann geht es wieder über Platten und durch lichtes Buschwerk links aufwärts in Richtung auf das markante Felsfenster links des Gipfelaufbaues. Der E befindet sich etwa 40–50 m schräg rechts unterhalb dieses Felsfensters.

6/2/3 Zugang von Osten

½ Stunde (unschwierig)

Fährt man von der Banditenquelle weiter abwärts, so bemerkt man nach ca. 1–1½ km bei einer markanten Verbreiterung der Straße (gute Parkmöglichkeit) rechts am Waldrand einen großen Steinmann. Hier beginnt ein guter Steig, der mit Steinmännern bezeichnet aufwärts führt in Richtung Punta d'i u Diamanti. Der Steig vereinigt sich vor der unter 6/2/2 beschriebenen Waldstufe mit dem vorbeschriebenen Zugang.

6/2/4 Normalweg von Norden

½ Stunde (II)

Sehr hübsche, leichte Kletterei, auch bester Abstiegsweg.

Über eine Steilstufe empor in eine Einbuchtung, kurz gerade hinauf, dann mit einer großen Links-Rechts-Schleife zu Stand am Beginn einer großen Verschneidung (N-Verschneidung). Rechts aufwärts über bandartige Stufen in eine kleine Scharte. Etwas nach rechts und über Platten unter einen Riesenblock. Unter diesem auf einem Kriechband rechts aufwärts und über Platten zum Gipfelplateau, auf welchem mehrere runde Riesenblöcke liegen. Am höchsten dieser Blöcke ein Steinmann.

6/2/5 Nordverschneidung

½–1 Stunde (III, teilweise +III)

Einstieg gemeinsam mit dem Normalweg (6/2/4), jedoch nach der Steilstufe in der Einbuchtung gerade hinauf zu Stand. Weiter durch die markante große Verschneidung gerade hinauf (herrliche Kletterei) zu Stand bei großen Blöcken. Zum Schluß nach rechts über riesige Blöcke zum Gipfel.

Kurze, jedoch sehr schöne Kletterei in herrlichem Fels.

6/2/6 Von Westen

½–1 Stunde (+II, eine Stelle –IV)

Hübscher Anstieg in wildromantischer Umgebung. Skizze S. 344.

Von der Scharte zwischen Punta d'i u Diamanti und ihrem westl. Nebengipfel zieht nach Norden eine breite, teilweise bewachsene Felsrinne herunter. Der Zugang zum Normalweg führt knapp unter dieser Rinne vorbei.

Durch die Rinne, teilweise auch etwas rechts von ihr, über Felsstufen und Gras empor bis zu großen Klemmblöcken. Hinter und zwischen diesen durch in die vollkommen verstürzte, von riesigen Blöcken verrammelte Scharte. Über und zwischen den Blöcken links aufwärts an den Fuß eines glatten, ca. 8–10 m hohen Kamins. Durch diesen stemmend (IV) gerade empor auf den großen Absatz des Normalweges am Beginn des Kriechbandes.

Wie bei 6/2/4 zum Gipfel.

6/2/7 Westriß

¾–1 Stunde (+IV, eine Stelle –V)

M. Rieder, P. Rieder, Stefanie Rieder, 22. Juli 1984

Kurze, jedoch sehr schöne Kletterei. Skizze S. 344.

Auffallender, schräger, plattiger Rißkamin in der linken Seitenwand der bei 6/2/6 erwähnten Felsrinne.

Einstieg am Beginn des schrägen Rißkamines und durch ihn, zum Schluß über einen großen Klemmblock hinauf auf eine Blockstufe (42 m, +IV). Nach links, den Normalweg querend, an die plattige Kante und über diese gerade empor zum Gipfel (25 m, +IV, eine Stelle –V).

6/2/8 Von Süden, »Höhlenweg«
1–1½ Stunden (III, stellenweise –IV)
H. Eder, H. Ritter, 23. März 1967
Von dem markanten, blockverkeilten Felsfenster links des Einstieges zum Normalweg zieht nach SE eine breite, im oberen Teil durch riesige Blöcke verrammelte Schlucht herunter. Diese Riesenblöcke bilden ein System von Höhlen und Spalten, durch welche dieser außerordentlich originelle Anstieg führt.
Man verläßt die Straße ca. 2,5 km südlich der Bocca d'Illarata bei einer kleinen Brücke (ca. 940 m). Durch Wald und Macchia ansteigend (vereinzelte Steinmänner) und schwache Steigspuren in westl. Richtung empor zum Auslauf der breiten Rinne, welche vom Felsfenster herunterzieht (½–¾ Stunden). Durch die bewachsene Rinne empor zu den riesigen Blöcken und zwischen diesen durch höhlenartige Kamine über mehrere Blockstufen (stellenweise III und –IV) hinauf in das große Felsenfenster. Durch dieses durch und jenseits über eine kleine Wandstufe empor auf ein breites Plattenband, welches unter steilen, plattigen Wänden nach links zieht. Über das Band weit nach links (ca. 50–60 m) und durch einen steilen, glatten Rißkamin (–IV) über die Plattenwand empor, zum Schluß zwischen riesigen Blöcken rechtshaltend empor zum Gipfel.
Außerordentlich origineller Anstieg – landschaftlich ganz hervorragend schön. Selten begangen, jedoch äußerst lohnend.

6/2/9 Südwand, »Democratia«
2–3 Stunden (frz. bis VIc)
D. Trecul, G. P. Quilici, Juli 1988
Beschreibung und Skizze s. L. M. d. B.

Punta d'i u Diamanti von Norden.

Punta d'i u Diamanti:
1 = 6/2/4 = Normalweg von Norden
2 = 6/2/6 = von Westen
3 = 6/2/7 = Westriß

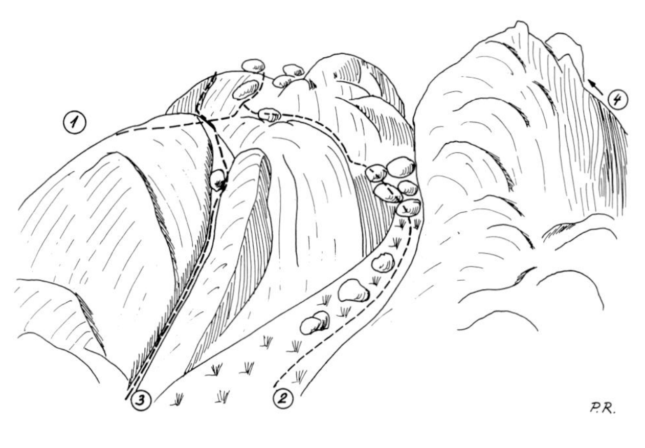

6/3 Punta-d'i-u-Diamanti-Westgipfel, ca. 1200 m

Der Westgipfel ist vom Hauptgipfel durch die bei 6/2/6 erwähnte, von riesigen Blöcken verrammelte Scharte und durch die von dieser nach N und S absinkenden, teilweise begrünten Rinnen deutlich getrennt. Sehr selten erstiegen, jedoch lohnend.

6/3/1 Von Süden

1–1½ Stunden (+II, teilweise IV, Gipfelbereich –V)

Erstbegeher unbekannt

Wie bei 6/2/6 in die von riesigen Blöcken verrammelte Scharte. Ca. 15 m nach S, durch die Rinne hinunter, dann nach rechts (W) über eine Stufe empor auf einen begrünten Absatz in der Südseite des Westgipfels (30 m, II). Unter großen abgesprengten Blöcken über eine Plattenrampe links aufwärts an den Fuß eines schmalen, überhängenden Risses (25 m, +II). Durch den Riß empor an die Kante und über diese zu Stand unter großen Blöcken (20 m, +IV, III). Um den ersten großen Block links herum und hinauf auf riesige Blöcke. Durch einen breiten, tiefen Spalt nach links zu zwei Rissen; durch den linken aufwärts und nach rechts auf eine schmale Stufe unmittelbar unter dem Gipfelblock (30 m, –IV). Über eine steile, glatte Platte empor zum Gipfel (6 m, –V).

6/3/2 Abstieg

1–1½ Stunden (+II, teilweise IV, Gipfelblock –V)

Der Abstieg erfolgt am besten über den Weg 6/3/1, wobei abseilen erst im unteren Teil sinnvoll ist. Vor allem die Gipfelplatte muß frei abgeklettert werden, da am Gipfelblock kaum eine Abseilmöglichkeit zu finden ist.

6/3/3 Von Nordwesten

¾–1 Stunde (+II und III, Gipfelblock –V)

Der nach NW absinkende plattige Rücken ist gut kletterbar und kann auf verschiedenen Routen erstiegen werden. Man erreicht die unter 6/3/1 erwähnte schmale Stufe unter dem Gipfelblock. Über die steile Platte (6 m, –V) zum Gipfel.

6/4 Flammes de Pierre, 1183 m
Auffallende Felszacken nördl. des Punta-d'i-u-Diamanti-Westgipfels. Nur von klettersportlicher Bedeutung.

6/4/1 Zugang
Vom Fuße der bei 6/2/6 erwähnten bewachsenen Felsrinne rechts aufwärts (nordwestl.) in die Einsattelung rechts (östl.) der auffallenden Felsgruppe. Entlang der steilen Wand über eine Stufe links aufwärts in ein kleines Felstal am Fuße der Südwand des Felszackens, ca. 20 Minuten. Durch das grabenartige Felstal entlang der steilen Wände bis an ihr linkes Ende. Hier der Einstieg.

6/4/2 Normalweg
½ Stunde (III und +III)
Einen Spalt überspreizen und über eine plattige Stufe links aufwärts auf einen Absatz an der Westseite der Türme (20 m, III). In der Nordflanke leitet ein hübsches Band schräg aufwärts zu einer Rasenstufe unter den steilen Gipfelwänden. Über die Rasenstufe hinauf an den Fuß eines Kamines, der von der Scharte links des westlichsten Zacken herunterzieht. Durch den Kamin hinauf in die Scharte und nach links über den mittleren Zacken auf den linken, östlichsten und höchsten Zacken (30 m, +III).

6/5 Piscia di Gallo
Sehenswerter Wasserfall in landschaftlich großartiger Umgebung. Beliebtes Ziel einer kurzen, lohnenden Wanderung.

6/5/1 Von der D 368
½–¾ Stunden (unschwierige Wanderung)
Ausgangspunkt ist die D 368, und zwar der bezeichnete Parkplatz mit Erfrischungsständen etwa 800 m nördl. der Staumauer des Ospedalstausees. Man verfolgt den gut markierten Weg abwärts, erst durch Wald, dann durch etwas felsdurchsetztes Gelände. Vorbei an einem riesigen Felsblock geht es zum Schluß etwas steiler hinunter, bis man den über eine senkrechte Granitwand herabstürzenden Wasserfall gut überblicken kann. Nicht bis unter den Wasserfall absteigen! (Sehr steiles, wegloses und gefährliches Gelände.)

6/6 Punta Vacca Morta, 1314 m

Schöner, aussichtsreicher Gipfel im SW des Forstes von Ospedale. Leicht und mühelos erreichbar, landschaftlich sehr lohnend.

6/6/1 Vom Col de Mela

1–1½ Stunden (unschwierig)

Die Zufahrt zum Col de Mela ist etwas unübersichtlich. Von Zonza auf der D 368 entlang des Stausees bis zur Abzweigung nach Anarone (Tafel).

Hier verläßt man die D 368 nach rechts. Bei den nächsten zwei Abzweigungen links, bei den beiden folgenden rechts, bei der fünften wieder linkshaltend. Die Straße endet vor einem Privatgrundstück (Parkmöglichkeit).

Einem Forstweg kurz in südl. Richtung folgen, bei einer Weggabelung nach rechts erst durch Wald, dann über freie Flächen mit großen Felsblöcken aufwärts zu einem Zaun. Links des Zaunes einem mit Steinmännern markierten Steig in südl. Richtung folgen. Der Steig führt erst durch Wald, später durch Zwergwacholder und ausgedehnte Farnfelder, teils zwischen Felsblöcken über den nun in südwestl. Richtung ansteigenden Rücken zum Gipfel.

R) **Stichwortregister**

(Die Zahlen bezeichnen die Randzahlen, nicht die Seiten.)

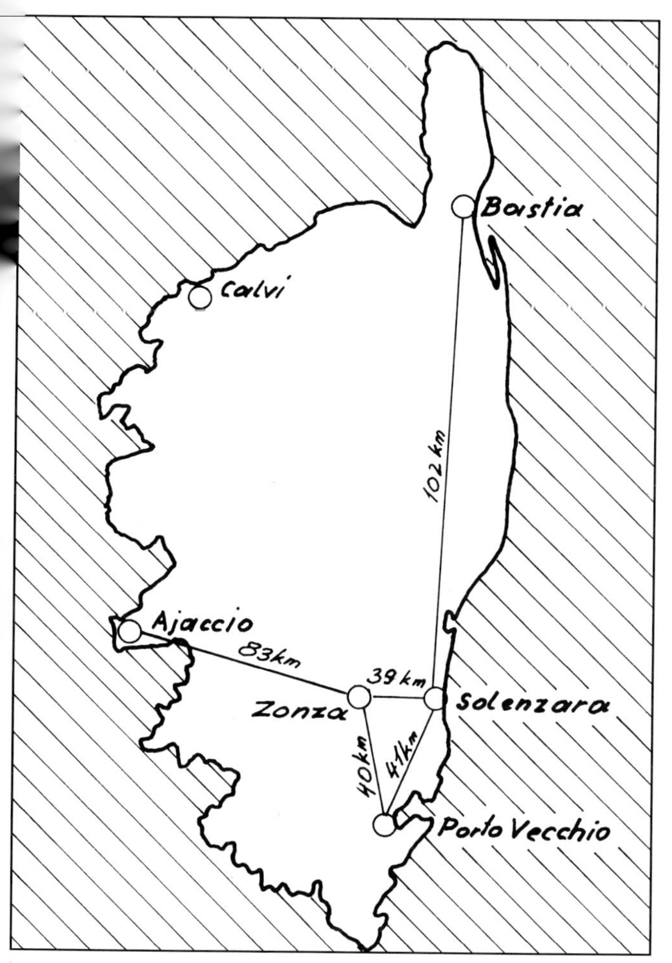
Bastia
Calvi
102 km
Ajaccio
83km
39 km
Zonza
Solenzara
40km
41km
Porto Vecchio

Manfred Korbaj
Rot-weiß-rote
Schitourenzuckerln
Salzburg
Tirol • Osttirol
Vorarlberg
Weishaupt Verlag

Manfred Korbaj
Schitouren
Niederösterreich
Oberösterreich
Steiermark
Rot-weiß-rote
Schitourenzuckerln
H. Weishaupt Verlag · Graz

Manfred Korbaj
1. Kärntner
Schitourenführer
1
H. Weishaupt Verlag · Graz

Manfred Korbaj
1. Kärntner
Schitourenführer
2
H. Weishaupt Verlag · Graz